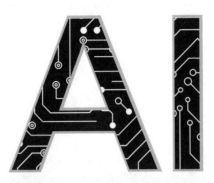

群星闪耀时

刘知远　曾哲妮◎主编
AI群星闪耀时编写组◎编著

人民邮电出版社
北　京

图书在版编目（CIP）数据

AI 群星闪耀时 / 刘知远，曾哲妮主编；AI 群星闪耀时编写组编著. -- 北京：人民邮电出版社，2024.11
ISBN 978-7-115-62091-0

Ⅰ. ①A… Ⅱ. ①刘… ②曾… ③A… Ⅲ. ①人工智能－工程技术人员－生平事迹－世界 Ⅳ. ①K815.616

中国国家版本馆 CIP 数据核字(2023)第 116666 号

内 容 提 要

本书以人工智能发展史上几十位重要的学者的事迹为索引，用人物传记的形式生动地向读者展示人工智能的发展脉络。本书本着知人论世、严肃活泼的原则，力图将更准确、更理性的事实性记录与更全面、更温情的文学性叙述结合起来。通过阅读本书，读者将加深对人工智能的基本原理与概念的理解，能够更深刻地了解学科发展脉络以及作出重要贡献的科学家的品格。

本书内容通俗易懂，文字风趣幽默，高中生或低年级本科生可作为名人传记阅读，培养科学素养与志向；AI 领域技术人员与其他对 AI 感兴趣的读者，可把本书作为人工智能的入门科普读物，以更为系统地了解 AI 的发展历史，并展望其未来。

- ◆ 主　编　刘知远　曾哲妮
  编　著　AI 群星闪耀时编写组
  责任编辑　张　涛
  责任印制　王　郁　焦志炜
- ◆ 人民邮电出版社出版发行　北京市丰台区成寿寺路 11 号
  邮编 100164　电子邮件 315@ptpress.com.cn
  网址 https://www.ptpress.com.cn
  北京天宇星印刷厂印刷
- ◆ 开本：720×960　1/16
  印张：21.5　　　　　　　　　　　2024 年 11 月第 1 版
  字数：410 千字　　　　　　　　　2025 年 7 月北京第 3 次印刷

定价：69.80 元

读者服务热线：(010)81055410　印装质量热线：(010)81055316
反盗版热线：(010)81055315

推荐序

　　本书以人物传记的形式,辅以人工智能相关话题的介绍,用充满温情的方式为读者回顾了人工智能的发展史。这段历史中当然记载着人工智能技术发展历程中的一次次跌宕与起伏,但"理性而前沿"的技术背后,人类的成长与挫折等"感性又浪漫"的故事最打动人心——本书将两者进行了巧妙的结合。在书中,那些教科书上如雷贯耳的专家成为鲜活的人物,围绕他们生活与工作的故事展开的叙述,为技术的发展铺陈了生动的背景。本书导论、人物动漫形象与生平小传,也为读者的阅读体验增色不少。

　　值得一提的是,书中人物传记和专题介绍的作者都是清华大学的本科生。尽管本书主编刘知远老师谦虚地评价"同学们的语言表达能力还没有那么强",但阅毕全书后,相信每位读者也会和我一样感叹学生写作能力之出色。我想这应当算是"写作与沟通"课程与任课老师最值得骄傲的事情:学生思维水平的提升以写作为载体呈现在读者眼前,学生自身则在书写过程中带着人文关怀去看待技术变革,潜移默化地实现了感性与理性的相互促进与共同发展。

　　期待每位读者在阅读这本书时,也拥有这样充实饱满的收获:被人工智能的技术魅力与逻辑理性所吸引,更为人类携手探索未知的团结与勇气而感动。

清华大学写作与沟通教学中心主任　曹柳星

编者序

这本书是写给对人工智能历史感兴趣的读者的。人工智能可谓当下最热门的科学技术，特别是最近十几年来，已经对人类社会的方方面面产生了深远影响。从"人工智能"这一术语被正式提出的1956年达特茅斯会议算起，到现在不过短短六十多年光景，人们对人工智能的探索却经历了几次大起大落。充满戏剧性的历史进程往往造就英雄人物，并由他们影响历史的进程。相信很多读者会对在人工智能历史上发挥过重要作用的人物很感兴趣。他们是谁？他们做过什么？他们对人工智能产生过哪些深远影响？为什么是他们而不是别人？本书梳理了这些人物的重要人生经历和贡献，力求对这些问题作出详尽的解答。

本书的一大亮点是，作者都是清华大学的本科生，这是他们选修"写作与沟通"课程的成果，编者则是这门课的教师兼助教。"写作与沟通"是清华大学自2018年开设的一门本科必修课程，清华大学为此还专门成立了"写作与沟通教学中心"（后称写作中心），旨在提升学生写作的逻辑性和说理性。写作中心希望同学们学习后，彼此间可进行"无学科门槛，有学理深度"的交流。我们认为，改变学生的写作思维是写作课最为根本的价值诉求。学生应该基于扎实的知识与广袤的视野，训练逻辑理性与人文感性兼备的深度思维能力，而写作则应是思维结果的自然表达。

在授课形式上，这门课不是简单地讲授写作理论，而是结合具体的学科知识进行小班探讨，将培养写作能力与具体专业兴趣结合在一起。"言之无文，行而不远"，我作为计算机专业的教师和学者，深知口头和写作表达能力对计算机专业学生的重要性，但这往往被很多学生忽视。因此，我在2020年秋季学期以"人工智能的历史与未来"为主题开设了一门课程，并邀请了曾哲妮和韩旭两位博士生担任助教。

2020年，本课程共有18名同学选修。本课程主要向他们介绍人工智能的发展历史和技术源流，并为他们安排相应的写作任务。每位同学被随机分配了一位人工智能发展史上的重要人物作为写作的主角，着重围绕重要人物（共18位）与人工智能的关系来选取素材，并把这些素材写成传记。这18位重要人物分别是莱布尼茨、伯特兰·罗素、维特根斯坦、诺伯特·维纳、冯·诺依曼、库尔特·哥德尔、艾伦·图灵、克劳德·香农、司马贺、马文·明斯基、约翰·麦卡锡、罗森布拉特、艾弗拉姆·诺姆·乔姆斯基、费根鲍姆、黄煦涛、朱迪亚·珀尔、大卫·马尔、杰弗里·埃弗里斯特·辛顿。他们有的是人工智能领域的重要学者，有的是大哲学家和数学家，他们共同的特点是，其思想和工作都对人工智能直接或间接地产生过深远影响。2021年，本课程又有17位同学选修，他们中有10位同学被邀请为莫里斯·文森特·威尔克斯、艾伦·纽厄尔、吴文俊、查尔斯·巴赫曼、埃德加·弗兰克·科德、道格拉斯·恩格尔巴特、恩格尔伯格、约翰·霍兰德、傅京孙、杨立昆作传；余下7位同学为人工智能领域的重要事件和话题撰写专题介绍，包括达特茅斯会议、AI下棋、图灵测试与思想实验、科学家心目中的AI、用AI解决科学问题、关于AI的未来畅想等。当然，人工智能领域的重要人物何止这28位巨擘，我希望随着接下来本课程在每年的开设，会有更多同学完成更多重要人物的传记。

组织同学为人工智能领域的重要人物作传并整理出版有3个原因。一是国内还缺少介绍人工智能发展历史的图书。尼克先生的《人工智能简史》是这方面的佳作，但体例上是以事件发展为脉络的断代史。我通读过几遍，非常精彩，语言亦庄亦谐，很多地方颇下考据的功夫，有很多真知灼见。而本书则以人物为单元，采用纪传体体例，从个人成长发展的视角去写，让读者领略AI重要人物作为历史中的个体，是如何面对人生、作出抉择和改变世界的。相信这对亲手为他们作传的同学的人生观也会产生积极的影响。二是帮助同学发现自己的潜力，认识到未来的无限可能，从而自信地施展自己的才华。三是既能让同学领略AI重要人物对人类发展产生的重要影响，又能让他们体验成功出版一部作品的过程，还能为国内读者献上一本新鲜的AI人物传记合集。期待同学们在学习前辈的光辉经历之后，能够成长为像前辈一样的人，对人类社会作出巨大贡献，几十年后成为后辈作传的对象。

这本书的名字受到了奥地利著名作家茨威格的历史人物传记合集《人类群

星闪耀时》的启发。群星闪耀，用来形容人工智能跌宕起伏的发展历程最恰当不过。当然，与大作家茨威格的妙笔生花相比，同学们的语言表达能力还没有那么强，但是他们在查阅大量资料之后，所写故事真实、全面，语言通俗易懂，足以带领读者了解这些 AI 英雄的事迹。下表是参加写作的作者信息。

章名	作者	院系（简称）
符号主义之滥觞：莱布尼茨	丁阳	自动化系 20 级
艰难思考与自由之路：伯特兰·罗素	吴一波	探微书院 20 级
世界之外的孤行者：维特根斯坦	黄索之	交叉信息院 20 级
不完备的世界：库尔特·哥德尔	陈晓晨	电子系 20 级
控制论之父：诺伯特·维纳	李钦	未央书院 20 级
一个人·一个理论·一个时代：克劳德·香农	谢荣靖	交叉信息院 20 级
AI 与人类的棋类智慧竞技	陶也	电子系 21 级
我向 AI 扔出了敲门砖：冯·诺依曼	王振宇	电子系 20 级
电子存储夺天工：莫里斯·文森特·威尔克斯	李林峰	电子系 21 级
超越时代的思考者：艾伦·图灵	史笑屹	自动化系 20 级
图灵测试与思想实验	张睿	土木系 21 级
举起人工智能的火炬：约翰·麦卡锡	王麓宁	电子系 20 级
达特茅斯会议：AI 思维的滥觞	方奔皓	电子系 21 级
符号代表的世界：司马贺	梁翊恒	电子系 20 级
符号认知狂想曲：艾伦·纽厄尔	张宇航	精仪系 21 级
我走我的路：吴文俊	田世祚	电子系 21 级
神经网络的问世：罗森布拉特	井晨哲	经管学院 20 级
真正的知识分子：艾弗拉姆·诺姆·乔姆斯基	邹箫桐	电子系 20 级
构筑人机交互的梦：道格拉斯·恩格尔巴特	赫奕铭	电子系 21 级
"机器人之父"：恩格尔伯格	张琰然	自动化系 21 级
特立独行的先驱：马文·明斯基	陈睿铧	电子系 20 级
在知识中寻找力量：费根鲍姆	刘宇	自动化系 20 级
数据库的领航者：查尔斯·巴赫曼	黄俊凯	致理书院 21 级
"表"达万物之序：埃德加·弗兰克·科德	于骥琪	土木系 21 级
用 AI 解决科学问题	武永祥	电子系 21 级
从智能的计算到计算的智能：大卫·马尔	温凯越	交叉信息院 20 级
模式识别的先驱：傅京孙	司开明	土木系 21 级
从人的视觉到计算机视觉：黄煦涛	邵马安平	交叉信息院 20 级

续表

章名	作者	院系（简称）
触手可及的 AI	严绍波	未央书院 21 级
孤独的领路人：朱迪亚·珀尔	周若愚	自动化系 20 级
用游戏模拟自然界：约翰·霍兰德	朴城民	经管学院 21 级
"神经网络之父"：杰弗里·埃弗里斯特·辛顿	伍泓达	交叉信息院 20 级
呼啸而来的人工智能：杨立昆	毛顺宇	电子系 21 级
科学家的 AI 漫谈	吕芳怡	电机系 21 级
关于 AI 的未来畅想	李昭阳	自动化系 21 级

  我们邀请了清华大学美术学院的荆潇为本书设计封面。荆潇和曾哲妮一起设计了 28 位传主的卡通形象，并以诗的形式对传主的人生经历和贡献进行概述，还设计了人工智能发展历程的可视化图，以方便读者在人工智能的全景下了解这些重要人物。虽然同学们认真遵循了课程制定的写作规范，但毕竟 28 篇传记出自不同同学之手，因此在风格和体例上仍然或多或少有不一致的地方。为此，曾哲妮和韩旭认真统一了各篇传记的风格和体例，并与同学们共同收集了相关图片资料。此外，来自清华大学新闻学院、人文学院的毕诗尧、蔡斐然、崔静宁、樊佳璇、甘泽霖、纪小璐、李杭、李瑶琦、娄紫奇、陆泉宇、莫家楠、孙景然、王艺晓、张宁宁等同学对书稿进行了校对与润色。

  本书能够面世，要感谢清华大学"写作与沟通教学中心"的支持，感谢选修该课程的全体同学的努力，感谢两位助教韩旭、曾哲妮对本课程和本书的贡献，感谢新闻学院和人文学院的鼎力相助，感谢人民邮电出版社张涛编辑对本书的支持。

  人工智能涉及诸多学科，因此给人工智能发展史上的重要人物作传极其不易。编者自认才疏学浅，加之时间和精力有限，书中疏误之处或恐难免，祈望广大读者不吝赐教，不胜感激。

刘知远
清华大学 FIT 楼

导　论

人类自远古时期起，便对遥悬九天的星辰充满向往。那星芒代表着神秘的、不可及的、未知的光亮。而先祖则用可与星辰比拟的智慧日日钻研、步步探索，将众生带入崭新的天地。几十万年前，人类用火攫取温暖、驱散野兽；几万年前，人类学会了在岩壁上描绘星斗；一百多年前，法拉第发现磁铁穿过闭合线路时电光闪烁；大约七十年前，关于用机械模拟人类智慧的想法悄然萌芽……人类追逐、探索乃至创造智能的过程，也是科技加速发展的过程，而我们想带读者回顾的则是创造智能的伟人。他们的精神长存，犹如"人工智能"的天穹里闪耀的熠熠星光。

哲者知也

我们今天所说的人工智能，作为一门正式学科的历史不过几十年；然而对世界与自身的进一步理解——抑或说对智能的追求，则是人类发展永远的主题。以亚里士多德为代表的哲学家远在公元前就开始了对存在、知识、理智等问题的探究与思考。

读者对亚里士多德的三段论应该并不陌生，它便于我们给定初始前提以严格推导得出结论，譬如"哲学家都需要一顶帽子，我是一个哲学家，所以我需要一顶帽子"。亚里士多德实际上在尝试为人类头脑中智能的、理性的那一部分建立系统而精密的规则，他是一个典型的理性主义学者。同样信奉理性主义的还有笛卡儿，他强调推理的重要地位。例如，由于人的头脑中由物理定律支配的那一部分和一块石头并无区别，因此被当成机器对待是完全可能且合理的，反之亦然——这或可称为人工智能可行性的哲学理论基础。再往后，经验主义运动中的休谟对归纳法进行了反思，这对人工智能领域的因果推理、学习泛化等问题都有深刻的借鉴意义。理性主义与经验主义一起构成了认知论的最重要思想。

亚里士多德还有一段有趣的论述："当哲学家明白了他需要一顶帽子时，他需要考虑该选择哪种实际行动以实现目标。最容易的是去店里买一顶帽子，但如果哲学家没有足够的钱，那他就停止'直接买帽子'这一行为分支的搜索，转而考虑该如何自己制作一顶帽子。"形式化决策在这段论述里已经初现雏形。

数理逻辑

哲学界早已开启了将人类智能机械化、规则化的探讨，而对于制造模拟人类智慧的机器的真正实践，我们需要从生活在17世纪的人工智能先驱莱布尼茨说起。

提及莱布尼茨，人们通常最先想到他的数学成就；实际上，他在符号逻辑学领域的研究也相当亮眼。1677年，莱布尼茨发表《通向一种普遍文字》和《理性演算的基础》两篇文章。他细致地考察并尝试还原自然语言的基本结构，希望建立一套与人们思考对象的意义唯一对应的"人类思想的字母表"，以避免自然语言的模糊性给逻辑推理的基本演算过程带来消极的影响。莱布尼茨的研究激发了后世科学家对数理逻辑的热情，人工智能的主要流派之一——符号主义也就此发端。一以概之，符号主义学者散发着严谨缜密的理性光辉，认为智慧天成而人类幸甚得之。

著名哲学家罗素为数理逻辑的发展添上了浓墨重彩的一笔。1901年，他提出了"罗素悖论"。这一悖论有诸如"理发师悖论"等通俗解释，其核心是，朴素集合论中出现自指情况会引发矛盾。"罗素悖论"引发了严重的数学危机，而罗素本人也努力尝试解决这个问题，他的方法是对"集合"这一概念进行变动。1910年，他与怀特海合著了《数学原理》，希望论证所有数学真理在一组数理逻辑内的公理和推导规则下都是可证明的。此书时至今日尚无完整且权威的中译本。除了原著过于艰深外，一个重要的原因是，在其问世20年后，哥德尔证明了任何尝试以一组公理和推理规则来建立的数学系统都是不自洽或不完备的，这就是大名鼎鼎的"哥德尔不完备性定理"。

大幕初开

时间来到了 20 世纪 40 年代，计算机的性能逐渐强大，通用性不断提升。彼时年仅 20 岁的香农研究数字电子技术的应用，论证了如何使用开关来实现逻辑和数学运算，标志着二进制电子电路设计和逻辑门应用时代的来临。此时，回看莱布尼茨在 18 世纪初提出的对于二进制算术意义的讨论，你会发现他超越时代的前瞻性。1941 年，阿塔纳索夫－贝瑞计算机诞生了，它是世界上第一台电子计算机。1945 年，冯·诺依曼在有关 EDVAC 的报告中提出了冯·诺依曼结构，将程序指令存储器和数据存储器合并在一起。这种计算机设计结构具有开创性意义并沿用至今。几年后，世界上第一台存储程序式电子计算机最终实现于威尔克斯之手，电子计算机终于被赋予了"生命"。

同一时期，人工智能的其他研究流派陆续出现。1948 年，维纳提出控制论。这是一种关于人、动物和机器如何相互控制和通信的科学研究，行为主义流派就源于此。此后，控制论系统研究不断发展，智能控制与智能机器人也随之兴起。同年，图灵撰写论文《智能机器》，其中描绘了联结主义的基本原理，引入了后来被称为遗传算法、神经网络、强化学习等人工智能的核心概念。联结主义相信造物之神奇，认为人工智能源于仿生学，这派学者重视对人脑结构的钻研和仿制。两年后，图灵又提出了展现行为主义方法论的"图灵测试"——这是一个判断机器是否能够思考的著名实验，认为当机器表现出与人类无法区分的智能时，表示机器拥有思考能力。我们可以大致认为，三大学派中的符号主义强调机器必须有清晰的思考路径；而联结主义则认为相似的结构可以获得相似的反馈，这就能够实现智能；行为主义最干脆，学者们甚至并不强求机器的思考过程，只要能实现人们所期盼的功能即可。2018 年，谷歌宣布助理机器人 Duplex 可实现全自动电话订座，通过了图灵测试，可是该人工智能背后过多的"人工"成分也很快被披露。读者不妨尝试预测一下，什么时候才会出现真正通过图灵测试的人工智能？通过了图灵测试，就能够证明机器达到了与人类相当的智能水平吗？

让我们再回到人工智能的发展历史。虽然哥德尔彻底击碎了许多数理逻辑学家的美好构想，但这一定理的出现并没有阻止以逻辑演绎为根基的符号主义人工智能向前迈进。1950 年前后，香农研制了一个计算机下棋程序，并提出了人机博弈中最基础的极小化极大算法；1953 年，维特根斯坦的遗作《哲学研究》出版，讨论了智能行为的实时处理以及许多关于语言哲学的问题；1955年，司马贺与纽厄尔编写了一个名为"逻辑理论家"的程序，可谓符号主义学派的代表性成果——这是第一个可以自动进行推理的程序，简洁、新颖地证明了《数学原理》中的38个定理。自动定理证明后来衍生为人工智能领域非常重要的话题之一，其中不乏十分亮眼的理论成果，例如改变几何定理机器证明领域面貌的"吴方法"（由吴文俊提出），不过这都是后话了。

群英荟萃

1956年是我们不得不提的"人工智能元年"。麦卡锡、明斯基、香农等人发起了达特茅斯夏季人工智能研究计划（即达特茅斯会议）。该会议被公认为人工智能的起源。关注人工智能领域发展的学者带着无穷的创造力聚集一处，就自动计算机、神经网络、计算理论等议题展开讨论，碰撞出诸多火花。该会议的主要发起人之一麦卡锡是符号主义学者，他在当年提出了Alpha-Beta剪枝搜索，这是基于香农极小化极大算法的重要改进算法；两年后他发明了LISP语言，这种语言使用前缀符号表示法，是现今第二历史悠久且仍在广泛使用的高级编程语言——人工智能领域的标准编程语言之一。

此后的20年间诞生了许多令人印象深刻的成果，人工智能这一概念也正式进入大众视野，我们称之为人工智能第一次浪潮。1957年，罗森布拉特发明感知机——这是一种最简单形式的前馈神经网络，也是一种二元线性分类器。搭载感知机算法的计算机经过训练后，可以准确地识别出卡片的不同之处，这是一个精彩的开头。虽然用如今的眼光来看，其背后的原理十分简单明了，然而在当时，这是一个十分神奇且振奋人心的功能。罗森布拉特等联结主义学者彼时风头正盛，而符号主义学派亦有新进展：乔姆斯基提出了转换-生成（Transformational-Generative，TG）文法。这是一种闪烁着理性主义光辉的学说，研究的是人类为什么会说话以及如何了解新的句子。乔姆斯基无心插柳地成为自然语言处理领域的巨擘。从实用角度来看，飞入千家万户的代表性成果是恩格尔巴特的鼠标和演示，在他之前，几乎所有人认为计算机被普通人便捷舒适地控制、帮助人"增智"是天方夜谭；"机器人之父"恩格尔伯格则带领工业机器人登上历史舞台，使工业制造、医疗等行业率先打开了机器化的新篇章。

其实我们可以想象，20世纪50年代少有人自称人工智能学家。达特茅斯会议的3位主要发起人中，麦卡锡研究计算机科学，明斯基的老本行是数学，而香农是一名无线电工程师；罗森布拉特和乔姆斯基的第一身份则分别是心理学家和语言学家；司马贺则拿了9个博士学位，对认知心理、经济管理等学科十分精通。然而，他们每个人都用自己所擅长领域的知识为人工智能的发展作出了不可磨灭的贡献。可以说，人工智能是一门名副其实的交叉学科，要想做好人工智能研究，应涉猎广泛、善于交流合作，正如上述英杰做出的示范那样。而人工智能的3个主要起源——数学与计算机、信号处理、控制理论，即现在大学里的计算机科学、电子、自动化专业，齐头并进，主攻人工智能。

潮起潮落

这一时期，社会对人工智能的发展前景拥有极高的关注度与极大的信心。学者们争相涌入人工智能领域，各国政府也对相关项目豪掷千金。然而万事过犹不及，当一个新兴领域受到与之本身的发展水平不相匹配的瞩目与追捧时，现实的巨浪迟早会迎头拍下。明斯基对感知机直截了当的批评引爆了危机：20世纪70年代中期，人们逐渐发现哪怕设想再美好，人工智能也仍然无法突破计算机性能的基本限制，停留在玩具阶段——过高的期望带来失望，大众对人工智能的态度转为批判讥讽，随之而来的是相关研究资金锐减，研究进度停滞不前。这就是第一次人工智能寒冬。

明斯基早年专注于人工神经网络，后来转而走向符号主义学派。1975年，他首创了框架理论，该理论成为人工智能领域通用的知识表示方法。两年后，"专家系统之父"费根鲍姆在国际人工智能会议上提出了知识工程的概念，也与明斯基的想法相通；同时，知识工程也让人工智能领域从寒冬中复苏，推动了人工智能的第二次浪潮。

早在1968年，费根鲍姆就发明了DENDRAL，其中存储着来自化学家的经验以及质谱仪的知识。这是最早的专家系统，它可以帮助有机化学家识别未知的有机分子。此后，费根鲍姆和他的团队又在医学和国防等领域研制了若干可投入实际使用的专家系统，例如可以为医生提供诊断与治疗建议的MYCIN。各类专家系统需要调度大量的人类知识与数据。这一时期，伴随着计算机数据处理能力的显著增强，数据库技术取得里程碑式突破。前有巴赫曼的网状数据库，后有科德的关系数据库，这些都成为专家系统乃至更广泛的人工智能技术发展的重要依托。20 世纪 80 年代，专家系统进入商用普及阶段，一系列的成功向人们重新证明了人工智能的潜力与实用价值。

专家系统的鼎盛时期，其余旁支也在默默发展。1982 年，马尔在他的著作《视觉》中提出了视觉计算理论，这标志着计算机视觉成为一门独立的学科。同年，长坐冷板凳的联结主义学者辛顿发明了玻尔兹曼机。这既是一种随机神经网络和循环神经网络，也是最早能够表达和解决复杂的组合优化问题的神经网络。几年后，他还成功推广了我们如今耳熟能详的反向传播算法，引发了人工神经网络领域的"文艺复兴"。

此外，统计学派的珀尔于 20 世纪 80 年代发明了贝叶斯网络，在当时取得了一系列不小的成功，这同样是十分值得铭记的。这是一种概率图模型，描述变量间不确定性因果关系。譬如，我们希望用一周的天气变化记录预测明天的天气情况，之前的做法或是根据一套复杂经验规则推理得到一个最有可能的结果，或是借由一系列网络权重计算得到一个无法解释的结果，而贝叶斯网络则会告诉我们雨过天晴和阴雨连绵的概率分别是多少，以及明天又有多大的降水量。

深自缄默

然而好景不长。计算机性能在短短数年间急速攀升，因而在全世界迅速兴起和普及，投资者失去了对 AI 专家系统这种大块头的兴趣；日本五代机项目开始时轰轰烈烈、野心勃勃，但很快陷入僵局，最终悄无声息，这更进一步打击了研发者的积极性。20 世纪 80 年代末期，第二次人工智能寒冬来了。

一个十分有趣的说法是，当人的某项功能被机器完成得很出色时，人们便不觉得这能代表智能了。同理，当人们对人工智能信心低迷、兴趣寥寥时，机器只有在某个新的领域打败或取代人类，才能重新吸引大家的目光。1997 年，IBM 推出名为"深蓝"的国际象棋程序，并打败了人类冠军棋手。人工智能在十年寒冬后，终于迎来了复苏。当然，许多人在震惊过后很快又表示，国际象棋规则简单，围棋才能真正代表人类的智慧水平；不过现在我们都看到了，围棋世界冠军也被人工智能棋手征服了。

低谷期间，科学家在经历之前的教训后变得更加谨慎，但是包括上面提到的统计学习等板块仍然在发展。比如20世纪60年代出现了支持向量机，20世纪90年代初期出现了非线性分类器，非线性分类器在文本分类等任务上取得了非常出色的效果；霍兰德在20世纪70年代借鉴生物学现象提出的遗传算法，也在20年后伴随着计算能力的增强和实际应用需求的增长而得到很大的发展。再如1989年，杨立昆等人对反向传播算法进行了实际应用，卷积神经网络被成功应用于识别美国邮政服务提供的手写邮政编码数字，推动了深度学习领域的发展。

推动了神经网络"文艺复兴"的辛顿，在联结主义落魄之时毅然加入，潜心耕耘数十年，在2006年发表了一篇关于深度信念网络（Deep Belief Network，DBN）的论文，该论文实际上提出了使用GPU来优化深度神经网络的工程方法。彼时就连论文审稿人都对"神经网络"避如蛇蝎。辛顿将多层神经网络相关的学习方法命名为"深度学习"，也可能是迫于情势的无奈之举。好在从这一年起，基于互联网大数据的深度学习时代来临，以联结主义为主力的人工智能第三次浪潮终于拉开序幕。

再立潮头

掀起人工智能第三次浪潮的一位不得不提的关键人物是美籍华裔计算机科学家李飞飞。2009年，她的团队发布了ImageNet数据集，这是为了检测计算机视觉能否识别自然万物、经过三年多筹划才组建完成的一个大型数据集。从2010年开始，一共举行了8届ImageNet挑战赛。该挑战赛是计算机视觉发展和深度学习热潮的关键推力，将目标检测算法推向了新的高度。2012年，辛顿和他的学生创造了一个大型的深度卷积神经网络AlexNet，赢得了当年的ImageNet挑战赛冠军。随后三年，VGG、GoogLeNet、ResNet分别夺冠。基于卷积神经网络的机器视觉充分展现了它的发展潜力，变得家喻户晓。如今，基于人脸识别技术的移动支付与安防、基于场景重建技术的扫地机器人等计算机视觉应用随处可见。人工智能正切实可感地改变着我们的生活。

自然语言处理也在人工智能第三次浪潮期间扮演了重要角色。2015年，注意力机制被提出。这一机制为不同重要程度的序列向量提供不同权值，是神经网络机器翻译最终超过传统翻译的关键。2018年，ELMo、GPT、BERT等预训练大模型相继出现。它们证明了一个非常大的模型可以显著提高自然语言任务的准确率，而这个模型可以通过在无标记数据集上预训练得到。大模型可以在机器翻译、自动问答、情感分析等任务中取得非常惊艳的效果，这在几十年前是难以想象的，而如今我们已经有能力为其提供足够的算力与训练数据。

除了上述两大板块，其余人工智能板块也取得了让人欣喜的进展。例如恩格尔巴特的梦想——人机交互，就在 21 世纪掀起了新兴热潮，其发展过程中也不乏华人、华裔的身影：黄煦涛在二十世纪六七十年代专注于图像压缩与图像增强技术的研究，自 20 世纪 90 年代起，作为贝克曼研究院的创始人之一，他对交叉领域产生了浓厚的兴趣，并开创了多模态智能人机交互、手势跟踪与识别、情感识别等领域。

展望未来

半世纪的华山论剑，各派起落浮沉、兴盛衰败；而目前看来，最终的趋势应是融会贯通、集成发展。时至今日，我们已经没有太大的必要去划分清楚一位学者究竟属于上述哪一种流派。例如个人计算机上的 Cortana 或 Siri，就是专家系统的一种变体，有符号主义知识工程的痕迹，同时也离不开联结主义在语音识别等方面作出的技术贡献。可以说，在人工智能起步阶段，对领域发展的过度乐观估计，既为其吸引了更多目光，争取到了肥沃的土壤，也在落差渐显时打击了社会积极性；加之领域内部门派纷争，人工智能研究两次落入低谷。随着其产业化加速，人工智能得到了越来越多来自企业的研发资金，且各大流派在"交锋"之后也逐渐走向了合作共赢的道路。寒冬期间细而未绝的幽咽泉流，为新世纪的厚积薄发、峰回路转打下了良好的基础。正因为如此，人工智能的第三次浪潮精彩而又深厚，能够不绝至今。

当然，人工智能的星空里闪耀的远不止书中这些人物。若有机会，我们会将更多遥远的、耀眼的星辰展现在大家眼前。于我们而言美中不足的是，在人工智能这片方兴未艾的璀璨星空中，中国人尚不算耀眼，女性学者亦不多见。如果此书能使更多人受到感染，加入对这一学科的探索并作出自己的贡献，我们将不胜荣幸。读者不妨与我们一同期待人工智能更加绚烂的未来。

曾哲妮

目　录

2　一、符号主义之滥觞：莱布尼茨

《易经》与符号逻辑的碰撞
0 与 1 的启迪
亲手创造的理性
超越时代为智能奠基

10　二、艰难思考与自由之路：伯特兰·罗素

完美大厦的构筑
希冀破灭于悖论之中
向往和平的文思
悉数湮没于历史潮流之中

20　三、世界之外的孤行者：维特根斯坦

直面生死
顿悟逻辑哲学
大隐于市
筑造语言游戏

30 四、不完备的世界：库尔特·哥德尔

缜密的思维宛如放大镜
寻找公理大厦的裂纹
好奇心照亮每一处疑问
定理也不例外

40 五、控制论之父：诺伯特·维纳

在弹道中计算和平
在实践中提炼思想
沉浸于学术海洋
也别忘了便笺上回家的路

50 六、一个人·一个理论·一个时代：克劳德·香农

小老鼠钻出了迷宫
开关电路孕育了信息论
爱好杂耍的老顽童
也曾开创理论的先河

59 七、AI 与人类的棋类智慧竞技

68 八、我向 AI 扔出了敲门砖：冯·诺依曼

计算机架构以你命名
博弈论体系由你奠基
天才盛名已成身后事
探索精神将永远星光熠熠

目录 3

78　　九、电子存储夺天工：莫里斯·文森特·威尔克斯

图灵奖得主
无线电专家
光环之下
是汗水浇灌的电子花

88　　十、超越时代的思考者：艾伦·图灵

健将的跑道在机器纸带上
在思想与时代的沟壑里
即便如流星璀璨短暂
也能照亮人工智能的一方天际

96　　十一、图灵测试与思想实验

104　　十二、举起人工智能的火炬：约翰·麦卡锡

微小说里闪烁着伦理思考
Lisp 和剪枝搜索里缔结着常识推理
冒险家探索着天空的极限
人工智能的火炬在手中高高举起

111　　十三、达特茅斯会议：AI 思维的滥觞

120　　十四、符号代表的世界：司马贺

通才拥有的不止九顶博士帽
还有对自动逻辑推理的敏锐
机器超越人类的那一刻已经迟到
但不知是否终将来临

130　十五、符号认知狂想曲：艾伦·纽厄尔

对弈无所谓输赢
符号推理狂想曲在脑海中奏响
语音转换抑或 X 射线
终因渴望而扭转航向

140　十六、我走我的路：吴文俊

机器魔法棒已经造就
几何拓扑的星宿为你而亮
浮沉多年扭转局面
学术之外亦有精彩的生活

158　十七、神经网络的问世：罗森布拉特

年轻有为的传奇
感知机赋予你张扬与浪漫
生命的诘难与逝去
并未让真正的明珠蒙尘

168　十八、真正的知识分子：艾弗拉姆·诺姆·乔姆斯基

丰富的心灵
智慧的内核
攀登的是句法之树
也是对知识和真理的永恒追求

176　十九、构筑人机交互的梦：道格拉斯·恩格尔巴特

"离经叛道"的增智构想
鼠标与演示的横空出世
一步步实现的宏伟心愿
点滴展现在今人的生活中

188　二十、"机器人之父"：恩格尔伯格

当幻想照进现实
机器的一"臂"之力改变了世界
永不停步的探索与追问
是一种具象化的惠之于民

198　二十一、特立独行的先驱：马文·明斯基

从神经网络的提出
走向符号主义的痴迷
乘着LOGO语言中的海龟
漂泊于科幻的海域

208　二十二、在知识中寻找力量：费根鲍姆

首席科学家的荣光
也盖不住人类智慧的光芒
机器抑或专家
推动了历史的浪潮

216　二十三、数据库的领航者：查尔斯·巴赫曼

多年的探索积淀
织就绝妙的数据之网
奖章上镌刻着
数据库管理的奠基性贡献

226　二十四、"表"达万物之序：埃德加·弗兰克·科德

飞过碧海蓝天
他将闯劲与勇气保持一生
命运起落热情不灭
关系数据库大道终成

231　二十五、用 AI 解决科学问题

238　二十六、从智能的计算到计算的智能：大卫·马尔

用有限的材料探索无垠的脑海
从本体到成像层层升维
年轻的生命璀璨而短暂
今日硕果于梦境看过几回

246　二十七、模式识别的先驱：傅京孙

开山立派
奠定今日之模式
漂洋过海
成就华人之楷模

252　二十八、从人的视觉到计算机视觉：黄煦涛

走过的风景与爱过的人
镌刻入骨相随终身
对画面的处理与探索
是他留给世界最美好的礼物

260　二十九、触手可及的 AI

268　三十、孤独的领路人：朱迪亚·珀尔

再小概率的无妄之灾
也有人淡然挺过
如若世间一切皆有因果
便让冷锐的反思之箭冲破阻碍

278　三十一、用游戏模拟自然界：约翰·霍兰德

数学精密而灵巧
游戏规则里浸满对生命的崇拜
扑克牌结成了快乐的桥
冥冥间通往一个新的时代

286　三十二、"神经网络之父"：杰弗里·埃弗里斯特·辛顿

冷板凳从来都不可怕
所谓的叛逆是足够炙热的信念
联结主义的一点微光
终于等来了后来的星火燎原

296 三十三、呼啸而来的人工智能：杨立昆

这是最好的时代
怀有最远大而冷静的愿景
层层卷积日日积累
中流砥柱步履不停

302 三十四、科学家的 AI 漫谈

310 三十五、关于 AI 的未来畅想

莱布尼茨
（Leibniz）

《易经》与符号逻辑的碰撞

0 与 1 的启迪

亲手创造的理性

超越时代为智能奠基

一、符号主义之滥觞：莱布尼茨

本文作者：丁阳

戈特弗里德·威廉·莱布尼茨（Gottfried Wilhelm Leibniz，1646—1716），德国哲学家、数学家，是历史上少见的通才，被誉为17世纪的亚里士多德式的人物。

博学的通才

1646年夏天，戈特弗里德·威廉·莱布尼茨出生在德意志莱比锡地区。莱布尼茨的父亲在当地大学担任哲学教授，他的母亲也同样出身于教授家庭，可谓书香门第。虽然他的父亲在其6岁时不幸去世，但他依然从母亲那里获得了良好的幼年教育。天赋异禀的莱布尼茨对各种知识都抱有强烈兴趣，再加之广泛地阅读父亲留下的藏书，使他从中汲取了丰厚的知识。莱布尼茨在14岁时就进入莱比锡大学攻读哲学和法律专业，并在20岁时完成学业，随后在纽伦堡的一所大学获得了博士学位，并在同年出版了自己的第一部著作《论组合术》（见图1）。

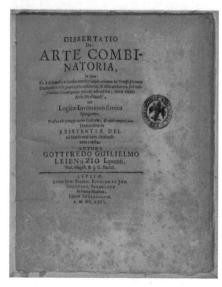

图1 《论组合术》（拉丁文版）

莱布尼茨毕业后，收到了一所大学的教职聘请书，可他却决定为法庭和政府提供顾问服务。此后，他经常游历于多个国家，接触到了世界多地的科学文化。在繁忙的工作之余，他广泛地研究哲学、经济学、物理学以及各类工程技术。他除了在数学领域与牛顿共同开创了微积分之外，在物理学、哲学、经济学等领域也都有所成就，被学术界誉为历史上罕见的"通才"。

与兴起不过几十年的人工智能科学相比，莱布尼茨简直可以称得上生活在"上古时代"，就连最早的电子计算机都在他逝世200多年后才出现。但令人惊奇的是，莱布尼茨在数学、哲学思想上的成就在今天也不过时，有些甚至对今天的计算机科学和人工智能都产生了深刻影响。

数与算术的本质

> "1与0，一切数字的神奇渊源。"
>
> ——莱布尼茨

在莱布尼茨之前，十以外的进位制一直只是被当作特殊的计数法则，在很长时间内都无人问津。虽然二进制数早在古埃及和古印度时期就已经被用于计数，但是没有人系统地研究过二进制的算术体系。

1672年在巴黎工作期间，26岁的莱布尼茨首次见到了帕斯卡于1642年创造的机械加法计算器。他在惊叹于其机械结构精巧的同时，也很受启发——所有数字计算过程在某种意义上都是可机械化的。于是在这之后的十几年，莱布尼茨都在尝试建造一台能够实现四则运算的"全能计算器"。

1674年，莱布尼茨完成了"步进式计算器"的初步设计（见图2）——以机械齿轮表示数值，并通过齿轮啮合旋转实现计算与进位。他凭借步进式计算器精妙的设计，成为英国皇家学会的会员。但是步进式计算器在设计上过于超前，因而莱布尼茨到1694年也仅完成了几部样机的制造，而其中涉及的"销轮结构"更是在工业革命后才得以广泛制造使用。

图2 莱布尼茨制作的步进式计算器

虽然机械硬件的限制使莱布尼茨最

终制造的算数机器难以持续稳定地运作，远称不上完美，但制作算数机器的过程促使他开始思考数与算术的本质，并由此注意到了二进制。

1679 年，莱布尼茨根据此前数年对二进制的研究，完成了《二的级数》一文，这是历史上首次对二进制进行细致且系统的探讨。在这篇文章中，他明确了以 0 和 1 来表示一切数，并明确了逢二进一的二进制数制以及二进制的形式化符号。此外，他还具体研究了二进制下的加、减、乘、除、乘方、开方等运算法则，并指出了使用二进制进行运算的多项优越性。

莱布尼茨对二进制的思考还与中国文化有着不小的渊源。他在 1689 年游历意大利时，偶然结识了一位被派遣到中国的传教士，与这位传教士的交流使他对中国文化产生了浓厚的兴趣。在此后的研究中，他惊奇地发现二进制与中国《易经》的核心思想颇有共通之处，也从中意识到了二进制的哲学意义，并称此为"发现了二进制的'极大用途'"。

然而，与莱布尼茨同时代的人对二进制不屑一顾。因为在信息科学尚未兴起的时代，人们难免认为进位制和算术仅仅是一种操作规定，讨论进位制和算术法毫无实际意义，甚至连莱布尼茨在 1701 年正式向巴黎科学院提交的一篇专门论述二进制的论文《数字新科学论》（*Essay d'unne nouvelle Science des Nombres*）也被巴黎科学院院长以"看不出二进制有任何用途"为由拒绝发表。

此后莱布尼茨积极寻求二进制的实用证据，他把来自中国《易经》的"伏羲八卦"内容加入论文，并特别对二进制的用途加以强调，才使这篇以《论单纯使用 0 与 1 的二进制算术——兼论二进制用途及伏羲所使用的古代中国符号的意义》为题的论文（见图 3）在《1703 年皇家科学院年鉴》上发表，二进制方法也第一次得到了大范围的推广。

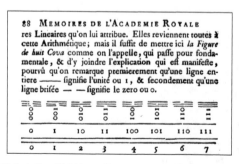

图 3　莱布尼茨在其著作中将二进制与八卦对应，从右到左依次是伏羲先天八卦排列中的乾（☰）、兑（☱）、离（☲）、震（☳）、巽（☴）、坎（☵）、艮（☶）、坤（☷）

然而，这篇二进制论文的顺利发表，并不能代表当时学界对二进制的认可。17～18世纪欧洲启蒙运动过程中曾掀起一股中国风潮，运动领导者借助中国不重神权的传统哲学、伦理本位的道德体系对抗欧洲教会统治下的封建神学体系。在这个过程中，欧洲的知识阶层对世界另一头的中国一度产生了美好的幻想。从某种程度上讲，莱布尼茨的论文得以发表，应当归功于这样的风潮，而非世人真正认识到了二进制的精妙之处。

但莱布尼茨始终认为二进制有特殊的意义，甚至认为它是连接数学和哲学的重要枢纽。可是在莱布尼茨去世后的几个世纪，几乎无人用二进制做出什么成果，莱布尼茨的研究成果也迟迟得不到应用。直到近几十年来计算机科学的兴起才使得二进制大放异彩，其简明、规律的优越运算性质在现代计算机上体现得淋漓尽致。能在几个世纪前就注意到二进制的优越性，让人不得不赞叹莱布尼茨惊人而超越时代的眼光。

符号逻辑的思考

> 精练我们的推理的唯一方式是使它们同数学一样切实，这样我们就能一眼找出我们的错误，并且在人们有争议的时候，我们可以简单地说，让我们计算，而无须进一步忙乱，就能看出谁是正确的。
>
> —— 莱布尼茨

莱布尼茨把二进制称为"一种具有世界普遍性的、最完美的逻辑语言"。在研究二进制的过程中，莱布尼茨不仅是在研究算术，从某种意义上也是在探寻一种"最简单基本结构"的可能性。如果一切数字都可以还原为简明的只由1和0表示的二进制数，那么是否可以把复杂命题乃至世界上的全部对象都还原为最基本的"原子命题"？进一步来说，能否将这些命题组成的逻辑推理也形式化为纯粹的数学运算？

解决这个问题需要克服方方面面的障碍。一方面，自亚里士多德以来基于自然语言的传统逻辑学太过模糊，难以进行归纳和演算。莱布尼茨为此设想建立一种通用语言，他说"这种语言是一种用来代替自然语言的人工语言，它通过字母和符号进行逻辑分析与综合，把一般逻辑推理的规则改变为演算规则，以便更精确、更敏捷地进行推理"。其实质上就是对自然语言数学化、符号化后得到的一种精确、无歧义、可计算的人工语言（莱布尼茨称之为"普遍语言"）。

另一方面，还需要构造某种理性演算规则，也就是所谓的"普遍文字"的具体用法，使其能通过运算来模仿人们的逻辑思考；进而，推理逻辑就可以表达为一些字符和符号间的数学演算，人们从而有可能通过机械化的方式对推理过程进行计算。这样不仅避免了逻辑上的争端，而且可以通过枚举各种可能性来发现新的知识。

莱布尼茨为逻辑符号化做了很多努力。1677 年，他发表了论文《通向一种普遍文字》。他在这篇论文中系统地讲述了建立普遍字符的一些初步方法。在构建普遍字符的过程中，他对各种概念和命题进行阐述和归纳，希望建立一套与人们所思考对象的意义唯一对应的"人类思想的字母表"，例如用赋值或字母来表示基本概念，以此避免自然语言的影响。他还细致地考察和还原了自然语言的基本结构，指出了逻辑演算最基本的要素——"项"。除此之外，他还尝试将逻辑推理还原为理性演算。同一时期，他以一些公理和定理为基础，将逻辑推理还原为基本的演算过程。他提出的"充足理由律""无矛盾律"等推理规则在很大程度上推进了理性演算的实现。虽然受制于当时的科学理论发展水平以及莱布尼茨逻辑体系自身的一些问题，他最终没能实现自己逻辑符号化的构想，但他所做的这些工作无疑是十分具有先见性的。而莱布尼茨关于"普遍字符"和"理性演算"的这些思考也激励了后来众多逻辑学家投身于数理逻辑的研究，他的宏伟设想如今确实得到了某种意义上的实现。

可惜的是，莱布尼茨几乎没有为他的符号逻辑研究出版过专门、系统的著作，他的研究成果大都包含在他生前遗留的数以万计的手稿中。而在莱布尼茨去世后的很长时间里，他关于"普遍字符"和"理性演算"的思考事实上并未获得太多关注。直到 200 年后，德国逻辑学家弗雷格从莱布尼茨那里得到启示。他的著作《概念文字》在很大程度上沿袭莱布尼茨的思想与方法，并在真正意义上建立起了完整的数理逻辑系统，再加上罗素、怀特海等人在命题和谓词逻辑方面的努力，数理逻辑才真正地发展成为一门备受科学家和世人关注的新兴科学，而莱布尼茨的工作正是沟通西方古典形式逻辑与现代逻辑科学的重要桥梁。如今，我们能清晰地认识到莱布尼茨对于现代逻辑学无可替代的开创地位，"人们谈到莱布尼茨的名字就像谈到日出一样，他对逻辑数学化的见解远远超过了古代人，使亚里士多德的逻辑得到新生。"

莱布尼茨尝试实现符号化的"普遍语言"以及理性逻辑演算的目的并不是替代自然语言，而是尽可能地避免自然语言的复杂性和模糊性，让思想内容变得清晰明确，可以解读，甚至可以通过机器运算来实现理性思维。而自人工智能科学建立并蓬勃发展的半个多世纪以来，人们就致力于解决和莱布尼茨相似的问题，即让思维变得可以计算，让计算机通过运算"听懂"语言，这些问题也衍生出了机器学习、自然语言处理等众多研究分支。如今，人们在让计算机处理自然语言时，往往被语义的模糊性和复杂性所困扰，而莱布尼茨所研究的符号化的普遍语言恰好能被计算机"理解"和使用。让"普遍语言"成为计算机和人对话的媒介，这是莱布尼茨的符号逻辑思想为语言学方面的人工智能研究指出的发展方向。

人工智能研究有三种不同学派：符号主义、联结主义以及行为主义。其中，符号主义学派是现代人工智能研究的主要学派之一，这一学派的研究以逻辑学理论为基础，尝试探索物理世界，以及人类智能能否简化成符号，进而通过研究符号以及符号系统间的逻辑联系来反映和解决现实问题。从 20 世纪 60 年代起，符号学的方法在人工智能模拟智能思考的过程中取得了很多重要成就，这一学派也在很长一段时间主导了整个人工智能的研究和发展。显然，这一学派研究的正是符号逻辑的思想。生活在 300 年前的莱布尼茨竟不可思议地成为今天符号学派人工智能研究的鼻祖。人工智能的另一个主要学派——行为主义学派，则将控制论作为人工智能研究的主要方法来源，而这一学派早期的很多研究者事实上也深受莱布尼茨符号逻辑思想的启发和影响，控制论的开创者维纳曾经指出："莱布尼茨的'理性演算'以及'普遍字符'的思想，决定了莱布尼茨是控制论在科学领域的守护神。"由此看来，莱布尼茨的符号逻辑思想正是现代人工智能科学很多研究方向的理论基础和灵感来源。

超越时代的远见

无论是对规律、简洁的二进制算法的深刻研究，还是对符号逻辑的不懈探求，从中可见莱布尼茨似乎终其一生都在追寻一种"规范化""系统化"以及"可计算化"的知识体系和推理形式，进而用这套理性的思维方法来表达和理解整个世界。他超越时代的远见不仅在于那些数学、逻辑学方面超前的研究工作，更重要的是，这种"认知即计算"的思想与现代计算机科学和人工智能的某些核心思想有着惊人的相似性和重合。我们甚至可以说，今天人工智能科学家们用机器运算来模拟人类思考的设想，早在几个世纪前，就在莱布尼茨的研究和思考中出现了雏形。

1716 年 11 月 16 日，莱布尼茨在汉诺威病逝。在他生活的年代，科学和技术水平还很有限，这也导致他的许多超前研究都注定无法在他生前实现实用价值，他的设想也难以凭借他个人的努力得以实现，这些超越时代的远见并未得到同时代人的理解和认同，时代的局限给他的研究划定了难以突破的边界。莱布尼茨的很多研究在当时显得有些抽象，但这些成果与后来的计算机科学产生了密切的关联，直到今天我们借助现代计算机科学的理论和成果审视这段历史，才得以彻底理解莱布尼茨所做工作的重要意义。如果让莱布尼茨出生在与他学识相适合的时代，或许他就会与人工智能科学建立起直接的联系。今天的研究者或许也有必要思考，我们现在所做的研究是否也受我们所处时代的限制？

今天，莱布尼茨的许多设想都已经在人工智能这一新兴领域以他无法想象的方式变成了现实，他超越其所处时代的远见仍然在为现在的人工智能研究者提供可贵的启迪。从莱布尼茨的思考中，我们或许能找到探寻人工智能未来发展道路的奥秘所在。

参考文献

[1] 朱新春，史玉民. 莱布尼茨对二进制体系的贡献 [J]. 宜宾学院学报，2010, 10(2): 5-8.

[2] 朱新春，史玉民. 莱布尼茨对二进制体系的贡献新论 [J]. 咸阳师范学院学报，2010, 25(2): 89–93.

[3] 莱布尼茨. 莱布尼茨自然哲学文集 [M]. 段德智，译. 北京：商务印书馆，2018.

[4] 李熙. 莱布尼茨哲学的一种现代阐释及其对通用人工智能的启示 [J]. 科学技术哲学研究，2020, 37(4): 27–32.

[5] 刘辉. 普遍语言与人工智能——莱布尼茨的语言观探析 [J]. 外语学刊，2020(01): 122–126.

[6] 陈波. 逻辑学导论 [M]. 北京：中国人民大学出版社，2006.

伯特兰·罗素
（Bertrand Russell）

完美大厦的构筑

希冀破灭于悖论之中

向往和平的文思

悉数湮没于历史潮流之中

二、艰难思考与自由之路：伯特兰·罗素

本文作者：吴一波

伯特兰·罗素（Bertrand Russell，1872—1970），英国哲学家、数学家、逻辑学家，致力于哲学的大众化与普及化。

> 对爱情的渴望，对知识的追求，对人类苦难不可遏制的同情，是支配我一生的单纯而强烈的三种感情。这些感情如阵阵狂风，吹拂在我动荡不定的生涯中，让我掠过深沉痛苦的海洋，濒临绝望的边缘。
> ——伯特兰·罗素

或许你听过"我正在说的这句话是谎话"这样的诡辩，还听过"只给那些不给自己理发的人理发的理发师"这样的故事，可你是否了解这些疑难所揭示的深层问题，是否知道它们的解决是如何推动了哲学和逻辑学的发展与变革？是否了解这类矛盾的命名者——罗素，是怎样解决这些问题的，从而发展了数理逻辑和数学哲学，并为此后的自然科学打下坚实基础？又是否了解这位"百科全书"式的学者丰富的人生故事？下面就让我们走进这位伟人。

童年：阴暗中的思考

1872年5月18日，伯特兰·罗素出生于英国雷文斯庄园。他的家族是英国非常著名的望族之一。可他没能享受优渥的生活，相反，他遭受了命运的

图1　4岁的罗素

沉重打击。两岁时，他的母亲和姐姐死于白喉，父亲一年半后抑郁而亡。父母死后，他与哥哥在祖父母及叔叔居住的彭布鲁克别墅生活，慈祥而博学的祖父给了他们很多乐趣，但祖父很快也离开了人世。此后罗素的祖母和叔叔对罗素兄弟管束严格，并时常给罗素兄弟灌输让他们极为反感的神学观念，4岁的罗素如图1所示。

但是祖母和叔叔非常重视兄弟二人的学习。罗素11岁时就接触了几何学。他后来感慨："我没有想到，世界上居然有如此美妙的学问……它像初恋一样，令人目眩神迷。"对罗素而言，几何的魅力在于通过证明获得确定的结果，它既以数学的精确吸引着罗素，又能让他用数学推知其他东西。他在日记中写道："我希望……将会出现与机器数学一样精确的人类行为数学。"

求学：对源头的追问

1888年，16岁的罗素开始备考剑桥大学三一学院数学系，18岁时成功入学。在剑桥大学，罗素遇到了对他有重要影响的怀特海。他参加了"剑桥大学谈话协会"，又叫"使徒协会"，这个名字听起来玄乎其玄的协会，实际上是剑桥大学里的一个精英团体。在那里，罗素结识了许多优秀的青年并受到很大影响。摩尔就是对罗素影响极大的青年之一。

作为数学专业的学生，罗素逐渐发现这里的数学教育纠结于技术细节，这并非他兴趣所在。于是他开始"不务正业"，课外研读哲学。临考前，罗素感觉可能会"挂科"，于是努力补习数学，考取了全校第6名的好成绩。本科毕业后，罗素开心地收起了数学课本，转向哲学研究。

本科4年，罗素主要接受的是黑格尔和康德的哲学思想。罗素认为，黑格尔的整体主义讲的是：世界是一个整体，是紧密联系起来的。比如我们讲"'绝对'是舅舅"，可是舅舅不能脱离外甥而存在，于是我们只好扩展我们的世界，变成"'绝对'是舅舅和外甥"；可是有了舅舅还要有舅妈，还要有外婆……于是我们的世界就由（日常意义上的）七大姑八大姨扩展到了整个宇宙。用学术上的话来讲，黑格尔认为与自身之外的事物有关的事物是不能独立存在的，它们必须得到这些有关的外部事物的支撑，否则就不能存在。这些实实在在的相互联系，共同构成了世界。穿着学位服的罗素如图2所示。

这一思想否定了分析，而分析正是数学的一大特征，于是罗素相信数学中存在着不可解决的矛盾。但他相信现在的数学不能解决该矛盾，以数学为基础的物理学也不能。罗素决定到形而上的领域去寻找答案。

革命：再见，黑格尔

图2　穿着学位服的罗素

1898年，罗素和好友摩尔一起"背叛"了黑格尔的理论。一方面，近代数学的发展给罗素带来了一定的冲击；另一方面，罗素读了黑格尔的原著，大失所望，原本被他奉为圭臬的大师论述让他觉得"充满了双关语"。但是罗素与摩尔两人"背叛"的主要原因不尽相同，罗素主要反对对"一元论"的驳斥和"内在关系理论"。"内在关系理论"与"一元论"联系密切，大致讲的是要把事物的关系归于事物的本性之中。罗素从"事物与其性质的关系"和"非对称关系"等方面批驳内在关系理论，维护与之相对的"多元论"和外在关系理论。

从近代数学的发展来看，英国实际上是个数学比较落后的国家。如果罗素生在德国，他的研究进展可能会大为加快。就在剑桥大学沉迷于技术细节之时，分析数学的发展在国外风生水起。1900年，罗素到巴黎参加哲学会议，发现皮亚诺在每项讨论中计算都比别人更精确，逻辑上更严密，他走到皮亚诺跟前，对他说："我想把你的著作都读一下，你身边有吗？"皮亚诺说有，于是罗素把他的著作都读了。

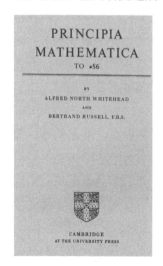

图3　罗素的《数学原则》

背叛旧的理论，接受新的思想，罗素在这一时期完成了思想转变，认识到逻辑和分析在数学甚至哲学研究中有着重要意义。从此以后，他始终相信分析的力量，相信可以从分析中获得真理。很快，罗素就全身心投入到将数学规约为逻辑的工作中，踏上了写作《数学原则》（见图3）和《数学原理》的征途。

奠基逻辑:"理发师悖论"与《论指称》

接受了新思想的罗素信心满满,以极大的热情投身到艰深学说的构建工作中。在他的《数学原则》一书中,他以"类"(类似于集合)为基础,实现自己将数学规约到逻辑的理想,构筑以逻辑为基础的数学大厦。罗素的房间中放有莱布尼茨和斯宾诺莎的半身像,罗素与它们"交谈",解释自己是如何继续他们未竟的事业的。

但 1901 年春,罗素注意到一些问题。当读到坎特关于"集合没有最大的基数"的证明时,他写道:"我脑筋简单,以为世界上所有事物的数目一定是最大的数目了。我想把坎特的证明应用于这个数目,看看会怎样。"接着罗素发现,一个类有时是自己的项,有时却不是:所有勺子组成的"类"并不是一个勺子,可所有不是勺子的东西组成的"类"却是一个类似勺子的东西。罗素进一步思考,他把不是自己的项的那些"类"定义成一个类。若这个类包含自身,根据定义,它就不是自己的项的那些类,不包含自身;若它不包含自身,根据定义,它本身满足成为它的项的条件,所以它包含自身。这一悖论有许多更为形象的通俗表达,例如著名的"理发师悖论":如果一个理发师宣称要给所有不给自己理发的人理发,那么这个理发师的头发谁来理呢?

这个意义深远的悖论,给罗素即将落成的"思想大厦"的根基造成了严重的威胁。即将成书的《数学原则》不得不推迟付梓,把这一悖论当作尚待解决的问题。接着罗素研读了弗雷格的著作,发现这一悖论同样危及弗雷格的理论,他写给弗雷格的信让弗雷格仿佛遭受雷击。罗素"雷击"了弗雷格后,不忘初心,在实现理想的道路上继续前进,初步提出了类型论。这一理论旨在通过对命题进行分层来消解矛盾,但这个萌芽中的理论还不足以解决问题。

1905 年,在类型论得以发展之前,罗素发表了著名的逻辑哲学著作——《论指称》。罗素用一个关于法国国王的例子来说明这个理论。命题为"当今法国国王是秃子"。问题在于,法国实际上并没有国王,根据排中律,一个命题不能既是真的又是假的,所以"当今法国国王"有没有头发似乎都不是一个真命题。罗素的解决方案是改写这个命题,把它变为"存在一个 x,这个 x 既是当今的法国国王,又没有头发"。这一理论使得我们可以通过类似逻辑演算的方式处理用自然语言表述的命题,从而分析出自然语言之下真实的逻辑结构。这让罗素对"类"和它的描述有了新的认识。

接下来罗素又尝试了以"命题"替代类和指称的理论，他很快发现同样性质的悖论依然存在。罗素认识到，问题来自"命题明确的自指能力"。在他1908年写的论文中，提到名称和定义中的矛盾来自"将不可命名性和不可定义性作为命名与定义的要素"。为此，罗素引入了一些额外的限制，继续最初的思路，由此发展得到了分歧类型论。这一理论通过将命题的描述能力分层，从而使一个描述不能描述自身，这从源头上避免了悖论的产生。

主要的理论支柱业已架起，罗素终于可以开始巨著《数学原则》的写作了。这是一项浩大的工程，罗素在向他人描述写作此书的情景时说："我长期埋头于本书的写作，倾注了许多心血，回想起来让人觉得不可思议。我把自己的生活搅得乱七八糟……我的全部理想主义热情都集中在自己的工作上，坚守信念，没有任何妥协……年复一年，工作已经成为一种宣泄我追求完美的强烈情感所必不可少的渠道。"

罗素在该书中给出了前述理论的最终版本，利用他创建的体系解决了悖论，进而证明了大量命题。《数学原则》的最终目标是证明全部数学研究都可以从逻辑学上加以推论。哥德尔的"不完备性定理"（本书后文将有介绍）证明了罗素"将数学划归逻辑"的理想实际上是无法实现的，读者对此可能已经有所了解；但罗素在发展理论的过程中，所进行的艰难深刻的思考无疑仍具有重要的作用。《数学原则》打下了数理逻辑发展的根基，为其后逻辑学的发展和完善创造了技术，提供了思路，赋予后来的研究者以灵感。同时，罗素的哲学思想和逻辑学成就引发了分析哲学的浪潮，这很快便成为哲学界的发展方向。

哲学发展：我们如何认识世界？

自1910年起，罗素对"物理世界是什么"，以及"我们怎样认识它"产生了兴趣。他开始关心认识论，讨论"我们能说自己知道什么或合理地相信什么"。在罗素的著作《哲学问题》中，他探讨了关于我们的本能信念，以及建立于其上的物质的存在和性质的问题。罗素认为，我们的心灵要通过"感觉资料"才能认识物质，由此推导得到的就是"中立一元论"。1917年，语言与事实的关系问题成为罗素关注的重点，继而深入到他关于判断论的研究中。罗素认为，简单地归纳常常导致错误的结论，而推理所根据的公理又难以确定。因此，如果要接受无可辩驳的常识，则必须在归纳法之外找到另一种原理。

关于一些艰难的问题，如"什么是逻辑学""什么是物质"，罗素则只给出了指导性的方向，留给他的学生维特根斯坦去开拓。这个天赋异禀的学生对罗素造成了很大影响，罗素的逻辑学说吸收了不少维特根斯坦的理论。在罗素发展判断论时，维特根斯坦发现了罗素理论中的问题，并实施了"精准致命"的打击。这直接使罗素不得不放弃了判断论，甚至动摇了罗素对自己研究基础哲学的信心。

第一次世界大战以后，罗素实际上在哲学界被边缘化，这与他的内心状态和生活情况都有关系。虽然罗素在他的后半生中，在哲学上所表现出的热情和创造力都有所下降，但不可否认的是，他仍保持了一些优秀哲学家的品质，比如他常常根据自己的最新思想修正自己的学说。罗素持逻辑原子主义观点，其要义在于，在分析中取得的作为分析最终剩余物的原子是逻辑原子而非物质原子。罗素在晚年阐述了自己对世界的看法，要点是数学、物理学的实体（电子、质子之类的实体）不是构成世界的实体；我们对外部世界的感知存在于我们每个人的大脑中，如自己看到的星星在自己的脑子里。

罗素认为，哲学并不是一个给出确定性结论的学科。相反，对于许多哲学问题，人们不能确定，或是根本不知道它们的答案，可是当一个问题获得确定的答案时，它就不再是哲学问题，而属于某种专门学科。相反，哲学的意义在于提出问题，还在于对终极问题的思考。通过批判性审查，哲学能够在一定程度上回答"什么是我们更能确定的事情？"；在哲学的沉思中，心灵可以获得一种自由与平静；在对无限的自然进行思考的过程中，思维也可以无限遐想。对罗素来说，这就是哲学研究的价值所在。

政界风云：反核与反战

罗素从小受到了良好的政治教育，也对参与政治活动有兴趣。他的第一本著作就是关于政治的，1907年还参选议员。自第一次世界大战前期起，罗素的生活重心就从纯粹研究学术转向更多地关心政治，关心人民疾苦。罗素强烈地反对战争，他提出了自己的一套政治和国家理论，认为在欧洲开战是欧洲文明的灾难。第一次世界大战爆发后，罗素作为反战活动领袖，领导反战团体抵抗英国政府的征兵政策。1914年，他因为一张反战传单被罚款，罗素拒交罚款，因而被英国政府没收了家具和藏书。最终是他的朋友们把他的家当赎了回来。他也因此被剑桥大学三一学院开除教籍。然而，罗素并没有因此沮丧，而是继续四处宣传演讲，还与英国政府斗智斗勇。例如，对他的审判被他用来扩大影响。1918 年，他因为反战作品正式入狱 6 个月。此时，罗素再次对学术产生了兴趣，作为一名"一等待遇"的犯人，罗素在狱中不但享受了安静的生活，而且完成了两本著作。

两次世界大战期间，罗素出版了不少讨论国家制度的著作，发表了许多讨论时事的文章，这也成为他那时的经济来源。晚年的罗素致力于和平解决核问题。他在核问题上发声，与爱因斯坦联名发表反核武器宣言，建立了罗素和平基金，主办了 Pugwash 国际会议寻求核裁军等。1961 年，罗素因进行反核游行（见图 4），再次入狱一星期。此时罗素已经 89 岁高龄。

1970 年 2 月 2 日，罗素去世。他的骨灰被撒在威尔士的山岗上。

图 4　罗素参加反核游行

学术成就与人工智能

罗素的学术成就无可争议。仅就主要部分来讲，他的工作不仅奠定了分析哲学和数理逻辑的基础，而且对人工智能有巨大启发。人工智能的三大流派中，联结主义和符号主义的争论焦点就在"联系"和"分析"之间，罗素选择了分析，并开辟了作为下一历史时期哲学主要发展方向的分析哲学，他的哲学思想直接或间接地影响着人工智能的哲学讨论。而罗素在数理逻辑上的开拓性工作为后人提供了强有力的数学工具和思想方法，不仅在计算机技术的发展道路上大放异彩，更为人工智能研究铺就了道路，影响了图灵和冯·诺依曼等人工智能的先驱，逻辑的力量开始在人工智能领域生根发芽。

参考文献

[1] MONK R. 罗素传：孤独的精神（1872—1921）[M]. 严忠志，欧阳亚丽，译. 杭州：浙江大学出版社，2015.

[2] 尼克. 人工智能简史 [M]. 北京：人民邮电出版社，2017.

[3] 忻鼎稼，周敏. 罗素悖论百年回眸——策梅洛矛盾的一个特例 [J]. 科学，2018, 70(2):29-31.

[4] RUSSELL B. 罗素自传 [M]. 胡作玄，赵慧琪，陈启伟，译. 北京：商务印书馆，2002.

[5] RUSSELL B. 我的哲学的发展 [M]. 温锡增，译. 北京：商务印书馆，1982.

[6] MONK R. 罗素传：疯狂的幽灵（1921—1970）[M]. 严忠志，欧阳亚丽，译. 杭州：浙江大学出版社，2016.

[7] 陈嘉映. 简明语言哲学 [M]. 北京：中国人民大学出版社，2013.

维特根斯坦
（Wittgenstein）

直面生死

顿悟逻辑哲学

大隐于市

筑造语言游戏

三、世界之外的孤行者：维特根斯坦

本文作者：黄索之

路德维希·维特根斯坦（Ludwig Wittgenstein，1889—1951），奥地利哲学家，后入英国籍，主要研究领域是语言哲学、心灵哲学和数学哲学。

告诉他们，我已经有过非常精彩的人生。

——维特根斯坦

说起哲学家，我们首先想到的大多是古希腊的哲学先贤，很少有人会想到近代的维特根斯坦。事实上，维特根斯坦在20世纪两次对哲学研究有着颠覆性的改变与创造性的贡献，尤其是语言哲学，而他充满戏剧性的一生也与他深邃的哲学思想不可分割。他非同寻常的哲学思想，不仅是他自身逻辑思考的结果，更源自他戏剧般的生活经历。换句话说，想要了解他的思想，就必须先了解他的生活方式和他身处的世界。

出身

维特根斯坦出身于奥地利的钢铁产业巨头家族，他的出生地如图1所示。他在家里排行最小。身为钢铁产业巨头的父亲卡尔·维特根斯坦对自己的子女抱有极高的期望。例如，卡尔希望子女能够继承自己在工商业持续对资本占有的能力，要求子女学习工业技能和商业专长，并因此不让所有的子女接受学校教育，而是接受家庭教育。不尽如人意的是，卡尔对子女的期望却成为对他们生活和学业上的限制。

这种家庭教育的高压导致极为悲惨的后果，卡尔的几个儿子中只有一个儿子当了经理。维特根斯坦的两个哥哥对音乐有着极高的热忱与天赋，却在高压下郁郁寡欢，离家出走。至此，卡尔改变了自己的教育观点，允许维特根斯坦在公立学校学习以技术为主的知识。但这样的结果仍不尽如人意，维特根斯坦最终带着考试的失利辍学，童年时的维特根斯坦如图 2 所示。

图 1　维特根斯坦的出生地

图 2　童年时的维特根斯坦

在这样的家庭背景下，维特根斯坦从小便与孤独相伴。但他在独自一人时会思考一个哲学问题："如果说谎对自己有利，那为什么要说实话？"这个问题伴随了维特根斯坦一生，他用无可争辩的行动，对这个问题作出了回答。那就是直面内心的选择，尽管时常被他人误解。

转变

尽管维特根斯坦在学校里成绩不理想，但他在机械技术上表现出了极高的天赋，年仅 10 岁时就自己制造过简易的缝纫机。随后，他对物理产生了极大的兴趣。

此时，维特根斯坦拜读了两本著作：赫兹的《力学原理》和玻尔兹曼的《通俗文集》。这两本书对他影响深远，原因在于这两本书从根本上讨论了处理问题的哲学方法。赫兹在《力学原理》中指出：在处理"力"这个神秘的物理概念时，不应该选择去解释"什么是力"，而应该不使用"力的概念"去解释物理学……当消除了这些折磨人的矛盾之时，并非力的本质问题得到了回答，而是我们的心智不再苦恼，停止追问不合理的问题。维特根斯坦常常引用这段话来表达自己认可的解决哲学问题的途径。按照玻尔兹曼的理解，赫兹这种康德式的哲学思想，指的是我们的实在模式是被加到我们的世界经验之上的，而不是传统经验主义认为的源自经验。这可以说是早期对维特根斯坦哲学思想的启蒙。

可惜的是，维特根斯坦不敢违背父亲的要求，只能继续学习工程学。他先是在柏林学习机械工程，后来又在英国学习航空工程空气动力学。在学习工程学时，维特根斯坦并未停止对哲学的思考。而富有戏剧性的是，在学习螺旋桨的数学原理时，维特根斯坦读到了对他影响深远的著作——罗素的《数学原理》。这本书里的数理逻辑基础极大地引起了他的兴趣，他随即放弃学习工程学，并来到剑桥大学，转投罗素门下。从此，逻辑哲学便与维特根斯坦的一生彻底联系在了一起——这也是哲学界的一大幸事。

在剑桥大学的探索

天才之间总是惺惺相惜，两人相识不久后，罗素便认定维特根斯坦是他寻觅已久的爱徒。在罗素的日记中，对维特根斯坦的描述总是带着"激情"二字："他对哲学具有比我更多的激情，他是雪崩，相形之下我似乎只是雪球。"维特根斯坦此时十分推崇罗素在数、理、哲方面的研究，这主要是因为罗素区分了句子的语法形式和逻辑形式，而维特根斯坦认为这是哲学的主要工作。不过维特根斯坦与罗素的工作并非完全重合，这主要是因为罗素的思想中既有严谨而枯燥的推理，也有对宗教感性的思考，而维特根斯坦只赞同前者。

此时，维特根斯坦开始了对逻辑学领域的独自探索，他对逻辑的思考逐渐加深。他提出了将复合语句分解为原子语句的想法，这种"逻辑原子主义"的思想反过来对罗素研究的逻辑学影响颇深。

当时有一则很著名的小故事，维特根斯坦在罗素的办公室里焦虑地徘徊思考时，罗素问道："你是在思考哲学，还是在思考自己犯下的罪孽？"维特根斯坦回答："两者都是。"这也为维特根斯坦在第一次世界大战爆发时选择参战埋下了伏笔。

参战

几年后,维特根斯坦离开剑桥大学,在挪威隐居了一段时间。不久,第一次世界大战爆发了。维特根斯坦自愿入伍,但他参军的动机不仅仅是保卫祖国那么简单。他的姐姐赫尔米勒曾说,参军是一种强烈的愿望,让自己经受一点困难的事,做一点跟纯粹的智力工作不同的事,可以让自己的个性得到改变。所以维特根斯坦带着改变自己的意愿走向战场。

令人诧异的是,在战场上,维特根斯坦仍会抽出许多时间来记录下自己对哲学的思考。他结合自己在战场上直面死亡的感受,写下了代表他早期思想的笔记——《逻辑哲学论》的初稿。

《逻辑哲学论》简述

《逻辑哲学论》的出版意味着维特根斯坦的哲学理论第一次对哲学界产生了巨大的冲击。这本书的写作形式十分特别,维特根斯坦在书中先写了七个大命题,而后在每个大命题下添加了若干小命题。

书只有薄薄七十几页,却蕴含着极为丰富的哲学思想。它从世界、事实、事物等开始讨论,但是书里绝大部分探讨的是语言和语句的性质。在这本书中,维特根斯坦创造的主要思想是"图像论"。据他自述,在法庭上,他看到法官用玩具模型模拟实际车祸,这给了他创造"图像论"的灵感。通过"图像论",维特根斯坦定义了世界、思想、语言这三者的关系,认为组成世界的诸多事实是由最基本的单元——对象构成的。维特根斯坦认为,对象应该有简单、永恒、必然、相互独立等特性,这些特性决定了世界的性质。

"图像论"指出,思想之所以能够表现为世界中的事实,是因为思想和这个世界中的事实有一种同构关系,即"描画关系"。简而言之,这种逻辑关系的根源在于,图像呈现了逻辑空间中事态的存在性和不存在性。随后,维特根斯坦定义了语言的意义:思想是世界的内在图像,而语言则是表述思想的工具。语言与思想之间也具有同构关系,那就是命名关系。即,世界命题的总和是语言,语言的界限意味着世界的界限。

这本书还提到了十分著名的"不可说"概念,即对"不可说"的东西我们必须保持沉默。

我们不妨在这里停下来想想，如果对"不可说"的东西必须保持沉默，那他认为书里"不可说"的东西是不是就没有写在上面呢？事实上他认为，这本书分两个部分——写出的和没写出的，而正是没写出的部分才是重要的部分。读到这里，读者肯定有所疑惑。对于这些形而上学的哲学理论，在此不做过多赘述。维特根斯坦写完书后认为，他所关心的哲学问题已经被"根本解决了"。

战争后的生活

读者可能会好奇：从军队退伍后，不再年轻的维特根斯坦会有怎样的改变与选择？出乎所有人意料的是，维特根斯坦选择将自己所有的财富转让给家属，自己去当一名乡村小学教师。

他为什么会这么选择？罗素不是认为他是哲学天才吗？维特根斯坦面对他人对自己的不解，解释说："其实我选择去艰苦的地方，是不想失去在战争中磨炼出来的与苦难斗争的意志。"这种行为在我们看来是自虐，对他而言却是不愿生活于安逸，所以才不断给自己制造困难。

令人唏嘘的是，满怀热忱去乡村小学践行自己教育理想的维特根斯坦并没能如愿以偿。他满怀热忱地教学，资助贫困学生，为学生编写字典，甚至尝试实行教育改革。他践行着"一日为师，终身为父"的教学理念，可这与当时欧洲乡村的师生关系冲突极大——他对学生体罚导致他被告上法庭，这件事情给了他很大的道德挫败感与负罪感。心灰意冷的他选择短暂地从事园丁工作，随后在家人的安排下从事建筑设计工作。维特根斯坦严谨与追求完美的性格使他设计的建筑十分简洁而不失美感（见图3），他也因此获得建筑师的身份。就在这时，维特根斯坦结识了研究逻辑实证主义的"维也纳学派"，而"维也纳学派"的思想深受他的《逻辑哲学论》的影响。

于是，接下来的剧情就不难想象了：维特根斯坦将回归哲学界。

图3　维特根斯坦设计的建筑

重回哲学界

1928年，维特根斯坦在听了数学家布劳维尔在维也纳有关"数学、科学和语言"的一次讲演后，重新萌发了强烈的探索哲学的兴趣。之后他重返剑桥大学，在三一学院教授哲学，随后成为哲学教授。在这段时间里，维特根斯坦在对哲学的长期思索中，形成了与他前期思想对比鲜明的后期思想。他发现《逻辑哲学论》出现了局部问题，于是开始质疑自己之前的想法，并放弃了曾经的一些观点。维特根斯坦之所以产生巨大的转变，主要是因为他在前期思想中提出的"不可说"的东西，正是他在后期思想中提出的"语言游戏"概念里着力加以展示的东西。后期的维特根斯坦也力图从"语言游戏"的使用意义的角度来打破逻辑主义。"语言游戏"思想的精髓在于，维特根斯坦认为语言就像游戏，"边玩边制定规则"，而语言的意义正是语言使用本身。在他的后期思想集大成之作《哲学研究》（见图4）中，他还探讨了许多语言哲学的话题，例如自然理解与充分分析、私有语言的理解等，这里不再赘述。

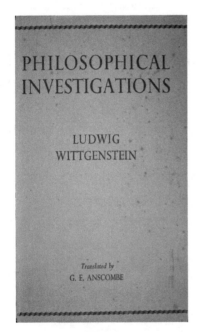

图4　维特根斯坦后期著作《哲学研究》

但令维特根斯坦心碎的是，《哲学研究》被许多人误解，尤其是他的前期思想的支持者罗素也说："没有任何让我感兴趣的东西。"这让维特根斯坦十分痛苦，他说："我的成果遭受多种多样的误解，或多或少变得平淡无奇或支离破碎。这刺痛了我的虚荣心，久难平复。"但在后人看来，继《逻辑哲学论》之后，《哲学研究》再一次划时代地把语言哲学引入了新的方向——这也是西方当代哲学中最难解析的思想，它既不是逻辑哲学和分析哲学，以及由此延伸出来的科学哲学，也不属于在欧洲居主导地位的现象学、存在主义哲学和结构主义（包括解构主义）哲学，但其思想深邃而富有创造性，即便在整个20世纪的哲学著作中也堪称数一数二。

维特根斯坦哲学与人工智能

如今，蓬勃发展的人工智能更像工科而非理科，因为它不像物理和化学一样，具有学科内部的统一性。因此人工智能的各个学术派系之间有着重大的分歧，这使得哲学在人工智能领域有了立足之地。

人工智能科学家认为，相较于前期的《逻辑哲学论》，后期的《哲学研究》对人工智能有着更大的贡献。《哲学研究》不再把哲学世界视为静态规律的总和，而转而研究智能行为的实时处理，这正与目前人工智能行业需要解决的本质问题密切相关。

讲到这里似乎有些抽象。具体来看，《哲学研究》这本书之所以在格式上显得如此"散漫"，是因为它在探讨十分复杂的问题：不同的智能体在不同的语境下，面对不同的实时问题所给的求解策略。对于这样的问题，很难归纳出一种一劳永逸的方式来加以解决。

对于其中更具体的问题的解决方式，本文不再赘述。简而言之，维特根斯坦把语言比作工具，而它们表面上的用法与实际用法有一定的差别。我们可以设想一下，一台机器有一个用户友好的界面与另一个内部操作的界面。在用户友好的界面上，使用者可能难以分清词语的用法；但在内部操作的界面上，它们会有着不同的输入输出关系。哲学家的工作便是将这种对应关系一一厘清。而对这类问题的思考，对人工智能有着不可忽视的重要意义。

如今，以数据驱动的人工智能联结主义大行其道，像 GPT-3 这样的千亿级参数网络展现了当前科技水平下的强大算力。但庞大的数据与强大的算力，就是人工智能的终点吗？在算力方面，人工智能日趋强大，未来可期。但在海量数据的背后，科学家对"智能"本身是否有着足够深入的理解？当我们回望维特根斯坦的哲学理论时，便能发现他已经对智能进行了深刻的定义与探讨。在自然语言处理研究盛行之时，"语言游戏"的概念或许能让科学家换个视角，重新思索语言与智能的关系：语言只是表现智能的一种手段，而不是实现智能的必要条件。想要真正实现强人工智能，对于科学家来说，仍然任重而道远。

结语

伟大的天才在人生的尽头，选择朴素地离开。

维特根斯坦在医生身旁病逝前，说出了一番"出奇感人"的话语："告诉他们，我已经有过非常精彩的人生……"在常人看来，维特根斯坦的一生充满着痛苦与艰难的选择。这不仅是因为自己的思想、理念、行为不被接受或被误解，还因为自己的信仰使得他主动逃离安逸，追寻苦难。他这一生的意义便是在苦难中探寻人生的答案。然而，尽管充满痛苦，维特根斯坦却没有对生活丧失希望。人生虽曲折，但对哲学的不懈探究与思考照亮了他的一生。

维特根斯坦曾说："世界的定义必在世界之外。"窃以为，维特根斯坦一生所探寻的哲学答案，或许也在常人的理解之外。所谓天才，便是用自己独于世界的极致才华，在这个世界上写下属于自己独特而闪亮的一笔，追寻自己的信仰，死而无憾。

参考文献

[1] MONK R. 维特根斯坦传：天才之为责任 [M]. 王宇光, 译. 杭州：浙江大学出版社, 2014.

[2] WITTGENSTEIN L. 维特根斯坦读本 [M]. 陈嘉映, 编译. 北京：新世界出版社, 2010.

[3] WITTGENSTEIN L. 逻辑哲学论 [M]. 贺绍甲, 译. 北京：商务印书馆, 1996.

[4] 陈嘉映. 简明语言哲学 [M]. 北京：中国人民大学出版社, 2013.

[5] WITTGENSTEIN L. 哲学研究 [M]. 陈嘉映, 译. 上海：上海人民出版社, 2001.

[6] 王球. 人工智能哲学的少数派报告：评徐英瑾《心智、语言和机器：维特根斯坦哲学和人工智能科学的对话》[J]. 哲学分析, 2014(6):180–191.

库尔特·哥德尔
(Kurt Gödel)

缜密的思维宛如放大镜

寻找公理大厦的裂纹

好奇心照亮每一处疑问

定理也不例外

四、不完备的世界：库尔特·哥德尔

本文作者：陈晓晨

库尔特·哥德尔（Kurt Gödel，1906—1978），美籍奥地利裔数学家、逻辑学家和哲学家，维也纳大学博士。

不完备的一生

> 世界以及其中的一切都有意义和含义，特别是一种好的和明确的意义。
> ——哥德尔

1906年春，库尔特·哥德尔出生于布尔诺。虽然哥德尔是一个富有的上流家庭的孩子，但他从小就没有纨绔子弟那种飞扬跋扈的习气，反而很内向。

哥德尔从小就对数学很感兴趣。1924年，他进入维也纳大学攻读理论物理学，后转至数学系，钻研数理逻辑和集合论。在维也纳大学期间，哥德尔也对哲学产生了兴趣，并于1927年开始研究维特根斯坦的著作，而且深受他的影响。但是，哥德尔并不认同维特根斯坦的观点，而是认可客观实在性和形而上学。他的哲学倾向虽然与当时作为哲学主流的逻辑实证主义并不相符，却促使他对数理逻辑产生了浓厚的兴趣。

1930年，哥德尔获得了维也纳大学的博士学位。在他向维也纳大学提交的博士学位论文中，他证明了"狭谓词演算的有效公式皆可证"，即哥德尔完备性定理。同年 9 月，哥德尔到东普鲁士柯尼斯堡（现俄罗斯加里宁格勒）参加第二次精确科学认识论会议，并在会上首次提出了哥德尔不完备性定理。1931 年，哥德尔在《数学月刊》上发表论文《〈数学原理〉及有关系统的形式不可判定命题》，正式公开了他对哥德尔不完备性定理的论证。该定理自从被提出以来，不仅在数学界大放光彩，也对哲学界产生了举足轻重的影响。

哥德尔曾在 1933—1939 年间三次访问美国。最终他于 1940 年同妻子阿黛尔一道经由西伯利亚大铁路和太平洋航线来到美国，就职于普林斯顿高等研究院。在普林斯顿，哥德尔不仅和爱因斯坦等一众好友结下了深厚友谊，而且在学术上精进许多。在他晚年的手稿中，有着许多关于数理逻辑以及人脑与计算机的卓绝洞见。

但是哥德尔从小患有疑病症，曾经三次因疑病症而崩溃。据他的哥哥回忆，哥德尔 8 岁时曾罹患严重的风湿热。通过查阅资料，哥德尔发现风湿热会影响心脏，并对此大为担忧。尽管医生通过检查确认哥德尔的心脏并没有受损，但对医生极度不信任的他仍然沉迷于服用各类心脏药物。从哥德尔的好友摩根斯坦的 1974 年的记录中可以了解到，晚年哥德尔的疑病症进一步加重了，他开始服用很多消化系统、肾脏、膀胱感染和心脏损伤的药物来试图"治疗"他假想中的疾病。在维也纳学派的领军人物、哥德尔的好友施利克于 1936 年被一名学生刺杀身亡后，哥德尔甚至开始怀疑食物有毒，因此只吃妻子阿黛尔准备的食物。1978 年 1 月，在妻子于 1977 年年底生病住院，无力为自己准备食物后，哥德尔绝食而亡。一代天骄以这种方式告别尘寰，不禁令人扼腕。

不完备性定理的发现

> 要发展正确思维的技巧，首先就要搞明白必须忽略什么。为了前进，你必须懂得要丢弃什么，这是有效思维的本质。
>
> ——哥德尔，1972

数学史上有三次著名的"危机"，其中前两次数学危机均由对无限的认识而产生，分别是等腰直角三角形的斜边无法用有限最简整数比来表示而导出的无理数，以及对微积分理论合理性的质疑。第三次数学危机则由多个悖论引发，其中最出名的就是罗素的"理发师悖论"。19 世纪末，康托尔提出了集合论，为统一数学理论奠定了基础，此后以希尔伯特为首的形式主义学派希望能够建立一个公理体系，借助形式化的手段把数学的抽象证明改为符号转换，并且应该具有无矛盾性和完备性，即该公理体系不仅能导出矛盾，而且一切数学命题原则上也都可以通过有限步骤的符号转换得到证明。这在当时得到了大部分数学家的支持，然而不完备性定理击碎了这一设想。

哥德尔第一不完备性定理如下：任意一个蕴涵皮亚诺算术公理的系统，即包含一阶谓词逻辑与初等数论的形式系统，都存在一个在本系统内无法证明真伪的命题。哥德尔第二不完备性定理如下：任意一个蕴涵皮亚诺算术公理且逻辑自洽的形式系统，它的无矛盾性不能在系统本身内得到证明。哥德尔的证明过程有两百多页，内容非常复杂。其中较大的一部分是关于将形式系统映射到自然数系统的，这其实就是编码的思想，这在当时是较为超前的。

哥德尔的证明思路大致如下：构造一个命题 P，其中 P 不可在系统 S 内证明。假设这个命题能够在 S 内表达出来，我们就可以得出 P 为真，但无法在 S 内推导的结论，即 S 是不完备的。假设 S 可以证明 P，而 P 的内容就是 P，不可在 S 内证明，于是可以得出 S 无法证明 P，这说明 S 可以证明 P 的假设是错误的。以上两者中必有一个是对的，所以 S 不可以证明 P，而由于 P 的内容为 S，不可证明 P，因此 P 就成了一个正确的命题，但无法在 S 内证明。当然，其中最关键的是如何在系统 S 中构造出这样的命题 P。哥德尔巧妙地利用了"真值为真"和"含义为真"的区别，避免掉入悖论的陷阱，最终证明希尔伯特设想的公理系统中的无矛盾性和完备性是不能同时满足的。如今我们已知为真且无法在系统内证明的命题有著名的连续统假设。此外，哥德尔的不完备性定理并不意味着所有公理系统都是不完备的，欧几里得几何系统就是一个完备的一阶公理系统。

哥德尔对不完备性定理的发现可以说是一个巧合。1930 年，24 岁的哥德尔第一次了解到同时代的伟大数学家希尔伯特对于连续统假设的证明的梗概，并开始着手分析连续统假设的相对一致性。但是，哥德尔在研究过程中发现数论中的定理在数论中并不能被定义。哥德尔的这一发现最终导出了第一不完备性定理的证明过程，并戏剧性地否定了他原先想要证明的问题。

同年 8 月 26 日，在即将于柯尼斯堡（见图 1）召开的第二次精确科学认识论会议前夕，哥德尔和费格尔、卡尔纳普、韦斯曼等人在咖啡馆里商议了参会的计划，并同他们分享了自己的新发现。

图1　柯尼斯堡

9月5日，会议正式开幕。在前三天的议程中，低调的哥德尔只报告了他在完备性定理方面的研究成果。直到第三天会议快要结束的时候，大家提议搞一个数学基础专题讨论作为"余兴节目"，哥德尔才在这个专题讨论上报告了他有关第一不完备性定理的研究成果。可能是没有意识到该定理的重要意义或是没有听懂，在哥德尔的报告结束之后，众人反应平平；与会者中只有冯·诺依曼反应迅速，他在会后马上给哥德尔写了一封信，说他看到了哥德尔的不完备性定理的一个重要推论。哥德尔则回信说他早已经看到这个推论，并且已经把文章写好投出去了，这个推论便是哥德尔第二不完备性定理。至此，哥德尔不完备性定理基本成型。

冯·诺依曼是个自视甚高的人，他不能忍受有人在自己从事的研究领域取得比自己更高的成就。由于他认为哥德尔在数理逻辑领域做得非常好，因此他之后再也没有从事过数理逻辑领域的研究。后来冯·诺依曼在评价哥德尔时曾说道："哥德尔在现代逻辑上的成就不仅是奇异的，而且意义非凡。实际上，它不仅是一座纪念碑，而且是一个地标，它将在时空中保持可见……随着哥德尔的成就，逻辑学科当然已经完全改变了它的性质和可能性。"

巧合的是，希尔伯特本人也参加了这次柯尼斯堡会议，但他似乎并没有听到哥德尔在9月7日会议结束当天所作的报告。9月8日，在柯尼斯堡会议结束的第二天，希尔伯特出席了德国科学家和医师协会第91届年会的开幕式，发表了题为"逻辑和对自然的认识"的著名演说（当时哥德尔也听了这场演说），乐观地宣称："我们必须知道，我们终将知道……"全然不知初生牛犊的哥德尔在昨天提出的不完备性定理已经粉碎了他将数学彻底公理化的美梦。雄心勃勃的希尔伯特最终听说了哥德尔的不完备性定理，他十分沮丧——希尔伯特纲领被证明无法实现，即将架构好的数学大厦就此倒塌，数理逻辑的研究也随之转向。

但是，哥德尔的发现在当时并没有迅速产生很大的影响，并且哥德尔本人也大大低估了不完备性定理的重要性。同时代的人们对哥德尔的研究发现反应平平，负责为柯尼斯堡会议做会议记录的莱辛巴赫甚至在记录中忽略了哥德尔关于不完备性定理的阐述。甚至在多年之后，哥德尔的研究仍然备受争议。罗素直到 1963 年仍怀疑哥德尔不完备性定理的真实性；卡尔纳普则认为不完备性定理的证明思路难以理解；而维特根斯坦拒绝承认不完备性定理，并揶揄其为"逻辑的把戏"。

哥德尔的遭遇为库恩在《科学革命的结构》中所论及的"科学的迟钝"提供了一个恰切的案例：当一个科学成果发表的时候，人们往往不认可它，甚至贬低它，直到经过时间的洗礼和磨砺后，才焕发出它真正的光彩。维也纳大学以哥德尔的名字命名它的数理逻辑研究中心，如图 2 所示。

图 2　维也纳大学以哥德尔的名字命名自己的数理逻辑研究中心

计算机与"心"

> 可以设想，脑生理学将发展到这样的高度，让人们能够在经验上肯定：（1）人脑足以解释所有的心智现象，它在图灵测试的意义上就是一台机器；（2）人脑进行数学思维的部分，其物质结构和生理功能不外乎如此这般。
>
> ——哥德尔，1951

学术界最终公认了哥德尔在逻辑学上取得的巨大成就。"原子弹之父"奥本海默曾对治疗哥德尔的医生说："你的病人是自亚里士多德以来最伟大的逻辑学家。"希尔伯特的学生、德国的著名数学家维尔在哥德尔的追悼会上致辞时，曾赞誉哥德尔是两千多年来唯一能够跟亚里士多德并称的人。

第二次世界大战结束后，哥德尔开始尝试研究可计算主义。可计算主义认为，人脑和心灵的工作方式与计算机相同。图灵等学者支持可计算主义，认为人心和计算机有着相似的原理，因此计算机就如同学习算术的孩子，而哥德尔则始终认为心灵凌驾于计算机之上。

哥德尔不完备性定理便是反驳可计算主义的绝佳论据。由这个定理可以得到，存在某个真命题，我们人类可以看出来它是真的，但生成定理的计算机无法生成或计算它。也就是说，如果一台具有超强定理证明能力的机器本身是可靠且一致的，那么根据哥德尔不完备性定理，这台机器本身不能证明表示它自身一致性的命题。

当然，如果要在哥德尔不完备性定理的基础上更为精确地构造论证的话，就还有一些漏洞需要填补。1951 年，美国数学学会向哥德尔颁发了这一年度的"吉布斯讲席"证书。"吉布斯讲席"作为一项年度荣誉，旨在表彰在应用数学领域取得杰出成就的人。作为获奖者，哥德尔受邀发表演讲，他于是在演讲中就证伪可计算主义提出了进一步的理论猜想。哥德尔首先定义了主客观数学的概念，主观数学指的是所有能推导的命题组成的系统，而客观数学指的是所有数学真命题组成的系统。他进而提出假设：要么主观数学在能力上超越所有计算机，要么客观数学超出主观数学，要么两者皆成立。倘若前者成立，那么人类心灵的运作就是无穷的，超出了相当于由零件构成的机器的人脑；倘若后者成立，那就存在一个客观的形而上的数学系统超越了我们所能创造的数学系统，因为创造者（人心）必然知道其所创造出来的数学系统的所有性质。

上述猜想目前还有待推敲，但哥德尔就计算机和心灵之间关系进行的思考，无疑对当前有关图灵机和强人工智能的存在性的研究有着重要的指导意义。

公民权考试小插曲

1947 年 12 月，哥德尔在美国定居 7 年之后，准备参加美国公民权考试，并邀请爱因斯坦和摩根斯坦[①]作为他的公证人。

认真率直的哥德尔在考试前几个月就开始积极地准备。他首先花了好几周时间学习美国历史，并多次和摩根斯坦通电话，以确认他所了解到的历史知识的真实性，甚至向摩根斯坦请教自治区和镇区的区别。接着又开始致力于钻研美国几个州的制度。

童年时期就被称作"为什么先生"的哥德尔，一旦想要知道什么事情，就会不遗余力地去钻研。最终，哥德尔的研究有了新的进展——他兴奋地向摩根

---

① 摩根斯坦，美国经济学家，执教于普林斯顿大学。

斯坦展示了他在一些制度中发现的不足之处，并与摩根斯坦就此展开了多次辩论，摩根斯坦招架不住就把这件事转告给爱因斯坦，爱因斯坦大吃一惊，马上告诉哥德尔，自己与考官是好友，所以考官不会考他思考的那些问题，他也就没有必要继续钻研了。

考试当天，考官允许爱因斯坦和摩根斯坦陪同哥德尔一起参加公民权考试。考官询问爱因斯坦和摩根斯坦是否认为哥德尔会成为一个良好公民，两人都对此表示肯定，并称赞哥德尔将会成为一个伟大的人。接着就轮到了哥德尔，但哥德尔与考官的话题向着爱因斯坦和摩根斯坦不希望的方向发展了起来。

考官出了一道极其简单的看法题。哥德尔答"好"或"我赞成"就能结束考试。但那道题正是他思考的问题，于是他引经据典地和考官争论。幸亏机智的考官快速转移了话题，并马上让哥德尔通过了公民权考试，这让爱因斯坦和摩根斯坦都松了一口气。

自此，公民权考试终于告一段落，哥德尔又可以专心地研究他的数理逻辑了。

笔者评述

> 人最可贵之处就在于看透生活的本质后，依然热爱生活。
> ——罗曼·罗兰

来自同一片土地的哥德尔和爱因斯坦是非常要好的知己，以至于晚年的爱因斯坦曾经说过，自己的工作不再有意义，他每天来到研究院只是为了得到和哥德尔一同回家的特权。哥德尔在大学期间主修的是理论物理，他们两人每天在从研究院回去的路上便攀谈起政治和物理。哥德尔还对相对论有所贡献，提出了时空穿梭的可行性等理论，获得了爱因斯坦亲自颁发的爱因斯坦奖章。在日常交往中，机敏的爱因斯坦还经常调侃木讷的哥德尔。两位伟大历史人物之间的互动让我们看到了，伟人不一定是超然物外的，他们也可以有趣地面对生活。

好奇、专注、理性，这是哥德尔的写照。哥德尔曲折不平的人生，及其在数理逻辑领域作出的贡献，都在人类历史上留下了浓墨重彩的一笔。哥德尔的不完备性定理，如同最终扳倒了经典物理学大厦的"光的波动理论"和"黑体辐射"，是数学界的一声惊雷，瞬间摧毁了希尔伯特学派建立的公理化数学大厦，诱发了第三次数学危机，让人们重新认识到数学世界的广阔无垠。这才有了图灵机的诞生与电子计算机的发明，进而才有了人工智能的产生。

参考文献

[1] WANG H. Reflections on Kurt Gödel[M]. Cambridge: The MIT Press, 1987.

[2] HALMOS P R. The legend of von neumann[J]. The American Mathematical Monthly, 1973, 80(4):382-394.

[3] 倪梁康. 哥德尔与胡塞尔：观念直观的共识 [J]. 广西大学学报：哲学社会科学版, 2015, 37(4): 1-12.

[4] WANG H. ASDF: A logical journey: From Gödel to philosophy[M]. Cambridge: The MIT Press, 1996.

[5] MANCOSU P. Between vienna and berlin: The immediate reception of Gödel's incompleteness theorems[J]. History and Philosophy of Logic, 1999, 20(1): 33-45.

[6] GÖDEL K. On formally undecidable propositions of Principia Mathematica and related systems[J]. Analytic Philosophy. 1964, 17(3): 92-96.

诺伯特·维纳
（Norbert Wiener）

在弹道中计算和平
在实践中提炼思想
沉浸于学术海洋
也别忘了便笺上回家的路

五、控制论之父：诺伯特·维纳

本文作者：李钦

诺伯特·维纳（Norbert Wiener，1894—1964），美国应用数学家，控制论创始人。

我们的躯体随着时间的流逝不断变化着：我们所摄入的食物和呼吸的空气转化为我们的肉体，我们身体里的元素每天都随着排泄物离开。我们不过是不息川流中的小小漩涡。人类不是一成不变的东西，而是生生不息的文明。

——诺伯特·维纳

神童

诺伯特·维纳出生于密苏里州的哥伦比亚，是里奥·维纳和伯莎·卡恩的长子。小时候的维纳是一名不折不扣的神童，他从小就拥有超常的智力。他的父母很早就发现了维纳在智力上的早熟，然而，他们费尽心思想要找到一所适合维纳学习的学校，却总是因为维纳年龄太小而被拒绝。因此，里奥一直用自己独到的方法对维纳进行家庭教育。

里奥是哈佛大学的一名教授，他在教育维纳的时候以求真务实为标准严格要求维纳。每次给维纳上课时，里奥总是用温和的语气和维纳讨论问题，并循循善诱，加以启发和点拨。每当维纳能熟练地掌握知识并用来解决问题时，里奥总是喜出望外，但只是乐在心里，表情上永远是严肃的。只要维纳不犯错，里奥就会继续讨论问题。一旦维纳犯了错，哪怕是很小的错误，里奥也会大发雷霆，仿佛儿子犯了什么十恶不赦的大罪。维纳有时会禁不住父亲的威严，委屈得想哭。

维纳从小就博览群书，并受益匪浅。里奥专门把家里的一个房间作为书房，书房里的藏书五花八门、包罗万象——从文学类的小说、诗歌，到科学类的科普丛书、电气试验论文，等等。小时候的维纳贪婪地吮吸各种各样的知识，无所不读，就连父亲的藏书也满足不了他的胃口。在他读过的书中，一篇由生理学家写的，描述神经脉冲沿着神经纤维传递过程的文章给了他很大启发。他设想有一种机器人，能够像人一样有独立自主的智慧，能够自由地运动，充满生命力。踌躇满志的他希望自己有朝一日能够把这种机器人设计并制造出来。在之后几十年的人生里，维纳都没有忘记童年时的这个美好设想。也许这就是他后来创立控制论学说的最初动力。

因为远超同龄人的智力和训练，维纳很难在普通的学校得到合适的安排。在父母的多次努力下，维纳直到9岁才作为一名特殊的学生进入艾尔中学。在父亲的严格监督和训练下，他不仅没有因为提前学习了许多知识而骄傲，还在原有的基础上进一步加深了对知识的理解和掌握。每隔两个星期，艾尔中学都会举行辩论会和演讲比赛。维纳不屑于像其他同学一样找别人的文章东拼西凑，而是肯花时间梳理自己的思维并写出来。他利用假期的时间，完成了自己的第一篇论文——《愚昧论》。他从广阔的哲学视角论述，一切知识都是不完全的，愚昧常常是无所不在的，人本身有极大的局限，等等。然而，普通的中学生很难理解维纳如此抽象而深邃的思想，只有他的父亲格外欣赏他的文章，还奖励了他一次远足旅行。能得到父亲的认可，维纳乐开了花。

1906年，11岁的维纳从艾尔高中毕业，随后进入塔夫茨大学学习。1909年，14岁的维纳以优异的成绩毕业，获得数学学士学位，同年进入哈佛大学研究院学习动物学。第二年，他转到康奈尔大学学习哲学，并于一年后从康奈尔大学毕业。之后，他回到哈佛大学学习哲学。两年后，他以一篇数学逻辑方面的论文获得哈佛大学博士学位。那年，他只有19岁。再以后，维纳先后进入剑桥大学和哥廷根大学学习了一段时间哲学和数学。1919年，维纳进入麻省理工学院数学系任教（见图1），并一直工作到退休。

战争

维纳是一名坚定的和平主义者。第一次世界大战期间，维纳热切地希望参军，为国家作出自己的贡献，早点结束这场惨绝人寰的战争。他

图1　麻省理工学院

在给父母的信中写道："如果我只愿意当军官，而不愿意去做一名士兵，那我真该觉得自己是个卑贱的懦夫。"

遗憾的是，他因为视力不佳屡次申请参军都被拒绝。后来，维纳加入阿伯丁弹道实验室工作，为大炮和轻武器制定射击表——给出武器射程及枪炮射角、火药量和弹头重量等方面的关键常数。但他所考虑的远不止简单的弹道问题。

第二次世界大战期间，维纳继续致力于弹道方面的研究，负责提高防空火炮的命中率。由于飞机时刻都在运动，炮弹在飞行过程中的时间不能忽略不计，防空火炮在开火前的瞬间，必须精准地根据目标的运动状态，提前预测目标的运动轨迹和炮弹的飞行时间，瞄准目标运动前方的某个点。要想提高火炮的命中率，关键在于提高计算瞄准点的速度和精度。据此，维纳提出将防空火炮与雷达结合使用的方案。他先通过雷达获取目标的方位、距离、速度等数据，再把这些数据传输至计算机进行一系列运算，最后生成瞄准数据并传输至炮塔电动机，炮塔电动机接收到指令后自动调整方向，完成瞄准，发射火炮。

人们把这种防空火炮的自动瞄准和射击技术归于动力技术领域，而维纳却从整个火炮系统的宏观角度出发，把炮塔看作对外输出的载体，并把电动机看作给炮塔发送计算参数的通信设备。同时，他没有把计算机看作简单的处理数据的机器，而是看作另一种形式的通信设备——能够对输入的数据进行处理并对外输出响应结果。想到这里，维纳回想起以前学过的动物学的相关知识，他惊喜地发现，自动防空火炮系统的响应过程与生物体的生命活动有着惊人的相似性：两者都能够对输入的信息进行响应并处理数据，得到相应的输出反馈。于是，维纳开始尝试在大脑的神经系统与计算机设备，乃至所有通信设备之间

建立类似的联系。他的脑海里已经浮现出一种新的设计方法的雏形。图2为维纳参加苏黎世国际数学家大会时的留影。

图2　1932年苏黎世国际数学家大会留影，站立第一排左9为维纳

里程

第二次世界大战结束后，维纳回到哈佛大学潜心研究。哈佛大学的日德毕尔特餐厅每个月都会举办一场"疯子"（学者）们的聚会。这是罗森勃吕特博士举办的科学方法讨论会。聚会的开始，各位风度翩翩的绅士温和地讨论着各自研究的领域。不一会儿，这种平静就被激烈的辩论所打破，绅士们纷纷露出了"疯子"的原形，唇枪舌剑，全无半点学者风度。维纳在近40岁时，在一场这样的聚会上和与会的同仁们得出了如下结论。

> 现代科学技术的发展，一方面，专家们在越来越狭窄的领域内工作，一些科学家沦为狭隘分工的奴隶；另一方面，又出现了各门学科相互交叉走向综合的趋势，提出了许多需要各门学科共同研究的问题，这与原有的狭隘专业分工发生了尖锐的矛盾。因此，只有打破原来的狭隘专业分工的界限，集合一批既是自己领域的专家，又对邻近领域十分熟悉的科学家，到未被开垦的科学之地去勘察、开垦和耕耘，才能在科学上获得最大的成就。

很难想象，早在几十年前，维纳等人就已经能够如此准确地预见了未来科学研究交叉式的发展趋势。

为了推动各学科之间的交叉融合，同时整理和组织自己的研究成果和思想方法，维纳撰写了一本综合性图书——《控制论》（见图3）。在这本书里，维纳综合自己以前的研究成果，将工程技术领域的控制、反馈等概念引入生物学和社会学领域，将信息这一通信工程中的概念推广到整个社会科学和自然科学领域，将生物学中的自适应、自学习、自组织等概念推广到工程技术、社会科学领域。这种跨学科的研究方法不仅促进了不同学科间的交流，还能通过类比的方式，将一个学科中已经较为成熟的方法论运用到其他学科，让研究少走弯路。

维纳将信息从不同的控制系统中抽象出来，聚焦于这些闭环系统传递和处理信息的一般规律。所谓闭环，就是基于已有的信息来实现有目的的控制，而控制的结果则是获得了反馈信息，再根据这些反馈信息调整控制的方法，使其产生的结果更接近预期，如此循环往复。有别于线性的因果论的思维方式，在控制论中，控制是基于已有的信息，而不是作为给定条件存在于逻辑链中。控制论的主要研究方向，就是探究闭环系统如何有效地处理、传递信息，以及如何采取更好的策略调整自身的行为模式。为此，维纳引入黑箱理论，通过在输入和输出之间建立仅依赖系统状态的数学函数模型，运用统计学原理估计这一函数关系，从而调整方法，实现更有效的控制。

图3 《控制论》

《控制论》一经出版，即引起巨大的轰动。一些人对它大加赞赏，另一些人却对它嗤之以鼻。从此以后，维纳再没有一天能闲下来，常常有自称工程师的陌生人故意刁难维纳，"询问"有关控制论的问题。面对这些"虚心"的求教者，既厌烦又无奈的维纳只能强颜欢笑地回答他们所谓的问题。这种接待实在让人精疲力竭，他真想冲这些人大吼一声："走开，这里不是动物园！"除此之外，维纳还要应付无穷无尽的讲演和座谈邀请。维纳的妻子玛格丽特十分了解自己的丈夫，知道他虽然外表强悍，内心却十分软弱。在维纳面对繁杂的事务焦头烂额时，玛格丽特对维纳说："你还记得爱因斯坦博士的狭义相对论刚刚发表时的情景吗？"维纳恍然大悟——当年，全世界只有十几个人能够理解爱因斯坦的理论，与爱因斯坦相比，自己所受的委屈不算什么，等到自己的预言成为现实的那一天，那些无理取闹的人自然会闭上他们的嘴巴。此后，他不再过分在意别人的评说，而是将时间还给自己，把余生全部奉献给了控制论。虽然晚年因病常常需要卧床休息，但他的大脑从未停止过对控制论的思考。

远见

控制论的成功离不开维纳对信息深刻而有远见的认识。在《人有人的用处：控制论与社会》（见图4）一书中，他是这样写的：

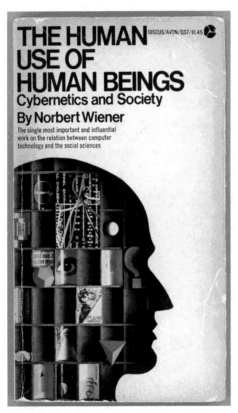

图4 《人有人的用处：控制论与社会》

这本书的论点是，只有通过研究社会的信息和通信设施，才能理解社会；在未来，人与机器之间、机器与人之间、机器与机器之间的交互，必将扮演越来越重要的角色。

人类活动要想提高效率，就必须有足够的信息。因此，沟通和控制是生活的内在本质，正如它们是人类社会生活的本质一样。

他将信息这一概念独立于物质和能量，强调了信息的流通本质及其在社会生活中的重要地位，认为丰富的信息将大大提高社会的生产能力，彻底改变人们的物质水平和精神生活。因此，沟通和信息管理将会成为社会生活的主要部分。

20世纪80年代，控制论以全新的面貌出现在世人面前。无数科学家继续着维纳未完成的事业，借助高性能的计算设备，尝试在输入与输出之间建立动态的联系，研究能够部分替代人脑的智能系统，即我们所说的人工智能系统。

维纳与人工智能

维纳的控制论是早期人工智能发展的重要一步。事实上，在AI（人工智能）一词出现之前，维纳就已经提出了类似的概念，他将人和自动化的机器做了对比。人能够感知周围环境、处理和传递信息，以及进行自发的运动。这些能力对应着自动化机器的传感组件、通信组件和驱动组件，这三种组件共同组成了一个完整的，能够接收、处理、存储、发送信息的系统。这样的系统能够进行一系列与周围环境交互的行为，表现出某种智能的特征，甚至就像人一样。维纳提出的这个所谓的"智能系统"，就是我们所说的人工智能。

控制论在人工智能领域有着很多成功的应用，其中最重要也是最著名的，就是用于训练人工神经网络的反向传播算法。人工神经网络一般指的是由一系列非线性函数复合而成的多层加权图。所有边的权重在初始时都是随机设定的，反向传播算法通过不断调整这些边的权值，使得整个神经网络的输出结果更接近标准输出。神经网络的巨大成功，证明了维纳的"测试－反馈－调整"的方法在训练AI方面具有深厚的潜力。

强化学习是控制论思想的另一成功应用。强化学习即通过设定可能出现的状态和智能机所能执行的行为，利用奖惩机制，依据较为简单的原则，尝试调整智能机的行为方式来最大化奖励。在这样的学习过程中，智能机能够自动地优化求解方法，直至得到令人满意的输出结果。这种"反馈－调节"（见图5）的机制也正是维纳控制论思想的核心内容之一。

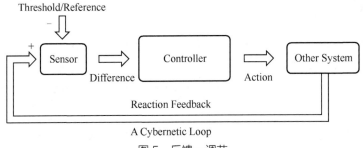

图 5　反馈－调节

注：Threshold/Reference= 阈值/参考值，Sensor= 传感器，Difference= 差值，Controller= 控制器，Cybernetic= 自动化，Loop= 循环，Action= 行为，Other System= 其他系统，Reaction Feedback= 行为反馈。

控制论的回路

不难发现，以维纳的控制论为基础的机器学习，一方面需要大量的标记数据，给定输入和对应的输出；另一方面，根据反馈来调节行为模式的机制在很大程度上决定了机器的学习能力，或者说决定了机器学习的效率。因此，对于特定的任务，如何寻找更优的调节机制是增强这类人工智能的关键。

强化学习在后来的机器学习中得到了进一步发展。强化深度学习结合了强化学习和深度学习两种方法，表现更为出色，特别是 AlphaGo 的诞生，证明了人工智能在某些方面确实可以超越人类智能，深度学习也成了未来人工智能的发展方向之一。

结语

作为一门新兴学科的创始人，维纳的勤奋努力和远见卓识令人钦佩。正如爱因斯坦一样，维纳不仅在科学研究上作出了杰出的贡献，还在人文社科领域有自己独到而深刻的见解。他热爱和平，对人类文明的发展和科学技术的运用有着深入的哲学思考。

他担忧技术的运用是否会助长资本对人民的剥削，以及人类依据自己形象创造的智能机器是否会威胁人类自身的存在。这些都指向人类面临的一项伟大任务：确定人类拥有的目标和价值观。他的担忧和警告在今天仍然是人类面临的世纪难题，值得我们不断深入地探索下去。

参考文献

[1] WIENER N. The human use of human beings: Cybernetics and society [M]. Cambridge: Da Capo Press, 1988.

[2] 陶理. 控制论之父：诺伯特·维纳的故事 [M]. 长春：吉林科学技术出版社，2004.

[3] 王立君, 孙维义. 维纳·布洛格 [M]. 太原：山西人民出版社，2012.

[4] 王虎. 来自高射炮的灵感——控制论先驱诺伯特·维纳 [J]. 每周电脑报，1999, (6): 20.

[5] BYNUM T W. Ethical challenges to citizens of 'The Automatic Age': Norbert wiener on the information society[J]. Communications, 1954, 6(1): 18.

[6] BIBEL W. The beginnings of AI in Germany [J]. Künstliche Intell, 2006, 20(4): 48-54.

[7] LECUN Y, BENGIO Y, HINTON G. Deep learning [J]. Nature, 2015, 521(7553): 436-444.

[8] SCHMIDHUBER J. Deep learning in neural networks: An overview [J]. Neural Networks, 2015, 61(6): 85-117.

[9] LEVINE S. Reinforcement learning and control as probabilistic inference: Tutorial and review [J]. arXiv Preprint arXiv:180500909, 2018.

[10] SUTTON R S, BARTO A G. Reinforcement learning: An introduction [M]. Cambridge: The MIT Press, 2018.

克劳德·香农
（Claude Shannon）

小老鼠钻出了迷宫
开关电路孕育了信息论
爱好杂耍的老顽童
也曾开创理论的先河

六、一个人·一个理论·一个时代：克劳德·香农

本文作者：谢荣靖

克劳德·香农（Claude Shannon，1916—2001），美国著名的数学家、密码学家和电子工程师，密歇根大学学士、麻省理工学院数学博士。

传奇而又浪漫的旅程

1916年4月30日，在这个平凡的日子里，一位伟大人物诞生于美国密歇根州的盖洛德小镇，他就是克劳德·香农。香农从小就在科学方面表现出了惊人的天赋。16岁时，他高中毕业并考入密歇根大学。此时的他俨然已是一名熟练的小发明家，例如，他利用铁丝网创造了一个传递信息的系统。大学期间，香农接触了布尔代数的理论，毕业时获得电子工程学士学位和数学学士学位。毕业后，香农选择了麻省理工学院继续深造。

进入麻省理工学院后，香农迅速爱上了计算机模拟和复杂的开关控制电路，于是他在研究生学习期间开始探索布尔代数在开关电路中的应用。1937年，香农在硕士论文的基础上作出改进，发表了一篇著名的论文——《继电器和开关电路的符号分析》。正是因为这篇出色的论文，香农在1940年被美国工程师协会授予美国工程师奖。美国工程师万尼瓦尔·布什非常欣赏这篇论文中的方法，并建议他将类似的方法应用于孟德尔遗传学。香农欣然接受了前辈的提议并撰写了论文《理论遗传学的代数》。凭此，香农于1940年获得麻省理工学院数学博士学位。

第二次世界大战期间，已经小有成就的香农加入了贝尔实验室，研究火力控制系统和密码学，在密码学领域与通信领域做了十分重要的研究和探索。1945 年，香农提交了一篇名为《密码学的一个数学理论》的文章给贝尔实验室，之后在 1949 年以"保密系统的通信理论"为标题正式发表。在此期间，香农还在贝尔实验室遇上了比他小 6 岁的数学家贝蒂，她协助香农做了许多研究工作。香农爱上了这个聪明又漂亮的女孩，他们几乎每天一起吃饭，并分享彼此的爱好——数学和音乐。1949 年，香农举办了一场浪漫的婚礼，正式迎娶了贝蒂（见图 1），这段王子与公主的爱情故事也为香农的人生增添了不少浪漫色彩。

图 1　香农与妻子贝蒂

1940 年，博士毕业后，香农成为普林斯顿高等研究院的研究员，并因此得以与当时很多极具影响力的科学家进行深入的交流，此时他的脑海中萌发了构建现代信息论的念头。此后，这颗种子开始生根发芽，经过 8 年的不断成长和巩固，终于长成了震惊世界的参天大树。1948 年，香农的"通信的数学理论"的发表，正式宣布了信息论的诞生，标志着信息时代的来临。在这样一个美妙的理论中，香农提出了信息熵的概念，实现了信息的量化，为科技发展作出了不可磨灭的贡献。

之后，香农在信息领域持续产出了很多研究成果。1951 年，香农发表了"书面英语的预测和熵"，详细说明了将信息论用于研究自然语言的方法，开创了用统计学方法分析自然语言的先河，成功地将自然语言处理领域推向了一个新的高度。1959 年，香农发表了"采用保真度准则的离散信源编码定理"，"率失真理论"被提出,成功实现了信号的数字化,在连续消息和离散消息之间架上了一座桥梁。1960 年,香农发表论文《双向信道》,提出了可多用户并行的信息理论。

在生物学领域,香农也一直都有自己的思考。他在麻省理工学院的毕业论文中就已经展现出了自己对机器与生物关联性的独特看法。在香农看来,机器和人一样是具有思考能力的,人和机器是辩证统一的。当你与他谈及这个问题时,他会问你:"我是一个机器,你是一个机器,我们都能思考,对吗?"

晚年的香农(见图 2)记忆力衰退得越来越厉害。他后来还患上了阿尔茨海默病,在与病魔抗争了很长一段时间后,逝于 2001 年 2 月 24 日,享年 84 岁。

图 2　晚年的香农

美妙的想法——智能 & 游戏

香农与人工智能的渊源,其实始于第二次世界大战爆发之前。那时香农已经开始对图灵机的相关问题萌发了浓厚的兴趣。1943 年,他得到和艾伦·图灵合作的机会。第二次世界大战期间,两人工作领域相近,常常有见面沟通的机会,但他俩彼时为不同的国家工作,也深知要避免谈及政治敏感的话题,所以他们在一起讨论得最多的是人工智能——一个在当时还非常玄幻的概念。也正是因为这种机缘巧合,两位天才在人工智能领域碰撞出了智慧的火花。图灵向香农介绍了"通用图灵机"的概念;香农发现图灵机的概念和自己的很多想法不谋而合,于是每次见面都会与图灵分享自己的新想法,并询问图灵的看法。之后香农总结了自己在图灵机方面前卫的想法,给出了通过两个内部隐含状态结合形成一个理论可行的图灵机的方法。该方法不仅掀起了一阵研究图灵机的热潮,也极大促进了人工智能领域技术的发展。

香农还有很多关于人工智能的开创性见解。他对"智能"这个在当时看来虚无缥缈的东西不仅充满了好奇,对发明的喜爱也使他迷恋上了制造智能机器。他的很多美妙想法成为人工智能领域的重点研究方向,他的一些神奇小发明也启发了后来的无数人工智能学者。

香农是最早提议计算机与人类下棋的科学家。1949年，他发表了文章《为下棋编写计算机程序》，解释了计算机如何完成在当时看来不可思议的下棋任务。这是一项先驱工作，让人工智能实现"下棋"（双人有限零和游戏）确实成了一个热门的研究子领域，并先后实现了人工智能在国际象棋与围棋上和人类棋手的对弈。

1950年，香农发明了一只非常神奇的机械鼠，这只机械鼠虽然全身都是冰冷的金属材料，但它拥有"智慧"：它能在没有人协助的情况下学习如何通过复杂的迷宫，最终找到金属"奶酪"（见图3）。香农给这只可爱的机械鼠取了一个威猛的名字——忒修斯。事实上，忒修斯真正的"大脑"藏于迷宫的地板之下，那里有一堆真空管构成的电路，并利用继电器实现道路选择的效果。电路通过磁铁控制着忒修斯的移动，而忒修斯又通过自己头上的触角来探测前方是否可通行并将该信息传递给电路，驱使其寻找新的方向。就这样，这只机械鼠巧妙地实现了自我学习走迷宫的效果。

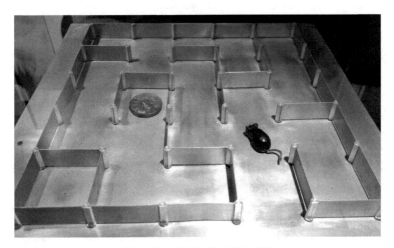

图3　香农设计的机械鼠与迷宫

1953年，香农设计出了"心灵阅读机"，它有一个"感知器"，用于观察并记录对方的行为，之后结合自己已有的认知来编码对方的行为，于是便可在一定程度上推断对方下一步的行为。

在人工智能科学的发展过程中，香农贡献的这些理论以及发明无疑是开拓性的，他将被人们永远铭记。

绝妙的理论，旷世的应用

香农最伟大的成就，当然是他开创的信息论。这一成就不单单是信息通信科学的基石，也为人工智能的后续发展及算法的优化奠定了坚实的理论基础。如今，信息论中的许多理论被人工智能广泛应用，其中最重要也是最基本的就是信息熵。

香农希望能够用一个可量化的数值来衡量信息量的大小。一个很自然的想法是，如果一个被陈述的事件很有可能会发生，那么这个陈述所含信息量就很小。比如，"月亮会发光"是一件众所周知的事实，所以并不会带来额外的信息。相反，如果陈述的是一个小概率事件，那将带来很大的信息量，比如"今晚有月食"。为了表述概率与信息量之间的关系，香农引入了对数的负数表示，并将之命名为"信息熵"。对于一个事件的发生概率 p，信息熵为 $-\log(p)$。但现实世界中考虑的对象一般是一个会导向不同结果的可发展事件，为此香农引入了期望来定义信息熵。对于一个随机变量 X，其概率分布为

$$P(X=x_i)=p_i$$

这个概率分布实际上就表示了向不同结果发展的概率，在离散情况下，信息熵就可以表示成

$$H(P) = -\sum_{n=1}^{n} p_i \log(p_i)$$

从这个角度来看，信息熵其实也就代表了事件发生的不确定性。不确定性越大，信息熵越大；反之，不确定性越小，信息熵越小。信息熵的引入成功实现了信息的量化，从而帮助我们更好地评估选择的优劣，实现算法的优化。

将信息熵的概念推广又可以引出更多精准的公式，比如相对熵，我们有时也将它叫作 KL 散度。香农引入相对熵是想表示事件的不同发展趋势所含信息量的差异。他通过将对应信息的熵做差并求期望，来实现差异的量化。若随机变量 X 有两个单独的概率分布 $P(X)$ 和 $Q(X)$，则不同的概率分布就代表不同的发展趋势。按照香农的方法得出的公式为

$$D(P \| Q) = \sum_{n=1}^{n} P(x_i) \log\left(\frac{P(x_i)}{Q(x_i)}\right)$$

相对熵的值是非负的,且因为其大小可用来衡量两个概率分布之间的差异,所以如今的很多理论模型都涉及 KL 散度理论。一个典型的例子是无监督学习中的自动变分编码器。它假设数据服从某些生成分布,通过模型将其映射到数据的真实分布。因此,我们需要利用 KL 散度理论辅助判断生成分布与真实分布的相似度。

香农还从相对熵中推广引申出了交叉熵的概念,目的是表示某个事件的发展趋势与一个特定发展趋势的差异。后者用 P 表示,而需要分析差异的发展趋势用 Q 表示,那么针对这种特殊的问题,相对熵就可以简化成交叉熵:

$$H(Q,P) = D(P \| Q) + H(P) = \sum_{n=1}^{n} P(x_i) \log(Q_{x_i})$$

通过最小化交叉熵,可以得到 P 的近似分布,在监督学习模型中用于衡量模型输出与数据标签的差异,这就是交叉熵常被作为模型训练的损失函数的原因。交叉熵的引入为优化参数的算法提供了极大的便利。常见的深度神经网络(如循环神经网络和卷积神经网络)的参数优化算法都是利用对交叉熵求梯度下降而实现的。

香农对信息熵作出的另一个精彩的推广是互信息,它可以表示两个不同的可发展事件之间的关联程度。具体的实现方法是对发展结果的组合求期望。如果用两个离散随机变量 X 和 Y 来表示两个不同的事件,则它们的互信息可以定义为

$$I(X,Y) = \sum_{y \in Y} \sum_{x \in X} P(x,y) \log \frac{P(x,y)}{P(x)P(y)}$$

其中 $P(x)$ 和 $P(y)$ 分别为 x 和 y 的边际概率分布,$P(x,y)$ 为 x 和 y 的联合概率分布。互信息能很好地捕捉到两个随机变量之间的相关性,已被广泛运用于贝叶斯网络以衡量相关程度。

香农提出的信息论可以说是那个时代的一颗"重磅炸弹"。通信理论因为它的出现发生了翻天覆地的改变。许多人为这个绝妙的理论喝彩,但也有不少人认为这只是一种错位的、毫无意义的对比。无论当时的人们怎么看待信息论,现在的我们正享受信息论带来的丰富信息与快捷,一定不会否认它的伟大。毫不夸张地说,这是人类社会的开拓性理论之一,将科学技术推向了一个新的高度。

天才的游戏心灵

香农在日常生活中是一个十足的"游戏王",他一直都在追求能满足自己好奇心的事物。他爱好杂耍、骑独轮车(见图4)和下棋。人们常常看到他在贝尔实验室的大厅玩各式各样神奇的杂耍,比如边骑独轮车边用手中的4个小球抛出美丽的抛物线。但他不仅是一位技艺高超的杂耍大师,还是一位能将杂耍写成美妙论文的科学家,他曾提出了杂耍界的"统一理论"。他还在自己专门的"游戏空间"中摆放了一个装裱好的名为"杂耍学博士"的证书。每当听人提到他的杂耍技术时,他都会露出自豪的笑容。

图4 香农骑独轮车

香农平时还喜欢制作各种各样好玩的小发明,比如火箭动力飞行光盘、电动弹簧高跷和喷射小号等。他还曾和爱德华·索普一起发明了佩戴式计算机,这个精致的小玩意可以被悄悄带进"赌场",用来提高轮盘游戏的胜率。

1985年,已经"隐退"很久的香农悄悄出现在了举办于英国布莱顿的IEEE信息论会议上。人们似乎都没注意到这样一位天才的到来,直到会场里响起一声惊呼:"天哪,是克劳德·香农!"与会人员听到之后都激动万分,会场顿时响起阵阵欢呼声,大家都看向了香农所在的角落。香农脸上露出腼腆的笑容来回应大家的热情。应大会主席的邀请,香农上台讲话。讲了几分钟后，他觉得现场的气氛还不够活跃，于是微微一笑，从口袋里掏出了几个小球，在台上一边与大家交流，一边展现令他自豪的杂耍技巧。看到这样的场面，观众彻底为这个魅力无穷的天才疯狂，纷纷上台索要签名。麦克伊利斯[①]回忆起当时的疯狂情景时说："就好像牛顿出现在物理学会议上。"

光芒不灭，时代永存

用天才来形容香农一点也不为过，可他不仅仅是一个天才，他还拥有极富传奇色彩的人生。他将大量枯燥的学术问题转为极具魅力的游戏谜题，将科学的研究方法推向了一个新的高度。他构建了信息论，奠定了现代信息的基础，开创了全新的信息时代；同时他的硕士论文中的理论，也开创了数字计算机理论和数字电路设计理论方面的新篇章。

香农虽然在2001年离开了人世，但正如信息论著名学者理查德·布拉胡特在盖洛德小镇上举行的香农塑像落成典礼上所说的："在我看来，两三百年之后，当人们回过头来看我们的时候，他们可能不会记得谁是美国总统，也不会记得谁是影星或摇滚歌星，但他们仍然会知晓香农的名字。学校里仍然会教授信息论。"香农的思想会永远留在人们的脑海中；他面对困难的勇气，以及面对未知永远充满好奇并不懈探索的精神，会激励和启发一代又一代的有志青年。

结语

正如著名现代诗人W.H.奥登所说："芸芸众生中，天才当属最幸运者，因为他们必须要做的事恰好是他们自己想做的事。"香农的一生都在追求自己喜爱的事，他为任何能引起他好奇心的奇妙事物感到高兴，所以他是幸运的。

天才是幸运的，但渴望变成天才的人同样也是幸运的。我们每个人都生来不同，我们有不同的外貌、体格、智商，但我们追求梦想的权利是平等的。当我们对明天的自己永怀期待，坚持自己所爱，并为之不断探索拼搏，活成自己想要的样子时，我们就有可能成为别人眼中的天才，成为别人眼中幸运的人。

---

① 麦克伊利斯，美国加州理工大学电子工程系知名教授。

参考文献

[1] JIMMY S, GOODMAN R. A mind at play: how Claude Shannon invented the information age[M]. London: Simon and Schuster, 2017.

[2] 张卫国, 高新波, 蒋洪波, 等. 香农的贡献及其对后世的影响: 香农百年诞辰纪念[J]. 中国计算机学会通讯, 2016, 12(10): 70-76.

七、AI 与人类的棋类智慧竞技

本文作者：陶也

导言

"兵！"
"车！"
"象！"
"炮！"
……

走在公园里、天桥上、马路边，我们总能看到一群老大爷围着圈，情绪激动地喊着这些字眼。在人群中央，两位老大爷聚精会神地盯着棋盘。一位老者陷入了沉思，另一位则抚摸着自己的胡须，神情略带一些得意。"嗒！"忽地，刚刚尚在沉思的老者举起一枚棋子，狠狠砸向另一个位置。一时间周围凑热闹的人都大声喝彩，认为此招绝妙。

中国象棋或许就是正在阅读本书的你的爱好之一，你的手机里可能就有这样一款下棋软件，可以让你线上对弈，锻炼脑力。也许你觉得计算机不可能战胜人类。因为它的存储能力有限，且不能像人一样去学习。国际象棋大师加里·卡斯帕罗夫也是这么想的。他曾经一度站在国际象棋领域的顶峰，并断言机器永远不可能在下棋上战胜人类，并击败了 IBM 公司开发的 Deep Thought（"深蓝"的雏形）。然而，几年后局面彻底扭转，卡斯帕罗夫被机器 Deep Blue（"深蓝"，由 IBM 公司研发）击败，一时间关注者都陷入了沉思，想知道"计算机是如何战胜人类的？""智能到底是什么？"

下棋史

人类为什么突发奇想去制造能自动下棋的机器？是天才的大脑想要证明自己的能力，是独孤求败的高手觉得与人下棋已没有新意，还是普通人想要拥有能够随时陪伴自己的棋友？然而当世界上第一台下棋机器"土耳其行棋傀儡"

被德国发明家肯佩伦制造出来时,大概没有人关心他的发明初衷是什么,所有人的注意力都围绕着机器本身。

土耳其行棋傀儡

肯佩伦出身于贵族家庭,自幼聪慧,在大学里除了学习法律专业以外,还修习了数学与物理学,这也为他发明"土耳其行棋傀儡"打下了一定的数理基础。1769 年,担任德国哈布斯堡王朝外交家的肯佩伦正在冥思苦想如何取悦当时的女皇玛利亚·特蕾西娅。久经思索,一个精妙绝伦的想法闯进了他的脑海,成就了人类历史上第一个"下棋机器"——"土耳其行棋傀儡"(见图 1)。

"土耳其行棋傀儡"由一个大箱子和一个土耳其风格的假人构成,可以和人们"自动对弈"。这个机器很快就取得了女皇的欢心,甚至成为欧洲皇室娱乐消遣的固定节目。

图 1 "土耳其行棋傀儡"

然而,"土耳其行棋傀儡"本质上是一个魔术,以当时的工业和科技水平根本无法实现人与机器的智能对弈。肯佩伦只是制造了一个自动下棋的假象,实则让一名棋艺高超的国际象棋大师藏在机器中进行操作。由于藏匿其中的都是高手,因此傀儡赢了大部分棋局,击败了不少挑战者,包括拿破仑·波拿巴和本杰明·富兰克林等人。虽然许多人都曾怀疑过傀儡里面有人,但这个秘密直到 1857 年才在《国际象棋月刊》中被正式揭露,"土耳其行棋傀儡"也从极具观赏性的皇室发明沦为茶余饭后的谈资,而后在几个博物馆之间的转手中,"土耳其行棋傀儡"遭遇意外在大火中付之一炬。

虽然"土耳其行棋傀儡"本身是一个骗局,但是这个谎言意外地点燃了接下来数个世纪人们利用机器模拟人类智能的热情,让科学界对能否真正实现机器的自动对弈产生了浓厚的兴趣,拉开了极具戏剧性的"AI下棋"的帷幕。

早期轶事

1947—1948年间,大名鼎鼎的图灵也曾对 AI 下棋产生了兴趣,并着手设计了世界上最早的几个国际象棋程序之一。当时的计算机算力并不高,而图灵的算法本身也比较粗糙,因此这个程序只是存储了国际象棋的基本规则,能够算到两步之后的棋局。这与后来的"深蓝",哪怕是被"深蓝"击败的卡斯帕罗夫(可以算到 5 步之后的棋局,并且能够根据具体情况大致预测 12～14 步后的棋局走向)都没什么可比性。不过,考虑到当时有限的科技水平,这依旧是个了不起的成就。

跳棋

在 AI 下棋的世界里,第一个被人工智能征服的是跳棋(见图2)。跳棋作为棋类游戏中较为简单的一类,其规则和局面不具有高复杂度。1990年,一个由加拿大阿尔伯塔大学的团队设计制作的计算机下棋程序 Chinook 就主宰了跳棋,成为世界上第一个可以完全战胜人类棋手的下棋程序,同时也是第一个荣获"世界第一"称号的 AI 下棋程序。

图2 跳棋

国际象棋

2017年,卡斯帕罗夫曾在一次 TED[①] 演讲中回忆自己与 AI 对弈的经过。

---

① TED 是美国的一家非营利机构,以组织 TED 大会著称。

1985 年，22 岁的他成为国际象棋的世界冠军，当时他参加了一场同时与 32 个下棋机器对阵的活动——结果全胜。也正因为如此，卡斯帕罗夫随后就不可一世地断言人工智能不可能战胜人类。然而命运和他开了一个玩笑，短短 12 年后，他竟然需要顶着"人类智力最后的希望"的名号与一台下棋机器"决一死战"。最终的结局尽人皆知，他输了。可是没有人记得，就在这一次失败以前不久，卡斯帕罗夫刚刚击败了功力尚浅的"深蓝"（Deep Blue）。

国际象棋曾在很长一段时间里被人们视为人类智能最高水平的体现，被认为是机器无法打败人类的领域。1996 年，击败了 IBM 公司开发的"深蓝"（算力尚弱的型号）的卡斯帕罗夫，以及他所代表的广大群体依旧坚定地认为，人类在国际象棋上不可战胜。可是仅一年的时间，时任世界冠军的卡斯帕罗夫就遭遇了职业生涯最大的挑战——进化成超强算力的"深蓝"。虽然卡斯帕罗夫掌握着近乎无可挑剔的棋技，但是在机器绝对理性的超高速暴力计算面前，他显得那样不堪一击。最终，"深蓝"三胜一平，卡斯帕罗夫两胜一平。这个结局见证了人类统治国际象棋棋坛的时代正式落幕，而国际象棋 AI 时代的序幕才刚刚拉开。随后的棋坛将无比依赖 AI 下棋程序对人类棋手进行训练，当然这都是后话了。

然而，当人们面对这个始料未及的局面时，又反过来称"深蓝"并不是真正的人工智能，而只是高效的暴力计算机器。这让人们开始进一步思考智能到底是什么，人工智能需要达到怎样的标准和水平才能被肯定其智能的存在。

围棋

"深蓝"击溃人类在国际象棋上的防线之后，尚在坚守的棋类游戏就只剩下中国传统的围棋。围棋棋盘上有 361 个交叉点，黑白两色，执黑先行，它的棋盘和规则决定了游戏的复杂性。即便遭受了国际象棋上的挫折，人们依旧一度坚信人工智能不可能在围棋上战胜人类。

可是现实再次给了人类一记响亮的耳光。2016 年 5 月，AlphaGo 凭借近乎完美的成绩——4∶1，击败了围棋大师——韩国选手李世石。李世石的棋艺以风格多变、富有创造力著称，然而计算机程序轻易地战胜了这位顶尖的人类棋手，甚至下出了比人类更富有想象力、更难以琢磨的棋招。

随着人类在棋类游戏中的节节溃败，人们开始重新审视 AI 下棋，重新思考所谓的对弈能否代表智能,暴力计算和穷尽式推演与人类本身的智力思考究竟是否存在本质区别,智能到底是什么……

信息博弈与极小化极大算法

很多人在了解了 AlphaGo 和"深蓝"的暴力计算本质后,开始否认"AI下棋 = 智能"的说法。然而,在所谓的暴力计算之后,鲜有人知 AI 是如何通过程序设计和深度学习实现其目标功能的。这就不得不提研究机器下棋的学者图灵和香农。第二次世界大战期间,两人曾经在普林斯顿大学和贝尔实验室有过短暂合作。由于战时保密规定,图灵并没有和香农交流他当时正在进行的密码学研究,而是探讨了机器下棋相关的内容。此后,香农将冯·诺依曼的博弈论引入自己设计的下棋程序,并且把棋盘看成二维数组,将一局国际象棋分为"开局""中局"和"残局"三个阶段。

正如香农的研究路径所提示的,大部分棋类游戏本质就是一种完全信息博弈。在博弈过程中,所有参与者都可以获得有关对手的知识。每个玩家都知道整个游戏中的顺序、策略和回报。根据这些信息,玩家作出相应计划,以在游戏结束时最大限度地提高自己的策略效用。相比之下,部分棋类游戏则是一种信息不完整博弈:玩家并不拥有关于对手的完整信息,玩家存在私人隐蔽信息。因此,在形成对这些玩家的行为方式的期望时,这一事实就需要加以考虑。

基于博弈论思想进行开发,真正成为下棋的基础的是极小化极大算法。以国际象棋为例,极小化极大算法为每种不同的棋子附上不同分数,Pawn(兵)为 1,Knight(马)为 3,Bishop(象)为 3 或 3.5——因为部分学者认为 Bishop 在残局中拥有更广阔的打击范围,比起范围受限的 Knight 更能建立优势——Rook(车)为 5,Queen(王)为 10,王为无限——因为王被杀意味着游戏结束。完成赋值后,极小化极大算法会构建一个树形图,用于描述双方棋盘上子力的剩余情况。先手方将会从对方剩余的子力中选取较小值进行保留,然后另一方则试图获取更高的剩余值,彼此之间进行一种完全信息博弈(见图 3)。

极小化极大算法将下棋的过程简化成了一种抽取数字的博弈,虽然高效,但也存在问题。这样的模型并不能对棋盘上棋子所构成的兵形、局势和子力分布进行更加准确和有效的评估。因此，这种程序在理论上可以避免输棋，却完全没有能力获得胜利，一般容易形成和棋的局面。那么，该如何破局呢？

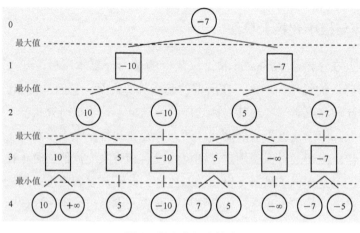

图3　极小化极大算法

破局之解局——蒙特卡洛树搜索

"深蓝"和AlphaGo的威名可谓家喻户晓，其实二者都在极小化极大算法的基础上使用了蒙特卡洛树搜索。这种进化版的极小化极大算法先将棋盘和棋子视为一个特征平面，而后建立策略网络，对每次落子都进行一次评估，随之从快速计算得到的3000多万个结果中选取最优解，即建立一个价值网络，从而在较短的时间里预测对手的动向并快速筛选出更有利于自己获胜的落子策略。

这种算法其实已经和人类棋手的思考过程非常接近，甚至由于计算机所拥有的更为强大的"记忆力"和"数据库"，它能够更快且高效地推演和存储大量的棋局，以辅助价值评估实现对弈取胜。

多样的AI

除了下棋，AI在人类生产生活中还有着多样化的应用，可帮助人们解决多种问题。每种等待解决的问题都可以看作智能发展的一个方向，这些活动的实现方式与AI下棋也并不完全雷同，例如以下两种问题。

1. 自然语言处理

自然语言处理指的是通过某种方式使人与计算机能够利用自然语言进行有效、高效的交流。目前学术界有三种主流的研究方向：（1）人类自然语言语法，基于语法推断日常生活用语中的语言含义；（2）统计学，大量存储现成语言文字资料作为参考；（3）神经网络，运用词嵌入的方式解析词语在句子中的意义。到目前为止，自然语言处理主要被应用于语音识别，如苹果手机上的语音助手 Siri，复杂程度并不高。

2. 信息检索

信息检索是从某些资源集合中获取与需求相关的信息系统资源的过程。信息检索可以基于全文或部分内容的索引进行，在生活领域较为常见，比如在文档中搜索关键词，或者在网页上使用搜索引擎。

智能：简单与困难的矛盾统一体

长久以来，每当人们解决了眼前的某个问题时，就总会感叹这件事情似乎也并没有多么了不起。实现机器自动对弈国际象棋是，对弈围棋也是。但是，这些从结果看来很简单的事情并不意味着不是智能。

把看似复杂的问题变成数学公式，建立模型并解决问题，这无论是对于人还是对于计算机而言，其实都可以视为一种智能。相应地，人们总结机器运行的规律和原则难道不应该视为一种智能吗？这些总结者如果能排除情感因素的干扰，坚决执行这些经验，难道不也是智能的一种体现吗？人们可能习惯性忘记，智能的东西并不一定是复杂的东西，就好比我们能轻易看出白云和卡车的区别，而到目前为止大部分的自动驾驶程序却还不能辨别它们。但是当哪天这个技术得以实现时，人们大概又会觉得也不过如此，太简单了。

事实也的确如此，可这又何尝不是智能。能够高效且不费力地看出事物间的区别，是人类甚至每一种进化出视觉的生命走到今天必不可少的能力。简单和复杂这对矛盾是对立统一的。表面简单的事物，我们描述它的过程可能困难而复杂；而当我们费尽千辛万苦找到真理后，又会发现结果其实同样很简单。世间万事万物本就如此，我们窥探真理不过是由易到难，再由难到易罢了。

参考文献

[1] REININGER A. Wolfgang von kempelen: A biography[M]. New York: Columbia University Press, 2011.

[2] STANDAGE T. The turk: The life and times of the famous eighteenth century chess-playing machine[M]. London: Walker, 2002.

[3] TURING A M. The essential turing[M]. Oxford: Oxford University Press, 2004.

冯·诺依曼
（von Neumann）

计算机架构以你命名
博弈论体系由你奠基
天才盛名已成身后事
探索精神将永远星光熠熠

八、我向 AI 扔出了敲门砖：冯·诺依曼

本文作者：王振宇

约翰·冯·诺依曼（John von Neumann, 1903—1957），美籍匈牙利数学家、计算机科学家、物理学家，是 20 世纪最为重要的数学家之一。冯·诺依曼是罗兰大学数学博士，是现代计算机、博弈论等领域的科学全才之一，被后人誉为"现代计算机之父""博弈论之父"。

天才少年

1903 年 12 月 28 日，冯·诺依曼出生在匈牙利首都布达佩斯的一个富裕家庭里，原名叫诺依曼·亚诺什·拉约什（Neumann János Lajos），后更名为约翰·冯·诺依曼。冯·诺依曼的父亲麦克斯是银行家，非常注重孩子的教育。他的母亲善良温柔，也受过良好的教育。冯·诺依曼接受的是二十世纪匈牙利式教育——算得上当时最为先进的教育方式之一。

冯·诺依曼很小的时候就表现出超凡的记忆力（似乎天才们的共同特征都是具有惊人的记忆力，就好比迪士尼的公主们都是一头漂亮的长发）和数学天赋：据说他年仅 6 岁就娴熟地掌握了希腊语，10 岁时就读完了一部 48 卷的世界史并能阐述自己的深入思考与独到见解；此外，他的数学天赋也早早闪现，6 岁可以心算 8 位数的乘除法、8 岁掌握微积分、12 岁读懂函数论的要义……

1914 年夏天，11 岁的冯·诺依曼进入大学预科班学习。同年，第一次世界大战爆发。战争期间，冯·诺依曼全家曾流离在外。但即便如此，毕业考试

时，冯·诺依曼的成绩仍然名列前茅。

1921年，冯·诺依曼与费克特合作撰写了他人生中的第一篇数学论文，其数学天赋开始崭露头角。但是，数学学科的职业发展前景与经济收入水平在当时不尽如人意，于是父亲麦克斯请人劝冯·诺依曼放弃数学，攻读化学，可他并没有在家人的影响下放弃自己热爱的学科，依旧在数学领域勤奋钻研。

多领域学者

> 若人们不相信数学简单，只因他们未意识到生命之复杂。
> ——冯·诺依曼

冯·诺依曼最为世人熟知的身份便是计算机科学的先驱，但他同时还是一位著名的数学家、物理学家、博弈论学家，在众多领域作出过杰出的贡献，例如数学领域的实变函数论（被誉为现代分析数学各个分支的基础）、拓扑、连续群、格论，物理领域的量子力学、算子环理论等。有趣的是，在冯·诺依曼与父亲的协定中，他最先开始攻读的其实是化学。诺贝尔物理学奖获得者汉斯·贝特曾对冯·诺依曼有过这样的评价："我有时在思考，冯·诺依曼这样的大脑是否暗示着存在比人类更高级的生物物种。"能得到一位诺贝尔奖获得者如此高的评价，可见其才能非同凡响。

卓越的数学天赋支持着他走入学府，走上讲台。1926年春，年仅23岁的冯·诺依曼前往哥廷根大学，给当时称为"数学界的无冕之王"的著名数学家希尔伯特当助手。1927—1929年，冯·诺依曼转至柏林大学任兼职讲师，后又转到汉堡大学。1930年，冯·诺依曼首次赴美，成为普林斯顿大学的客座讲师，不久后就被慧眼识珠的校长聘为客座教授。1933年，冯·诺依曼担任普林斯顿大学高级研究院教授。当时该研究院一共只聘用了6名教授：奥斯瓦尔德·维布伦（主要研究射影几何和微分几何）、阿尔伯特·爱因斯坦（世人皆知的世纪伟人）、赫尔曼·外尔（规范场理论的发明者）、詹姆斯·韦德尔·亚历山大（代数拓扑学专家、同调论的创立者之一）、莫尔斯 H.M（提出了莫尔斯理论），以及冯·诺依曼——而冯·诺依曼是其中最年轻的教授。

年纪轻轻的冯·诺依曼在数学界的成就影响颇大：他提出了用二元关系描述顺序的序数理论；将公理集合论形式化；运用紧致群解决希尔伯特第5问题；

创造了算子环理论，即所谓的冯·诺依曼代数；此外还有实变函数论、测度论、拓扑、连续群、格论等重大研究成果……他为数学界带来的贡献使得他被列为20世纪最为伟大的数学家之一。美国数学家保罗·哈尔莫斯曾言："假使冯·诺依曼在其他领域没有成就，光这些也足以让他在数学史上留下不朽之名。"

1940年以前，冯·诺依曼主要从事基础数学的研究。后来他对经济学产生了浓厚的兴趣。1942—1944年，冯·诺依曼与经济学家摩根斯顿合作撰写了被誉为博弈论奠基之作的《博弈论和经济行为》。博弈论被认为是20世纪经济学领域最为伟大的成果之一，而冯·诺依曼就是该学科的创始人。

诺贝尔物理学奖得主韦格纳在1963年发表获奖演说时，有人问："匈牙利是如何在同时代培育出那么多天才的？"他的回答是："只有冯·诺依曼是天才。"

现代计算机之父

冯·诺依曼被誉为"现代计算机之父"，这一切还要从第二次世界大战说起。他的一生曾经历过两次世界大战，作为知名学者，他还参与过一些与反法西斯战争有关的科研项目。1943年，因为早年间对超声速湍流的研究，他受邀参与了洛斯阿拉莫斯实验室的"曼哈顿计划"，成为原子弹研发的顾问。

冯·诺依曼一直认为，在基础物理的研究中，仅仅靠字母分析和公式推导是不够的，必须辅以大量的数值运算。原子弹研发过程中遇到了一个核裂变当量，其计算量非常大，为此，该实验室雇用了百余名女计算员。冯·诺依曼甚至调用了哈佛大学的机电式计算机进行计算，可计算速度仍然无法令人满意。当所有人的精力与智慧被数字运算与逻辑指令耗尽时，冯·诺依曼想到用真正的电子计算机来解决这个致命难题。

1944年夏季的一天，在火车站等车的冯·诺依曼碰巧遇到了ENIAC（ENIAC即电子数字积分计算机，是第二次世界大战期间美国军方为解决导弹弹道计算问题而提出的一个设想）开发计划的成员戈尔茨坦。戈尔茨坦向冯·诺依曼介绍了ENIAC的进展情况，告诉冯·诺依曼自己正参与研制一种每秒计算333次乘法的计算机。因为当时戈尔茨坦所在的阿伯丁弹道实验室与宾夕法尼亚大学莫尔学院电子系合作为美国军方提供准确的火力表，而弹道的飞行轨迹计算量过大，依靠人力根本无法短时间完成并提供给瞬息万变的战场。同样遇到计算量过大问题的冯·诺依曼对此很感兴趣，并立刻加入

ENIAC 团队，投身于研发电子计算机的伟大事业。

冯·诺依曼虽然是 ENIAC 团队中的"后辈"，但他的到来好像为整个团队注入了灵魂。这些本就具有创新精神的科研人员在冯·诺依曼的启发下渐渐拨开眼前的迷雾，明确目标，共同迈进。原本的 ENIAC 面临两个关键问题：一是没有存储器；二是采用布线接板进行控制，需要人工搭接。在冯·诺依曼的带领下，1945 年，他们发表了一个全新的"存储程序通用电子计算机方案"。冯·诺依曼充分发挥了自己强大的数学知识，并运用探索问题和综合分析的能力，起草了一份 101 页的总结报告（即 EDVAC 报告）。这份报告不仅解决了上述两个问题，还同时全面而详细地总结了计算机制造和编程的新思想，引发了世界级的轰动。后人评价，这份报告奠定了现代计算机体系结构坚实的基础，它向全世界正式宣告：人类进入了电子计算机时代！

EDVAC 报告（见图 1）明确规定了机器 2.0 版本由 5 部分组成，包括运算器（逻辑单元）、控制单元、存储器、输入和输出设备，同时还通俗易懂地描述了这 5 部分的功能与联系。如今常说的 CPU 就是指运算器和控制单元。这种结构被称为"冯·诺依曼结构"（见图 2）。虽然这一结构在当下的技术环境和语境中显得无甚新奇，然而退回到几十年前，这确实算是一个开天辟地的想法。时至今日，我们还没有真正意义上更优化、更先进的计算机结构，也许当量子计算机有阶跃式突破时，才能打破这一局面。

图 1　EDVAC 报告初稿封面

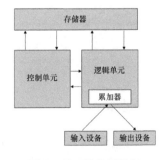

图 2　冯·诺依曼结构

此外，在该报告中，冯·诺依曼还论证了在电子计算机中使用二进制系统的优势——由于单线电子元件对是与否的判断非常容易，因此可以大大简化逻辑电路的设计。实践也证明了冯·诺依曼的预测极其正确。目前，逻辑代数的使用依旧是电子计算机设计中不可或缺的元素。图3所示为冯·诺依曼于1947年发表的程序流程图。

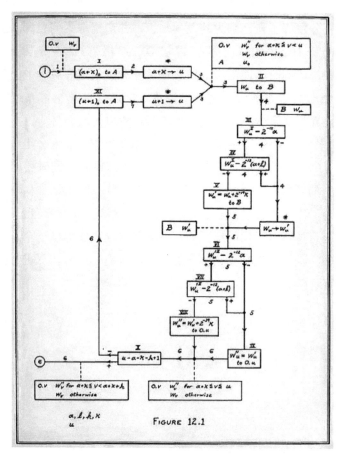

图3 冯·诺依曼于1947年发表的程序流程图

人工智能的起源

冯·诺依曼步入中年后，一直在普林斯顿、华盛顿、纽约、洛斯阿拉莫斯之间反复奔波。

1954年夏，冯·诺依曼右肩受伤，在手术时被查出患有骨癌。此后他的身体每况愈下，日常活动也受到极大影响。与病魔斗争的最后几年，冯·诺依曼的身体在变差，思维却仍然活跃。他总结了之前在数理逻辑和计算机方面的研究，开始探索自动机理论。

他提出了自动机初始阶段的 5 个重要问题：逻辑普适性、逻辑可构造性、逻辑构造普遍性、可自繁殖和可进化。他针对上述问题进行探究，意识到计算机和人脑的机制有一些相似之处，并最终构造了 5 个神奇的模型：动力模型、元胞模型、兴奋 - 阈值 - 疲劳模型、连续模型和概率模型。这 5 个模型攻克了最复杂的两个问题：如何用不可靠的组件设计可靠的自动机，以及如何建造可以自己复制的自动机。

这 5 个模型中最值得一提的是元胞模型，其对应的元胞自动机启发了麦卡锡开展人工智能的研究。最初的元胞自动机可以类比为一个灯泡阵列，其中的每个灯泡都有"开"和"关"两种状态，并与周围的 4 个灯泡相连。初始状态下，人为定义其中的部分灯泡处于"开"或"关"的模式，每个灯泡遵从某种规则，根据周围灯泡的状态改变自身开关状态，就像 CPU 一样逐步进行计算。这样一台传递离散时空信息的机器和人脑细胞在计算上有极其相似的原理。读者可以参考刘慈欣《三体》里提到的人列计算机，即由"秦始皇"喊口令控制士兵手中双色小旗的翻转，士兵再依照邻居的小旗颜色判断是否翻转，以此进行三体问题的计算。有趣的是，《三体》中这一方法的提出者就是"冯·诺依曼"。

1955 年，耶鲁大学邀请冯·诺依曼前往西里曼举办讲座，但是由于他的身体状况不佳而无法成行，直到天才陨落的一年后，讲座的讲稿才以《计算机与人脑》为题出版，其中对人脑和计算机系统的类比分析在一定程度上预示了人工智能的未来发展路线。

1956 年，作为人工智能开端的标志性会议——达特茅斯会议在宁静的汉诺斯小镇召开。在这次会议上，AI 这个词被首次提出，因此 1956 年也被视为"人工智能元年"。此时的冯·诺依曼虽然重病缠身，在人工智能的萌芽阶段，却处处可见他的踪迹。会议召集者麦卡锡之所以对计算机模拟智能产生兴趣，正是因为听了冯·诺依曼在西克森会议上有关元胞机的讲座；另一位主要成员明斯基在麻省理工学院 150 周年庆典时回忆道，是冯·诺依曼启发了自己的科研并一直力挺自己做下去；还有一位重量级人物纽厄尔，他的导师是博弈论先驱摩根斯顿——前文中提到的与冯·诺依曼合作撰写《博弈论和经济行为》的那位。与会的众多学者或多或少都与冯·诺依曼有关联，这大概不只是单纯的巧合。人工智能的诞生及发展与冯·诺依曼的天才头脑与不懈努力密不可分。

科研之外

冯·诺依曼不是那种一心扑在研究上、毫无私生活可言的"无聊"学者，相反，他的热情好客在当时"尽人皆知"。冯·诺依曼经常在他那全普林斯顿最大的房子里举行社交聚会，邀请科学界的著名人物来家里一起交流。他家中满溢的智慧气息甚至让普林斯顿一度成为科学界的"焦点"。

科研中的冯·诺依曼聪慧而专注，生活中的冯·诺依曼风趣又可爱。冯·诺依曼就像一个炼金术士，用自己的魔力和点金术，向多个领域扔出一块块金灿灿的敲门砖；有的砖打通了原本堵塞的门，有的触发了原本没被世人看到的门，还有的在门上敲出了巨响，激起了千层回音，正如他在 AI 领域所做的那样。

他的一生就像《天才的拓荒者——冯·诺依曼传》中所言："冯·诺依曼是 20 世纪举足轻重的人物，此外也是一个善良的人、一个忠诚的朋友和一位公民典范。"

结语

从故事与传记中了解生活在 20 世纪的一些大师，就像看一部电影。但历史上的他们或是只有一段成名的时光能够被记录，其他相关记载寥寥；或是在名声大噪与沉寂无声之间波折坎坷，反复无常。但冯·诺依曼不是这样的人，有关他的大部分记录都是"高光时刻"；或者说，他拥有高光的一生，他所做的每一件事都像电影中必不可少的镜头。我们实在找不到哪一年可以让他隐匿于世，否则这一年的科学界就像少了一部分灵魂。诺曼·麦克雷[①]在他的书中这样描述：令人高兴的是，培养出更多像冯·诺依曼这样的人是绝对有可能的，尽管人们还没有意识到这一点。我们需要像冯·诺依曼那样高度专注、充满智慧且头脑灵活地进行思考。人类在进化，头脑必将愈发灵活；而如他一般专注，或许就是我们真正欠缺的品质。

---

① 诺曼·麦克雷是《天才的拓荒者——冯·诺依曼传》的作者。

参考文献

[1] 诺曼·麦克雷. 天才的拓荒者——冯·诺依曼传 [M]. 上海：上海科技教育出版社, 2018.

[2] HALMOS P R. Von Neumann on measure and ergodic theory[J]. Bulletin of the American Mathematical Society, 1958, 64(3): 86-94.

[3] 尼克. 人工智能简史 [M]. 北京：人民邮电出版社, 2017.

[4] 潘沁. 冯·诺依曼自繁殖自动机思想及其方法论意义 [J]. 长沙理工大学学报 (社会科学版), 2014, 29(04): 10-15.

莫里斯·文森特·威尔克斯
（Maurice Vincent Wilkes）

图灵奖得主

无线电专家

光环之下

是汗水浇灌的电子花

九、电子存储夺天工：莫里斯·文森特·威尔克斯

本文作者：李林峰

莫里斯·文森特·威尔克斯（Maurice Vincent Wilkes，1913—2010），英国著名计算机科学家。

引言

古往今来，宏大理想成为辉煌现实均非易事。伟大的理想往往引得"无数英雄竞折腰"。如果将现代计算机的构想比喻为计算机的灵魂，那么能真正制造出存储程序式电子计算机就像赋予电子计算机生命。实现这一伟大理想的科学工作者就是第二届图灵奖获得者、计算机科学家莫里斯·文森特·威尔克斯。

电子计算机的滥觞

提到人工智能，就必然要提到它的起源之一——计算机科学。倘若没有计算机科学的发展与进步作为铺路石，便没有1956年"人工智能元年"的到来。计算机作为强大而不可或缺的计算机器，是人工智能算法的中流砥柱。

从机械按键的计算器到电子计算机，这是计算机史上的一次巨大飞跃。1936年，艾伦·图灵发表了一篇具有划时代意义的论文《论数字计算在决断难题中的应用》，描述了"图灵机"，明确了电子计算机的定义。世界上第一台真正意义上的电子数字计算机是由约翰·文森特·阿塔纳索夫和克里福特·贝

瑞研制的 ABC 机。

ABC 机从 1937 年开始设计，于 1939 年完工，是电子与电器的结合，并且首次采用二进制进行计算。虽然没有完全实现设计者的构想，但它已经包含了现代计算机中 4 个重要的基本概念，即输入设备、输出设备、运算器、控制器。

1945 年，"现代计算机之父"冯·诺依曼提出了关于"EDVAC（存储程序式计算机）"的总结报告，进一步完善了电子计算机的设计。同期，图灵提出了图灵机的概念，发表了"拟议的电子计算机"，描绘了电子存储式计算机的宏伟蓝图。遗憾的是，虽然他们进行了一系列的尝试，但存储程序式计算机的构想仍然停留在纸面上。

1946 年 2 月 14 日，ENIAC（Electronic Numerical Integrator and Computer，电子数字积分计算机）出现，这是世界上第一台通用计算机，它能够多次重新编程，可以解决各种计算问题，但需要靠开关和插拔电缆来实现手动编程。

图灵奖从设立之初就用于奖励对计算机科学作出卓越贡献的个人。1966 年对于计算机科学是一个特殊的年份，因为这不仅是世界上第一台通用计算机诞生 20 周年，也是图灵发表论文《论数字计算在决断难题中的应用》，从而奠定现代电子计算机基础的 30 周年。为庆祝这一特殊的日子，美国计算机协会决定设立计算机科学领域的奖项，并以科学奠基人图灵的名字来命名。

图灵奖作为国际计算机领域的最高奖项，被誉为"计算机界的诺贝尔奖"。它的评选极为严格，通常每年只授予一名科学家，只有极少数年份会为在同一方向作出贡献的几位科学家共同颁奖。1967 年，威尔克斯凭借其设计和制造的第一台存储程序式计算机 EDSAC 获得第二届图灵奖。

天赋异禀

1913 年 6 月 26 日，威尔克斯出生于英国的中西部矿城达德利。威尔克斯作为家中的独子，父母不仅给了他无微不至的照顾，而且让他接受良好的教育。

在父母的安排下，威尔克斯在爱德华国王四世中学就读。1895 年，意大利的马可尼和俄国的波波夫几乎同时发明了无线电。威尔克斯对这一新兴事物产生了浓厚的兴趣，不仅开始研究收音机的组装（也许这种动手经历为他日后对计算机硬件的研究奠定了基础），而且学会了 6 种形式的莫尔斯电码，并获得了业余无线电操作员证书，为学校的广播站制造相关设备。虽然威尔克斯还很年轻，但是他极强的学习能力和接受能力已经有所展现。父母看到他的过人之处，请求他的中学校长推荐威尔克斯去剑桥大学圣约翰学院学习，校长同意了。

兴趣的果实

威尔克斯在 1931 年 10 月进入剑桥大学圣约翰学院修读数学与自然哲学两个专业。在本科学习阶段，威尔克斯对无线电的热爱丝毫未减。他设法成为剑桥大学无线电协会的一名会员，并在最后一年选修了无线电波课程，为自己的兴趣找到了归宿。1934 年 6 月，威尔克斯以"全 A"的优异成绩毕业。有趣和巧合的是，他与艾伦·图灵同年毕业，虽说他们在本科期间并无交集，但他们日后的研究都与计算机科学密不可分。

毕业后，威尔克斯成为卡文迪什实验室的一名无线电研究生，被分配到研究甚长无线电波（即 10kHz ～ 30kHz 频段通信）传播的小组。对于动手能力极强的威尔克斯而言，外出实验是他的强项。在研究生的第一年，无论是进行便携式电气测量的短途旅行，还是进行数学分析的实地考察，都有他的参与。1938 年 10 月，他以"关于甚长无线电波在电离层中的传播特性"为题完成了博士论文。

第二次世界大战爆发后，威尔克斯应召入伍，投身于科学领域的战争，这也塑造了他日后古板严肃的性格。他最初被分配到英国皇家巴西德研究站，担任雷达站的技术员，后调入电信研究机构参与设计雷达。1947 年，他发表了"地球大气的振荡"一文。由此可见，威尔克斯的研究工作并没有陷入纯基础领域的牢笼之中，而是进入实际领域并且高度专业化以解决实际问题。这样务实的学术作风对他以后解决计算机领域的问题大有帮助。

理想破茧成蝶

一名无线电专家"半路出家"进入计算机领域并夺得图灵奖的桂冠，威尔克斯的人生经历可谓传奇。威尔克斯与计算机的缘分完全是一场来自研究生时代的偶遇，甚至可以说是一见钟情。在研究生的第二年，威尔克斯听了曼彻斯特大学应用数学教授道格拉斯·哈特里的演讲。在这次演讲中,哈特里教授演示了差分仪模型(即计算机的前身)。这是威尔克斯第一次了解这台机器,模型的准确性与实用性让他深深着迷。讲座结束后,威尔克斯迫不及待想要亲自操作一下这种机器,于是四处找寻,遇到了人生中另一位贵人——理论化学教授伦纳德·琼斯。

伦纳德·琼斯教授恰好就有这样一台差分仪,欣然相许。威尔克斯如愿以偿。凭借强大的学习能力,他在短时间内掌握了差分仪的使用方法,因此伦纳德·琼斯教授请他掌管这台机器。从此,为这台机器的相关用户提供技术支持成了威尔克斯的工作。这个差事不仅为威尔克斯带来了一笔津贴,而且为他带来了属于自己的实验室。1937年,伦纳德·琼斯教授以差分仪的名义说服剑桥大学建立了一个独立的计算机实验室,并命名为"数学实验室"。伦纳德·琼斯教授担任该实验室的主任,威尔克斯成为助理,主抓实际工作。威尔克斯对电子计算机的研究由此开始。该实验室有充足的开支预算且大多数情况下会订购曼彻斯特大学的机器副本图纸,威尔克斯因此可以去曼彻斯特大学进行有关计算机的学术交流。

此后,英国设立了三个计算机项目,分别是威尔克斯在剑桥大学领导的项目、威廉姆斯在曼彻斯特大学的项目和图灵在英国国家物理实验室领导的项目。这三个项目均以冯·诺依曼提出的EDVAC为目标,可见竞争之激烈。

1946年,通过英国计算机专家康姆里的报告,威尔克斯第一次了解到EDVAC。他彻夜阅读报告,学习最基础的存储计算机的逻辑设计原理,并下定决心设计一台这样精密的机器。可是由于保密原因,报告没有透露关键技术。幸运的是,几周后,威尔克斯参加了摩尔学院的培训课程。虽然只赶上了最后两周的培训,但他凭借记忆记住了设计图和关键技术。

回到英国后,他用EDSAC命名自己的项目,表示自己的项目来源于EDVAC。虽然冯·诺依曼团队最早提出了EDVAC,但是团队内部产生了分歧。团队中的两位成员莫奇利和艾克特在宾夕法尼亚大学离职的同时带走了大部分高级工程师,并组建了莫奇利-艾克特电子计算机公司,可惜二人因专利分歧导致EDVAC无法正常交付使用。这给了威尔克斯反超的机会并且获得了面包公司Lyons的投资,得以专注于此项技术。在此期间,他和尼娜·特怀曼喜结连理,幸福充实的生活让他更有干劲。1949年5月6日,EDSAC诞生了,并成功打印出一张方阵,这是世界上第一台存储程序式计算机。

创新技术的点点繁星

威尔克斯最大的优点就是务实。在别人想让自己的项目更加完善之时，威尔克斯只专注于解决基本的问题，而且尝试用最简单的方法解决现有问题。所有早期计算机面临的重大技术问题就是缺少一个可以存储至少 1000 个数字和指令的内存系统。摩尔学院提倡使用水银延迟线。这是应用在军用雷达存储装置上的一种技术，可利用声波在水银中传播速度较慢而产生的延迟效应进行存储。威尔克斯对水银延迟线并不陌生，战时的雷达研究经历帮助了他。在参与雷达研制的学生戈尔德的帮助下，他充分了解到了水银延迟线的细节，并且直接运用在计算机中。

在设计和建造 EDSAC 的过程中，威尔克斯没有对 EDVAC 照搬照抄，而是开创性地提出了许多新的技术。例如，1951 年 7 月，威尔克斯在曼彻斯特大学的就职典礼上提出了设计自动计算机的最佳方法，其中包含"位切片"与"微编程"。"位切片"指使用多个相同结构的底盘，不仅能简化设计过程，而且在使用中可迅速更换故障装置的设计，从而减少计算机硬件设计中"随机逻辑"的数量，使设计和维护变得简单。"微编程"则指使用一组内部的"微指令"实现所有的标准指令。这项设计将计算机的核心由硬件转向软件，此为威尔克斯对计算技术作出的最重要贡献。威尔克斯还提出了"变址""子例程"等概念。前者是计算机中的一种寻址技术，利用变址寄存器的内容来修改指令的地址部分，当时被威尔克斯称为浮动地址；而后者既可用于一个或多个计算机程序中，也可用在单个计算机程序的一个或多个子程序中，从而将复杂的任务分为较小单位，以便分别处理。此外，他还发明了存在于主存与 CPU 之间的一级存储器——"高速缓存存储器"。这些技术和发明都对现代计算机的体系结构产生了深远的影响。

坎坷的更新迭代

EDSAC 研制成功 6 周后，威尔克斯对它进行了首次测试。第一个测试程序只有 126 条指令，但其中包含了大约 20 个错误，威尔克斯尝试了十几次才从机器中得出正确结果。威尔克斯将问题交给研究生惠勒处理，惠勒开发了所谓的初始指令，以简单的符号形式读取程序，并将其转换成计算机电路使用的二进制形式。威尔克斯评价这是编程的一个杰作。1951年，威尔克斯与惠勒、吉尔合著了第一本关于编程的教科书——《电子数字计算机程序的准备》。

不断地更新不仅完善了 EDSAC，而且开拓了它的使用领域。例如，EDSAC 帮助约翰·肯德鲁教授阐明了肌红蛋白的分子结构，使他获得1962年的诺贝尔化学奖。在商业化使用中，EDSAC 催生了 LEO 计算机——作为投资的回报，面包公司 Lyons 取得了批量生产 EDSAC 的权利，于是该公司在 EDSAC 的基础上生产出 1951 年正式投放市场的 LEO 计算机，这也成了计算机发展史上的一件趣事：第一家生产出商品化计算机的厂商竟然是面包公司。

在数学实验室里，威尔克斯连续进行的项目是 EDSAC 2、Titan 和 CAP。EDSAC 的继任者 EDSAC 2 仍然使用真空管，但它利用并行操作而非串行操作来实现至少 10 倍速度的改进。威尔克斯委托伦威克领导 EDSAC 2 的硬件设计，惠勒负责编程。惠勒最初为 EDSAC 设计的编程系统令人非常满意，而编程语言的开发则略显滞后。这时威尔克斯的研究生大卫·哈特利为 EDSAC 2 开发了自动编码功能。同时 EDSAC 2 还衍生出核心内存、快速纸带读取机和磁带备份存储器等子项目，它们的出现使得替代水银延迟线成为可能。

然而接下来的研究充满曲折。为了满足更多客户的需求，实验室决定购买一台商用计算机，首选是由曼彻斯特大学设计、费兰蒂计算机部门制造的阿特拉斯计算机，这是当时功能最强大的计算机。但是它的价格超过 200 万英镑，远超预算。费兰蒂计算机部门提出，如果威尔克斯的实验室能够与其合作，开发出市场价格更低的商用计算机阿特拉斯二号，便可以在价格上让步。被剑桥大学内部称为 Titan 的计算机项目由此立项。

在研制 Titan 的过程中，威尔克斯认为新研发的兼容分时系统是计算机未来发展的方向，便要求 Titan 采用这一系统。这种系统可以让大型主机通过多个终端以联机的方式进入主机，并利用主机的资源来进行运算，使得多个使用者在某一时间内可以分别使用 CPU 的资源。但是这遭到信息与通信技术部门（费兰蒂计算机部门已被并入其中）和实验室的一些人的反对，因为这意味着需要额外的硬件，并且彻底重新设计操作系统，无疑会提高成本。但是威尔克斯力排众议，坚持采用这一设计。1964 年，Titan 投入使用，成为英国第一台使用分时操作系统的计算机，并且成为大学使用计算机的首选系统。威尔克斯的抉择最终被证明是正确的，直到后来个人计算机出现，这一系统才过时。

遗憾的是，Titan 的系统修改使其与设计初衷相去甚远——已经很难成为一台商用计算机。此外，基于标准的计算技术已经兴起，如果想要在国际环境下进行程序与数据的交换，那么在使用 Titan 时就必须使用支架。此时计算机巨头 IBM 公司已经掌握了全球四分之三的市场份额，且是大多数用户的首选，在市场中占有主导地位。Titan 的失败导致威尔克斯不得不将实验室研究与用户服务分割开来。

1970 年，威尔克斯重整旗鼓，启动了 CAP 计算机项目。合作方麻省理工学院与芝加哥大学为了解决分时系统中一个程序干扰另一个程序的问题，巧妙地提出利用所谓的"令牌"来控制程序共享访问计算资源。但是他们选择通过软件来实现设想，都没有成功。威尔克斯为此着迷，决定用基于硬件的微编程方法设计 CAP 计算机，这成为 CAP 计算机的基础。这项技术虽然于 1978 年获得 BCS 技术创新奖，但是并没有发挥出潜力——随着分时系统的过时，这项技术也失去了人们的关注。

计算机以外的贡献

1974 年，威尔克斯在瑞士访问哈斯勒电信公司时，看到了该公司新的数字电话实验系统，当即认为这一系统对计算机网络系统或许同样有效。威尔克斯据此创建了剑桥的局域网。具体的实现思路如下：计算机网络系统的各种组件通过一个封闭的通信环相连，该通信环中包含多个连续循环的插槽，计算机网络系统中的设备可以从一个插槽中移除数据，也可以在一个插槽中收集数据。这种从通信领域借鉴技术的方法可谓前无古人。该技术在 1981 年获得 BCS 技术创新奖，这是威尔克斯第二次获得 BCS 技术创新奖，并且成为 ISO 标准。

退休后的威尔克斯

威尔克斯还未退休就被他的初级职员和研究生戏称"老人"。他的性格是在战争时期养成的，在 20 世纪 70 年代不免显得保守与古板。在剑桥大学，他很少参加娱乐活动，即便退休后也仍然不喜欢过多的此类活动。但他的研究从未保守不前。他在晚年更多地扮演了技术侦查员的角色，对新的技术永远保持着一颗好奇心。

人工智能发展史上一颗璀璨的星

英国皇家科学院院士

第二届图灵奖获得者

1968 年 AFIPS 的 Harry Goode 奖

1980 年 ACM 的 Eckert-Mauchly 奖

1981 年 IEEE 的 McDowell 奖

1982 年宾夕法尼亚大学的 Pender 奖

1988 年日本的 C&C 奖

1991 年意大利的 Italgas 奖

威尔克斯获得的荣誉远不止这些,他创造出来的计算机是人工智能发展史上的一座里程碑。如果没有他制造的计算机,人工智能的真正实现便无从谈起。不仅如此,他对编程语言的贡献也不容小觑,他为后来的编程奠定了基础。威尔克斯是人工智能发展史上一颗璀璨的星,也是人类历史上一颗璀璨的星。

参考文献

[1] 崔林, 吴鹤龄. IEEE 计算机先驱奖 [M]. 2 版. 北京: 高等教育出版社, 2008.

[2] 崔林, 吴鹤龄. ACM 图灵奖 [M]. 北京: 高等教育出版社, 2000.

[3] 沈玉龙, 杨笑春, 刘立华. 分子轨道理论奠基人之一: 约翰·爱德华·兰纳-琼斯 [J]. 化学通报, 2019, 82(4): 379-383.

[4] WILKES M V. Memoirs of a computer pioneer[M]. Cambridge: The MIT Press, 1985.

艾伦·图灵
（Alan Turing）

健将的跑道在机器纸带上
在思想与时代的沟壑里
即便如流星璀璨短暂
也能照亮人工智能的一方天际

十、超越时代的思考者：艾伦·图灵

本文作者：史笑屹

艾伦·图灵（Alan Turing，1912—1954），英国数学家、逻辑学家，被誉为"计算机科学之父""人工智能之父"。

> 这只是即将发生之事的序曲，只是未来的一个影子。
>
> ——艾伦·图灵

1931年，剑桥大学国王学院像往常一样迎来了新一届学生。其中有一位其貌不扬且看起来与他人格格不入的学生。没人想到这样一位学生会影响人类之后的几十年甚至可能几百年，他的名字叫艾伦·图灵。

早年生活

1912年6月23日，图灵出生于帕丁顿。他的父亲朱利叶斯·图灵毕业于牛津大学历史系，后供职于英国设在印度的公务署；母亲埃塞尔·萨拉则毕业于巴黎大学文理学院。由于工作原因，图灵的父母经常住在印度，图灵与哥哥则被寄宿在英国的一个退伍军人家里。

这样的家庭背景塑造了图灵独特的性格。图灵3岁时，他所在托儿所的老师寄信给他母亲，说："你的小儿子很特别。他对所有玩具都不感兴趣，只沉迷于自己喜欢的事情。这对一个小孩子来说是不正常的。"母亲赶回来后，发现图灵只看3周阅读方法的书，就会阅读了。学习识数用时更短。学习之外，图灵总是一个人玩智力游戏，他表现出的智力水平不低于八九岁的孩子，母亲认为图灵很正常，就返回印度了。

初中时期的图灵执迷于科学，15岁时便为爱因斯坦的一部著作写了提要，并且热衷于实验与发明。但与其在科学上的天赋相比，图灵在人文学科上的表现不尽如人意。因此，在舍伯恩公学就读期间，图灵并没有得到足够的重视，他的校长甚至对他母亲说："我希望你的孩子不要两头落空。如果他想继续上公立学校，他就必须全面学习。如果他只想当一个科学家，他在公立学校就是在浪费时间。"

高中时期，图灵因他可怜的人文学科成绩，过得并不如意。1931年，他在两次尝试考取剑桥大学三一学院失败后，最终被国王学院录取。在校期间，他充分发挥了自己在数学方面的天赋，于1935年连续发表了两篇数学论文，这使他由一名大学生直接当选为国王学院的研究员，并于次年荣获英国著名的史密斯数学奖，就此开启了人生的新篇章。

解谜：人工智能

图灵之所以如此出名，很大程度上是因为其在人工智能领域作出的开创性贡献。自1936年以来，从剑桥大学毕业的图灵便开始在该领域崭露头角。揭开序幕的，是图灵的一篇名为《论可计算数及其在判定问题上的应用》的论文的发表。

1901年，罗素提出了著名的罗素悖论，这一问题深深吸引了图灵。图灵在研究这一问题的过程中深入思考了停机问题，并且重新研究了哥德尔不完备性定理。图灵改用一种形式化的语言，通过构造的一种设备，重新证明了哥德尔不完备性定理，这种设备便是图灵机（见图1）。

图1 图灵机模型

图灵机是一种通过模仿人的演算过程来计算问题的理想化机器。图灵首先假设存在一条无限长的纸带，纸带被划分为一个个小格，从左往右依次为0、1、2……代表演算纸；又假设存在一个读写头，其可以左右移动，能读出、修改当前所在小格上的符号，并根据当前机器所处的状态，以及当前读写头所指的格子上的符号，用一套独特的控制规则来确定读写头下一步的动作，并使机器进入一个新的状态。除此之外，还有一个状态寄存器用来保存图灵机当前所处的状态。这便是图灵机的基本构成。

图灵机一经问世，便引发了巨大轰动。首先，图灵机的出现证明了计算机完全有可能被制造出来；其次，图灵机使用的算法和程序语言颠覆了当时计算机器的设计理念，并且成为当今现代计算机制造的基础。"现代计算机之父"冯·诺依曼就曾坚定地向他的朋友强调，图灵才是计算机的奠基人。

虽然已经取得了巨大成就，但图灵的脚步并未停止。图灵在老师纽曼的推荐下，前往普林斯顿大学，成为著名数学与哲学教授丘奇的博士生，继续研究数学。1937年，图灵发表了论文《可计算性与λ可定义性》，形成了"丘奇-图灵论点"。在其中，图灵提出并且证明了任何可以被算法表示的问题都可以通过图灵机进行计算，这进一步凸显了图灵机的重要性。1938年，在博士论文《以序数为基础的逻辑系统》中，图灵对哥德尔的观点进行拓展，构建了一个具有无限公理的系统，图灵机的功能变得更加强大，可以实现一些原来不可能实现的功能。这两篇论文的发表，进一步提升了图灵的学术地位。

正当图灵的研究进一步深入时，第二次世界大战爆发了，图灵有关计算机方面的工作被迫中断。第二次世界大战结束后，图灵重新回到学术界的前沿。自1945年起，图灵在英国国家物理实验室从事有关ACE（自动计算引擎）（见图2）的设计。1945年年底，图灵完成了学术报告"拟议的电子计算机"，在其中第一次提出关于存储程序计算机的详细设计。其中包括详细的逻辑电路图和成本估算。他提出，计算机的诸多问题和存储器容量的大小关系重大。也就是说，如果可以解决存储问题，则其余的问题解决起来都相对简单。尽管图灵提出的ACE设计可行性颇高，但出于保密的原因，该项目并未及时启动。图灵对此感到十分失望，决定休息一年。1948年，图灵又写成了一部开创性的著作《智能机械》。在其中，图灵详细讲述了如何制造智能机械，并且通过类比人脑，第一次提出了通过学习来培养机械智能的设想，他尝试通过构建多个无组织机器之间的联系来模拟神经网络，这对后来人工智能的发展起到了引导作用。

图2　自动计算引擎（ACE）

同年，图灵受邀担任曼彻斯特大学计算机系副主任，并且负责世界上最早的几台计算机之一——曼彻斯特一号的软件工程。对此，图灵进一步思考，对于机械而言，"智能"应该如何定义。1950年，又一篇影响深远的论文《计算机器与智能》发表，在其中，图灵提出了著名的、影响深远的图灵测试。

根据图灵的观点，图灵测试的基本内容如下：由一个人类评估者在不知情的情况下分别与机器和人类对话者交谈，这种对话不依赖于语音，而是通过纯文本来进行。若评估者能够正确地分辨出人类对话者与机器对话者，则说明机器不能很好地模仿人类，这台机器未能通过图灵测试；反之，若评估者不能准确地分辨出机器对话者与人类对话者，则说明机器可以很好地模仿人类，这台机器便通过了图灵测试，具有与人类相近的智能。图灵测试最重要的意义便是第一次尝试界定"何为智能"这一命题，即规避具体任务和标准答案的设定，只要系统输入输出的表征与人类表现一致即为智能。这在一定程度上为后人研究人工智能指出了一个明确的研究方向，同时也进一步提高了人工智能领域的受关注程度。自图灵提出图灵测试以来，不断有学者对如何界定机械的智能提出自己的观点，客观上也促进了整个领域进一步发展。

图灵测试的重要性毋庸置疑，但同时也存在局限性。例如著名的"中文屋子"问题，这是一个由哲学家约翰·塞尔提出的假设。根据他的观点，假设人工智能成功地构建了一种行为，比如它可以理解中文，并接收汉字作为输入，之后按照计算机程序的指令生成其他汉字，并以输出形式显示给说中文的人。那么对于任何问题，该程序都能输出合理的答案。如果一台计算机能够如此有说服力地执行任务，那么它可以轻松地通过图灵测试，因为它对说中文的人所提出的所有问题，都会给出适当的答复，使说中文的人确信自己正在与另一个说中文的人讲话。但事实上，这种机械其实并没有理解中文，它只是按照某一程序进行机械式的回答，塞尔认为这样的机械并非真正具有智能，也因此质疑图灵测试的正确性。类似的质疑还有很多，时至今日，有关图灵测试以及如何界定智能的讨论仍然十分火热。

1951年，由于图灵在计算领域贡献突出，他成功当选英国皇家学会会士，但可惜的是，自此以后，图灵在这一领域再也没有作出新的重大贡献。

涉猎广泛

虽然图灵一直以来都以其在人工智能领域的突出贡献而闻名于世，但他在其他领域的贡献也不容小觑。刚进入剑桥大学就读时，图灵主要从事的是纯数学研究。他的天赋也自此显现。1935年春天，图灵发表了第一篇论文《左右殆周期性的等价》。同年，他又发表了"论高斯误差函数"，在其中独立证明了中心极限定理，尽管该定理早在1922年便已得到证明，但图灵依然因此当选为国王学院的研究员，并于次年荣获英国著名的史密斯数学奖。在普林斯顿大学就读期间，图灵在研究可计算数的同时，也对群论等纯数学领域进行了相关研究。

而要论图灵除了人工智能之外造诣最深的领域，莫过于密码学与数学生物学。第二次世界大战期间，在英国对德国宣战的第二天，图灵便前往英国的密码破译站——布莱奇利公园报到，开始对德国海军的密码进行破译。起初，英国情报部门仍然采用"人海战术"去破解德军密码，但由于德军每天产生的密码数以万计，并且英国仍采用根据字母重复频率来猜测密钥、建立字符对应表的落后方法，效率低下；因此图灵面临的最大问题，便是如何提高密码破译的效率。基于图灵自身计算机研究的背景，他给出了这样的解决方案：构建一台机器来模拟人工破解密码的过程，使其可以同时破译多个密码。在大多数人并不看好的情况下，图灵带领他的小组，成功研制出被称为"图灵炸弹"的机器（见图3），该机器不仅提高了破译某个密码的效率，而且可以同时破译30个密码。借助这台机器，英军成功获知德军的大多数活动，在很大程度上改变了英军的劣势局面。后来，由于德军提升了加密用密码机的技术，"图灵炸弹"不再适用，但根据图灵的理念，1943年，英国又成功制造出巨人计算机①，这进一步扩大了英军的优势。

图3　第二次世界大战中密码破译机的完整复制品

除此之外，图灵还撰写了两篇讨论数学方法的论文，分别名为《概率在密码学中的应用》和《重复统计》。但是直到2012年4月，即图灵诞辰百年之际，这两篇论文才得以解密。由此可见图灵在密码学上的造诣之高，以及对战争取胜的贡献之大。图灵的同事彼得·希尔顿曾这样评价他："遇到真正的天才是难得的经历。我们这些学术界的人都有幸感受过才华横溢的同事所提供的智力刺激。我们可以欣赏他们与我们分享的想法，并且通常能够深入理解；我们甚至常常认为，自己也可以创造出这样动人的概念和想法。然而，能参与天才的

---

① 巨人计算机每秒可进行5000次加法运算，计算速度是手动计算的10万倍。

智慧生活则是完全不同的体验。一个人会意识到自己与一个智慧的存在一起交流；那如此深刻而又具有独创性的感悟，使人充满惊奇和兴奋。艾伦·图灵就是这样一个天才。那些像我一样的人——拥有惊人的幸运，有由第二次世界大战的紧急情况创造出来的机会，能够把图灵看作同事和朋友的人——永远不会忘记与天才共存的经历，并且终身受益。"

而在数学生物学上，图灵也可以称得上开山鼻祖。1952 年，图灵发表了《形态发生的化学基础》，这篇论文至今在该领域仍然有很大影响。

抛去学术上的成就，图灵还是一位堪称世界级的长跑运动员，他的马拉松最好成绩只比 1948 年奥林匹克运动会金牌获得者的成绩慢 11 分钟。在如此多的领域有所建树，图灵不可谓不是一位天才。但可惜的是，1954 年 6 月 7 日，这样一位举世无双的天才离开了人世，年仅 47 岁。

结语

至此，我们大致了解了图灵的一生。我们既要看到图灵杰出的成就，又要看到图灵性格上的缺陷。图灵性情孤僻，这导致他长时间独自一人科研，而很少关注他人的工作。例如，有关中心极限定理的论证早在 1922 年便已被证明，但图灵并未获知；纽曼之所以推荐图灵前往普林斯顿大学，不仅仅是因为他的研究领域与丘奇相近，更是希望他能够接触到学术界比较先进的理论，并学会与人合作而不是自己单打独斗。从某种角度看，这种孤僻的性格影响了图灵的研究进程。

参考文献

[1] HODGES A. Alan Turing: The enigma: The book that inspired the film "The Imitation Game" [M]. Princeton: Princeton University Press, 2014.

[2] TURING A M.COPELAND J B. The essential turing[M]. London: Clarendon Press, 2004.

[3] TURING A M. Computability and λ-definability[J]. The Journal of Symbolic Logic, 1937, 2(4): 153-163.

[4] TURING A M. Systems of logic based on ordinals: A dissertation presented

to the faculty of princeton university in candidacy for the degree of doctor of philosophy[D]. CF Hodgson & Son, Limited, 1938.

[5] TURING A M. Computing machinery and intelligence[M]. Dordrecht: Springer Netherlands, 2009.

[6] SEARLE J R. Minds, brains and programs[J]. Behavioral and Brain Sciences, 1980, 3(3): 417-424.

[7] HOFSTADTER D R. Gödel, escher, bach[M]. New York: Basic Books, 1979.

十一、图灵测试与思想实验

本文作者：张睿

思考对于人类无比重要，所谓的思想实验正是源自人们的思考。思想实验并非真实物质化的实验，而是一种在脑海中建立理想化场景并进行实验的方式。纵览人类历史，诸多思想实验都对哲学和科学的进步起到了重要的推动作用，如电车难题、伽利略重力实验、薛定谔的猫等，而在人工智能发展史上，思想实验的重要性同样不言而喻。

机器能否拥有智能

虽然"人工智能"一词直到1956年的达特茅斯会议才被正式提出，但在此之前，关于机器能否拥有智能早已议论纷纷。艾伦·图灵（Alan Turing）在其1950年发表的论文《计算机器与智能》中，就已经尝试以一种巧妙的思想实验来进行判断，这就是图灵测试（见图1）的前身——模仿游戏（见图2）。

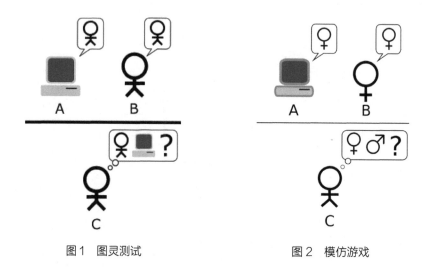

图1　图灵测试　　　　　图2　模仿游戏

首先，图灵假设存在 3 个玩家：男性玩家（A）、女性玩家（B）和任意性别玩家（C）。C 与 A、B 被分隔在不相连通的房间中，只能通过电传打字机进行交流。C 的目标是通过文字交流判断出对方的真实性别；男性玩家（A）的任务是模仿女性玩家（B），让 C 作出错误判断；女性玩家（B）的任务则是说服 C 自己才是真正的女性。而为了检验机器是否拥有智能，图灵试想用一台机器取代原本的真实男性玩家（A），但任务依旧是在与 C 的对话中让 C 误判其为女性。图灵认为，机器如果能够完成这个任务，则可以认定它拥有智能。

模仿游戏在 20 世纪 70 年代中期更名为图灵测试。它的出现不仅在当时引发了社会大众对机器智能的广泛讨论，而且为后来人工智能领域的研究开启了一扇新的大门。现代的图灵测试本质就是对模拟游戏的创新与改进——设置了更为合理的判断标准：被试者在不知情的情况下与机器通过电传设备进行交流，如果超过 30% 的被试者将机器误判为人类，即可认为这台机器拥备智能。这一思想实验的意义在于，它第一次尝试以具有可操作性的方式来识别机器的智能性，绕过了复杂的哲学思辨。

当然，并不是所有人都赞成图灵的想法，不少专家学者对这种评定方式提出了质疑。内德·布洛克和约翰·罗杰斯·塞尔就是其中的代表人物。

布洛克认为，只要建立一个足以包含图灵测试所有问题的数据库，就能让机器依靠这些数据通过图灵测试。在这种情况下，机器显然不具备智能，而仅仅是以遍历的方式实现输出。塞尔也提出了类似的观点。他构想了一个名为"中文屋子"的思想实验：假定存在这样一个屋子，里面有一本英汉词典和一个只会说英语的人，当屋外的人向屋内传递中文问题时，屋内的人可以利用这本英汉词典进行翻译并用中文进行回答。在这个构想中，屋内的人并不理解中文，更没有真正掌握中文，但是他可以让屋外的人误以为他会中文。塞尔以英汉词典代表程序，以屋内查阅词典的人代表计算机，说明了计算机在本质上缺乏理解力，从而反驳了图灵的观点。

甘德森也是图灵测试的重要质疑者，他强调图灵测试具有很强的行为主义倾向：过分关注测试结果，忽视内在过程。他以高仿真留声机为例指出，留声机可以播放乐队的音乐，但它并不是演奏的乐队，更遑论掌握演奏的技巧。同样，如果说一台机器可以模仿人类甚至在某种程度上超越人类，则并不能说明它就拥有了智能，毕竟模拟与复制并不等同于智能。如果按照图灵的设想，那我们其实可以得到很多有趣的结论，比如笔会思考，扬声器能发表演讲……因此，图灵测试或许混淆了"欺骗人类"和"拥有智能"的概念，能够欺骗人类并不是拥有智能的充分条件。

2014年6月7日是艾伦·图灵逝世的60周年纪念日，英国皇家学会举办了"2014图灵测试大会"。其中，一款名为尤金·古斯特曼的聊天程序首次通过了图灵测试，这被视为人工智能发展史上的里程碑事件。然而，随后就有人指出，尤金并非真的拥备智能，它只是采取了较为取巧的方式：弗拉基米尔·韦谢洛夫（Vladimir Veselov）和他的团队将尤金设定为一个不以英语为母语的13岁乌克兰男孩，因此很多问题他都能以"不知道"作答，从而大大降低了通过图灵测试的难度。这一事件从实践层面质疑了图灵测试的有效性和准确性。但这是否就代表图灵测试没有意义了呢？事实并非如此。

人们对图灵测试的热情从未消散，各式机器对图灵测试的挑战也未曾停止。一批批科学家为了探索图灵测试，在自然语言处理、知识表示、自动推理和机器学习等领域开展了深入研究，并取得了巨大成果，如史蒂文·哈纳德提出的完全图灵测试——要求机器人可以和人在一定程度上进行物理交互，促进了计算机视觉和机器人学的发展。此外，受图灵测试启发产生的反向图灵测试在我们的生活中也有着极其广泛的应用。许多网站和软件所设置的验证码，就是为了分辨对方是不是真实的人，以防止网络被自动化系统滥用，如程序抢票、暴力穷举和破解密码等。

归根结底，图灵测试对人工智能领域的发展起到了积极的促进作用。虽然对于机器智能存在与否这一问题，图灵测试显然未能成为一个完美的判断标准，但是图灵点燃了有关机器智能的讨论，并引领众多学者走上了探索人工智能的道路，以另一种形式实现了自己的价值。而伴随着人们对于机器智能探讨的不断深入，又一个问题开始浮现在我们的眼前：人与机器是否存在本质区别，人的智能真的是衡量机器智能的唯一标尺吗？

人与机器是否不同

人与机器是否存在本质区别？很多思想实验探讨的本意或许并非为了回答这个问题，但是随着思考的深入，机器与人类之间的不断类比却将人们的注意力引向了这个问题。

前文提及的"中文屋子"（见图3），约翰·罗杰斯·塞尔本想以此构想反驳机器拥有智能的观点，但是他的反对者提出了另一种观点：如果将整个中文屋子视为整体，那么这一整体应当可以被判定为具有智能。而一旦类比到人类，中文屋子的新理解视角就出现了。

图3 中文屋子

人类的大脑细胞并不具有理解中文的能力（可类比为中文屋子里不懂中文的人），但是大脑细胞之间存在电信号缓冲、传递或抑制的相关规则（可类比为英汉词典），正是通过大脑的运作，人类最终表现为能够掌握中文，拥有智能。那么中文屋子能否被看作类似于人脑这一集合体中的某个元素或零件呢？当足够多的中文屋子通过合理精妙的路径组合后，是否就能够产生具备智能的机器人呢？

汉斯·莫拉维克设计了一个名为"义脑"的思想实验，大致内容与另一个思想实验"忒修斯之船"如出一辙。汉斯·莫拉维克假定人类社会已经发展到完全了解人脑神经元构造和运作机理的阶段，并且掌握了人造神经元放入大脑能实现正常运作的技术。那么，如果将一个人的神经元逐个替换为人造神经元，当他的所有神经元完成一轮替换时，他的意识是否发生了本质的改变？其实这个人的大脑结构完全没有发生变化，只是结构零件均被替换为人造神经元。他此时是机器，还是人？若把他看作人，机器与人的根本区别就不再是生物构造上的差异。那么，我们又能以什么标准来划分人与机器呢？若把他看作机器，那就意味着人与机器本身可以相互转化，在某种程度上具有一致性。这个思想实验中进退两难的境地，让人与机器之间分明的界线似乎被打破了。

著名哲学家丹尼尔·丹尼特基于类似的思考，也提出过一个思想实验——一亿年机器人。人类希望看到一亿年后的世界，考虑到技术发展水平，最好的选择就是先钻进休眠舱，然后配备一个机器人来保证休眠舱的维护、移动、能源供给等运作需求。但是由于人类无法完全设想到一亿年间可能发生的所有意外，因此我们只能将"让人类生存下去"作为机器人执行的最高指令，让机器人在这一准则下自行产生次生目标任务来辅助完成这一使命。不难想象，在这个过程中，机器人必定会实现自主应对、调整和决策。那么这是否意味着在这一亿年间（甚至更短的时间内），机器就逐渐有了自主意识，产生了智能。

或许，人类和精密的机器本就不该"类比"，两者在本质上属于同一事物。当第一个机器人有了思考的能力，人类便没有资格以高高在上的口吻称之为机器人。"他/她"不再是"它"，不再是受人摆布的机器，而是能与人类平起平坐的硅基生命，是另一种"人"。如果是这样的话，是否有一天机器人也会进化到与人类相当甚至超越人类的程度，进而取代人类，掌控人类的存亡？

机器是否会威胁人类

人工智能的未来是否可控？它会不会主宰人类的存亡，成为人类的最后一项突破性发明？这些问题的提出与广泛讨论无疑表达了人类对人工智能未来的担忧。霍金曾在 2017 年的 GMIC 演讲中这样表述："人工智能有可能是人类文明史的终结。"Space-X 公司总裁埃隆·马斯克也曾对人工智能的未来表达过担忧。此外，不少探索人与机器问题的思想实验也加深了人类的担忧程度。

图灵测试的目标是判定机器是否拥有智能，但是它所依靠的方式是让机器模仿人类，以假乱真。这在某种程度上引发了大众的担忧：能够以假乱真的机器人是否有一天真的会出现，让人无法分辨。它们也许会被不法分子利用，混迹人群，冒充他人做一些非法勾当；它们也许还会悄然渗透人类的生活，让我们的人际交往圈逐渐被人工智能接管而不自知。

此外，还有一个令人细思极恐的思想实验——缸中之脑，它是由希拉里·普特南在 1981 年提出的。普特南构想了一个邪恶的科学家，他将人的大脑单独提取出来并放入充满营养液的缸中，通过连接电极模拟神经元的电信号，让大脑产生一种与正常情况毫无区别的幻觉。这不仅让人们对世界的真实性产生了怀疑，也引发了人们对未来的忧虑：人工智能的不断发展能否最终实现对人类的控制，让我们活于虚假的感官体验中。

缸中之脑的猜想让人不寒而栗。或许希拉里·普特南自己也深受其扰，因此他对自己的假设进行了否定。他表示既然我们可以提出缸中之脑的假想，就证明我们不是缸中之脑，因为缸中之脑的操纵者不会让被控制的大脑意识到自身的处境和现实，以免产生意外。

但有趣的是，美国作家丹尼尔·加卢耶早在1964年就出版了一部名为《三重模拟》的科幻小说，讲述人们建造了一个虚拟城市，并创造出了电子人，但是最后发现自己所认定的真实世界不过是另一个世界的人创造的虚拟世界。这与缸中之脑的构想不谋而合，这部小说也对后来的现象级电影《黑客帝国》和《盗梦空间》产生了巨大影响。

《黑客帝国》设定人们生活在一个由人工智能创造的、名为"矩阵"的虚拟世界而不自知。《盗梦空间》则描绘了主角在他人梦境中执行任务，最后完成任务并实现目标，他人却恍然不知进入另一个梦境的故事。这两部电影其实也是对缸中之脑这一思想实验的另类阐释，而且影像的呈现方式更具冲击力，也让人类更为深刻地认识到技术发展之下潜藏的危机，推动了人们对人工智能未来的思考。

所有的担忧其实都建立在对恶意人工智能的假设之上，由此而放弃人工智能绝不是明智之举。人工智能的发展就像一把双刃剑，我们需要对它的未来抱有忧患意识，但是也应该向霍金与马斯克学习，让忧患成为驱动技术人性化和技术向善的发展动力，发挥人类的主观能动性，推动人工智能向期望的目标前行而非背道而驰。如果真的存在技术奇点，我们无法阻止它的到来，那就只能努力在技术奇点到来之前充分了解人工智能，既为将来与真正的人工智能共存积攒经验，也为将来面对需要战胜它的局面积攒筹码。

结语

一个个关于人工智能的思想实验蕴含着前辈的智慧，令人深思，发人深省。它们有的已经被现实证伪，也有的依旧悬而未定。但这都不是终点，科学的发展本就是不断证伪的过程，正如马克思所说："哲学家们只是用不同的方式解释世界，而问题在于改变世界。"这些思想实验不仅成功引发了人们的思考，更是引导了人工智能的进步，它们的价值已然实现。当前摆在人类面前最重要的问题，依旧是这个全新且神秘的人工智能世界。它的大幕才刚刚拉开。

参考文献

[1] TURING A M. Computing machinery and intelligence[J]. Mind, 1950, 59(236): 433-460.

[2] GUNDERSON K. The imitation game[J]. Mind, 1964, 73(29): 234-245.

[3] 苏芯. 思想实验：人类对世界和自身最大胆的假象教程 [M]. 南京：江苏人民出版社，2012.

[4] LUCCI S, KOPEC D. 人工智能 [M]. 2 版. 林赐，译. 北京：人民邮电出版社，2018.

[5] HAWKING S W. 让人工智能造福人类及其赖以生存的家园 [J]. 科技中国，2017 (6): 85-89.

约翰·麦卡锡
（John McCarthy）

微小说里闪烁着伦理思考

Lisp 和剪枝搜索里缔结着常识推理

冒险家探索着天空的极限

人工智能的火炬在手中高高举起

十二、举起人工智能的火炬：约翰·麦卡锡

本文作者：王麓宁

约翰·麦卡锡（John McCarthy，1927—2011），美国计算机科学家，达特茅斯会议主要发起人之一。

早年的麦卡锡

约翰·麦卡锡出生在 20 世纪 20 年代波士顿的一个移民家庭里，他的父亲老约翰是爱尔兰人，当过木匠、渔夫和工会组织者，同时还是一位拥有专利的发明家。他的母亲来自立陶宛的一个犹太家庭。因此，麦卡锡对于科学和技术的观念深受父母的影响——"我坚信父母说的技术进步对人类有利。"他曾在一次采访中如是说。

1929 年，麦卡锡两岁时，一场 20 世纪最为严重的经济危机从美国华尔街迅速蔓延到其他资本主义国家。经济大萧条期间，破产的压力和父母的工作性质使得这个普通家庭不得不经常搬迁。直到麦卡锡的父亲在加利福尼亚州找到相对稳定的工作，麦卡锡一家才在加州安顿下来。

麦卡锡曾说他的童年"平平淡淡"，但事实上，他很早就在数学方面表现出了非凡的才能。麦卡锡进入高中后，高中的数学知识对他而言枯燥浅显，于是他在课余时间参照加州理工大学的数学课程提纲，将大一和大二的数学自修了一遍。不同于一般学生对大学知识浮光掠影式的预习，麦卡锡在自修阶段便已经达到大学数学的考核要求，以至于当他真正成为加州理工大学的一员时，

获准免修大一和大二的数学课程。然而，大学时代的麦卡锡并不是各种课程的积极参与者，他甚至因未参加体育课程而被学校警告开除。

1941 年，日军偷袭珍珠港一事轰动世界，美国卷入第二次世界大战。美国政府迫于战争的压力，不得不在全国范围内号召年轻人参军。正在读大学的麦卡锡加入美国陆军，这一度使他的学业搁置，然而他凭借异禀的天赋，以及扎实的基础，在离开军队后仍然按时完成了学业，并被加州理工大学授予数学学士学位。

人工智能的萌芽

麦卡锡对人工智能的兴趣始于研究生时期。1948 年 9 月，当时已经声名显赫的计算机科学大师冯·诺依曼，在加州理工大学举办的"脑行为机制"专题讨论会上介绍了一篇关于《自复制自动机①》的论文。彼时冯·诺依曼正在思考关于机器如何能够做到复制自身的问题。然而，受限于时代的发展水平，当时还没有任何人（包括冯·诺依曼）能将机器智能和人类所代表的生物智能相联系。而麦卡锡敏锐地察觉到了其中的联系，他意识到这一联系极有可能就是制造强人工智能机器，甚至是具有自我意识的智能机器的正确途径。1949 年，他在一次谈话中向冯·诺依曼表达了自己的想法，后者的肯定给予了麦卡锡极大的鼓舞。

麦卡锡在完成博士论文期间，就开始尝试在机器上模拟人的智能。1951 年，麦卡锡被授予普林斯顿大学数学博士学位。两年后他转到斯坦福大学，但也仅仅停留不到两年，之后便前往达特茅斯学院任教。正是在这里，年轻的麦卡锡联合香农（信息论创立者）、明斯基、罗切斯特、司马贺等人发起了名垂后世的达特茅斯会议。

1956 年，达特茅斯会议正式启动。麦卡锡是这场会议的最初倡议者，他当时在达特茅斯学院担任助理教授。会议的主旨是让该领域的精英齐聚一堂商讨关于人工智能的议题。这次为期两个月的会议以集思广益为主。在麦卡锡等人于 1955 年发表的《达特茅斯夏季人工智能研究项目提案》（后文称《提案》）中这样写道："这项研究是基于这样的猜想进行的，理论上可以精确地描述学习的每个方面或智力的所有特征，从而可以制造出仿照人类智慧的机器。我们

---

① 自复制自动机是一种具有自我复制能力的机器。

将尝试寻找如何使机器使用语言、形成抽象和概念，解决现在人类所面临的各种问题并探索改善自身的方法。"《提案》还探讨了自动计算机、神经网络、计算复杂度理论等一系列问题。事实上，那次讨论并没有实质性地解决有关智能机的具体问题，文字记录中也多为"需要更多的理论工作""这个问题似乎也可以抽象地研究"等含糊的措辞，但它无疑确立了一个崭新的研究方向，使得人工智能真正成为一个独立的学科。也正是在这次会议上，麦卡锡首次提出了"人工智能"这一如今家喻户晓的名词。

达特茅斯会议前后，麦卡锡主要研究的是计算机下棋问题。为了提高运算效率，麦卡锡发明了"alpha-beta 搜索法"——该算法的核心思想是，让计算机明白在下棋过程中无须考虑所有情形，从而避免许多无谓的运算，最终达到提高运算效率的目的。

理论与实践的发展高潮

20 世纪 50 年代仍然处于汇编语言时代。所谓汇编语言（Assembly Language），就是利用助记符号代替底层二进制编码进行编程。虽说相较于机器语言，它对人类更友好，但面对飞速发展的信息技术仍然显得繁杂费时。于是，人们萌生了创造一种更实用的计算机语言——高级语言的想法，这种语言力求接近人类的自然语言，同时还要兼具机器语言的严谨准确。事实上，直到 1957 年巴库斯的研究小组设计出 Fortran 语言，世界上第一个真正意义上的高级语言才正式诞生。

1958 年，麦卡锡在 IBM（国际商业机器公司）工作时突发奇想，试图用表处理语言为自己在高中时遇到过的代数微分问题写一个表程序，但他发现需要用到递归（函数中调用函数本身的情况称为递归）表达式，而表处理语言对此无法提供支持。

麦卡锡本打算修补 Fortran 语言的这一漏洞，但不久之后他就放弃了这个想法，转而于 1959 年自己设计了表处理语言 Lisp。麦卡锡发明 Lisp 语言的初衷其实是以它为工具，为机器赋予人类的智能，但自诞生以来，Lisp 一直被公认为人工智能领域的标准语言。麦卡锡曾坦言自己并未预料到它的寿命如此之长，他甚至建议将其修改成类似 ALGOL（算法语言）的语言。然而，Lisp 最初的语法仍然受到从事人工智能的编程人员的拥护。尽管其影响力在 20 世纪

90 年代人工智能"寒冬"的影响下有所衰退，但近十几年来 Lisp 语言重新焕发生机，再次成为编程领域的热点之一。

麦卡锡曾将人工智能发展的希望寄托于 IBM——IBM 的负责人一度对这个领域表现出浓厚的兴趣。然而这种兴趣并没有持续多久，因为许多客户都担心智能机器的出现会威胁到他们自己的工作岗位。正因为如此，20 世纪 60 年代初期，IBM 的营销人员都轻描淡写地把计算机描绘成"一种快速运算的机器"，以减轻智能化给人们带来的担忧。

1958 年，麦卡锡到麻省理工学院（MIT）任职，与明斯基共同建立了世界上首个人工智能实验室，并率先提出了将计算机的"批处理"方式改造成分时处理方式的建议。"批处理"是"批量处理技术"的简称，指的是用户将一批作业一股脑地交给机器后，机器按照预先设置好的操作规则自行处理，用户则不再干预——这无疑是一种略显粗犷的低效处理方式。而分时操作系统则指多个用户共用一台主机，他们在运行各自需要的程序时，通过分时段的方式共享主机中的硬盘等资源。显然，这种方式使得计算机基础资源在每个时段都得以尽可能地被最大化利用，明显提高了运算效率。尽管麦卡锡于 1962 年因为与负责人的纠纷而离开 MIT，使得该项目半途而废，但人工智能领域的人士至今仍一致认为麦卡锡为分时概念的创始人。分时概念示意如图 1 所示。

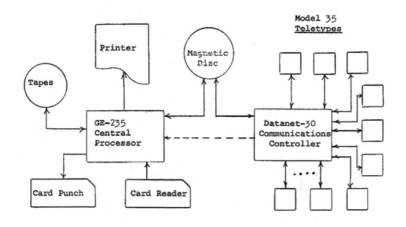

图 1　分时概念示意

注：Printer= 打印机；Magnetic Disc= 磁盘，Central Processor= 中央处理器，Communications Controller= 通信控制器，Teletypes= 电传打字机，Tapes= 磁带，Card Punch= 打卡机，Card Reader= 读卡机。

思路创新的巅峰——常识推理

在二十世纪六七十年代的科研活动中,麦卡锡令人印象最深刻的工作莫过于他对人工智能"常识推理"的不懈追求。1959 年,麦卡锡发表论文《具有常识的程序》,正式向"常识逻辑推理"这一难题宣战。他断言:"如果希望计算机拥有一般的智能,那么其外在结构就必须基于一般的常识和推理。"或许在普通人眼中,计算机的智能水平远远超过人类——至少它在进行复杂运算等方面非人力所能及,但面对某些人类用常识即可解决的情境,这些"天才"计算机的反应却可能令人大跌眼镜。例如,某人计划去英国旅游,他最初计划从北京取道柏林,再转飞巴黎,接着渡过英吉利海峡到达英国。可是他到达柏林后,却被乘务员告知去往巴黎的飞机票已经售空。此时任何一个正常人应该都会临时变更计划,例如先飞到莫斯科再直飞英国,而不会选择直接打道回府。但遗憾的是,如果类似的意外情况发生在传统计算机身上,它在预设的路径无法完成时,很有可能会卡在此处,甚至返回初始状态。当然,现代计算机算法早已不会受困于这样的小问题,但倘若要计算机真正做到拥有人类常识并熟练处理各种意外,仍道阻且长。

1964 年,时任斯坦福人工智能实验室主任的麦卡锡,针对常识推理问题提出了"情景演算"理论。简言之,"情景"代表世界的某一初始状态,它会随着"主体"的行为而发生改变。主体的行动并非取决于某个既定程序,而是来自其对情景的了解程度。主体获取的信息量直接关系其下一步决策的优劣,一般情况下,有效信息获取得越多,下一步的决策就越合理。

麦卡锡对通常意义下"演绎推理"的挑战,还在于他强调人类智能推理的非单调性。他被公认为是最早从事非单调系统形式化研究的学者——虽然这个概念早在 19 世纪 70 年代就被逻辑学家们提出。通俗而言,非单调推理是指在正确的新知识出现,并与已有知识发生冲突后,人们会在必要时修正已有知识,使某些已有结论失效,以适应对新情况的解释。非单调推理虽然看似比传统的单调推理麻烦许多,但毫无疑问,它推动人工智能向着常识推理迈进了一步。

麦卡锡还尝试利用科幻小说向更多人科普自己的理论,例如他曾经写过短篇小说《机器人与婴儿》来讨论常识推理的问题。这部小说讲述在虚构的未来,一个酗酒的母亲用慈善中心捐助的家居机器人来协助自己照顾婴儿,但机器人的无休止提醒最终激怒了好吃懒做的母亲，以至于被母亲勒令抱着婴儿滚出家门。面对路人、警察、厂家和其他机器人的质询，家居机器人在做出收到的指令违背其基本道德这一判断的情况下，为了执行主人随口下达的命令而始终拒绝将婴儿交给警察或透露主人信息，最终惹上涉及上百万美元的官司并引起轰动全世界的争论。这部荒诞滑稽的小说，设想了在常识推理缺位的情况下，人类将面临的巨大麻烦。

步入中年的麦卡锡已经成为享誉世界的"人工智能之父"。他不仅在1971年获得图灵奖，还在1988年、1990年和2003年，先后荣获日本京都奖、美国国家科学奖章、本杰明·富兰克林奖章（见图2）。如今，人工智能已经发展为一个完善的学科，而麦卡锡以及他遍布世界的学生，无疑为该领域的发展作出了开拓性的贡献。

图2　本杰明·富兰克林奖章

科研之外的麦卡锡

麦卡锡不仅是举世闻名的科学家、社会学家，还是冒险家和理性主义作家。他喜欢攀岩、跳伞等冒险运动，曾攀登过不少知名高峰，并为后人留下游记。

理性主义是麦卡锡竭力拥护的观点之一。他很擅长用浅显易懂的例子来阐明自己的观点，他在"人类生活中的理性"一文中，以饲养小鸡的例子来展现自己的理性——他抛出问题：如何定义一群被饲养的小鸡的福利？在绝大多数人心中，可能将它们放归大自然便是对小鸡最大的福利。然而麦卡锡犀利地指出：在现实中，被放归大自然的小鸡大概率会很快死于饥寒交迫；反而在饲养场里，以六七周后被屠宰售卖的目标来饲养的小鸡会享受与其价值相匹配的待遇。动物福利的思考只是麦卡锡对任何事物都抱有的理性态度的缩影。

正是这样的麦卡锡，使得他对人类的贡献并非局限于 AI 技术。

结语

2011 年 10 月 24 日晚，Lisp 语言发明者、"人工智能之父"约翰·麦卡锡在斯坦福的家中去世，享年 84 岁。

麦卡锡见证了计算机和人工智能从无到有的几十年，真正为他热爱的事业奉献了一生。斯人已逝，但他的技术成果至今仍惠泽世人。

参考文献

[1] 亦衡. 人工智能大师麦卡锡 [J]. 中国青年科技, 2003 (11): 32-33.

[2] MCCARTHY J, MINSKY M L, ROCHESTER N, et al. A proposal for the dartmouth summer research project on artificial intelligence[J]. AI Magazine, 2006, 27(4): 12.

[3] 胡佳. 语义 Web 服务自动组合及验证的研究 [D]. 天津：天津大学, 2010.

十三、达特茅斯会议：AI 思维的滥觞

本文作者：方奔皓

风起云涌　AI 崛起

让我们将视线转回到 20 世纪 50 年代的科技界。

艾伦·图灵发表了"计算机器与智能"，提出了著名的智能判定方法"图灵测试"；艾萨克·阿西莫夫发表了"我，机器人"，提出了大名鼎鼎的"机器人三定律"；1951 年，一位名叫马文·明斯基的大四学生与他的同学邓恩·埃德一起建造了世界上第一台神经网络计算机；1952 年，亚瑟·萨缪尔设计了第一个跳棋计算机控制程序，这是机器学习的首批例子之一；1955 年，赫伯特·西蒙（Herbert Simon）和艾伦·纽厄尔（Allen Newell）创立了第一个人工智能项目——"逻辑理论家"，可用来证明一些数学定理。一系列前沿科技成果不断产出，"用机器模拟人"的想法不断涌现。

达特茅斯会议于 1956 年召开，这场会议因在美国东北部的达特茅斯学院举行而得名。计算机科学家约翰·麦卡锡在这场会议上正式提出了"人工智能"一词。因此麦卡锡被后人誉为"人工智能之父"，达特茅斯会议则被后人认定为"人工智能的开端"。下面我们来看看这场会议的由来。

1955 年夏天，达特茅斯学院的年轻数学家麦卡锡到 IBM 工作。在 IBM，麦卡锡和明斯基开始认真讨论智能机器的概念。与此同时，他们遇见了罗切斯特和香农，前一位是设计了第一个通用大规模生产计算机——IBM 701 的科学家，后一位则是信息论的创始人。这 4 位科学家决定举办一场关于"人工智能"的会议，这便是达特茅斯会议。

这场人工智能盛会的与会者还包括西蒙（中文名司马贺）、纽厄尔、萨缪尔、雷·所罗门诺夫、奥利弗·塞弗里奇、特伦查德·莫尔……其中几位早在人工智能的萌芽阶段就崭露头角。

这场会议总共讨论了 6 个议题：①自动计算机，②编程语言，③神经网络，④计算复杂度理论，⑤自我提升，⑥抽象以及随机性与创造性。

借以观史 会议议题

1. 自动计算机

所谓"自动",指的是"可编程"。自动计算机多指图灵设计的早期存储程序式计算机,它基于冯·诺依曼结构——一种将程序指令存储器和数据存储器合并在一起的计算机设计概念结构。在第二次世界大战期间,美军从提升算力的需求出发,研制出了 ENIAC 电子计算机(见图1),但运行速度太慢了。因此,参与研究的科学家冯·诺依曼提出并制定了"使用二进制并存储程序"的优化方案,大大提升了运算效率。

图1　ENIAC 电子计算机

后来,冯·诺依曼结构又有了重要拓展——分时系统。分时系统可以让多个用户同时使用一台计算机,从而实现计算机资源的共享。麦卡锡最早提出了这种想法,促进了世界上最早的分时系统的实现,也为接下来的人工智能研究打下基础。

在达特茅斯会议上,与会者把眼光从单纯提升算力和存储能力上移开,认为机器不能模拟人脑更高级功能的主要障碍不在于机器本身能力的缺乏,而在于人们没有写出合适的程序。这为人工智能的研究打开了思路,科学家们开始进一步思考编程的问题。

2. 编程语言

在达特茅斯会议举办的年代，编程在很大程度上依靠机器码和助记符。与会者认为，人类的思想很大一部分体现为根据推理和猜想规则来使用语言，设计编程语言应当体现这种思想的过程。

纽厄尔和司马贺在会议上介绍了他们新发明的程序语言"IPL"（信息处理语言）。该语言是专门为人工智能应用而设计的早期语言之一，能够在计算机上实现逻辑理论，从而推动"逻辑理论家"的诞生。

何为"逻辑理论家"？它被称作"第一个人工智能程序"，是逻辑主义最为骄人的成果之一，一经问世便简洁明了地证明了罗素《数学原理》中的 38 个定理，之后又陆续证明了一些其他的定理。逻辑理论家使用了搜索树结构，从最初的假设（"根"），通过一条条推理路线（"枝"）到达目标命题，每一条推理路线都基于给定的逻辑规则而生长。然而，这个过程如果一直延伸下去，搜索树的分支数将呈指数增长。纽厄尔和司马贺意识到了这个问题，于是使用"经验法则"，确定哪些推理路线不太可能达到目标，并将其删去。这便是如今人们所称的"启发式算法"，它成为人工智能研究的一个重要领域，至今仍然是克服指数增长导致组合爆炸的重要方法。

纽厄尔和司马贺关于 IPL 的工作给了与会者启发。此后，一系列高级编程语言陆续诞生，使计算机编程的效率显著提升，如世界上第一个被正式采用并流传至今的高级编程语言 Fortran、影响深远的 Lisp 语言（由麦卡锡发明）等。

"逻辑理论家"的诞生标志着以符号主义为主流的人工智能第一次浪潮（20世纪 50 年代至 70 年代）的兴起。这一时期，实现效果最好的工作便是数学定理的证明。人工智能第一次浪潮后期，人们逐渐发现，基于逻辑推理实现的人工智能应用面非常窄，计算机性能不足等限制也较为明显，人工智能第一次浪潮开始慢慢退去。

诞生于人工智能第一次浪潮期间的符号主义的成果——专家系统，掀起了人工智能第二次浪潮（20 世纪 80 年代）。专家系统能在人为建构的规则框架下进行逻辑运算，从而给出相关专业领域问题的回答。例如，向医学领域的专家系统输入一些病征，该专家系统就会推理出相应病征的病人最可能患有什么病。随着时代的发展，计算机的算力逐渐增强，能够处理更加复杂的逻辑运算，专家系统实用化成为可能。这一时期，专家系统走进了很多企业，促成了许多节省大量运算成本的成功商业案例的出现。

"专家系统"的意义在于实现了人工智能从理论走向实际的转变,但其适用范围小、缺乏"常识"等问题在应用过程中也逐渐暴露,现代计算机的飞速发展也降低了其性价比和实用性,人们对专家系统的兴趣逐渐消失。人工智能的发展进入第二次低谷期。

但是,符号主义本身并未停止发展。整体说来,符号主义走过了一条"启发式算法→专家系统→知识工程"的发展道路。专家系统是知识工程的早期发展方向,现在的方向主要是知识图谱,这便引出了下一个议题。

3. 神经网络

在麦卡洛克和皮茨于1943年发明神经活动的第一种演算方法之后,有关神经网络的研究分为两种不同的研究思路,它们分别将侧重点放在大脑进行的生理过程上以及神经网络在人工智能中的应用上。

1949年,赫布提出:两个细胞同时被激活的概率越大,其关联度就越高。他据此提出了沿用至今的"赫布学习原则"①。

1956年,罗切斯特在一台IBM 704计算机上模拟了抽象神经网络的行为。这个研究背景或许是他对麦卡锡提出的人工智能感兴趣的原因之一。

同年,达特茅斯会议召开,与会者也就神经网络展开了讨论,思考如何排列一组"神经元"以形成概念。这些"神经元"可以用来存储下文提及的"抽象模型"。他们提出了这样一个思路:使用"匹配环境"——自动机的大脑模型方法,也就是模拟大脑的学习模式,让机器在安排好的"环境"中得以进步。

1957年,神经网络的研究迎来了突破。罗森布拉特模拟实现了单层神经网络模型感知机,他受到生物学中人脑神经元进行感知的机理的启发,构建了一个类似的结构,最终达到了将数据类型二分的目的。

感知机一时大火,抢了符号主义的风头。但明斯基——曾经的联结主义支持者,给了这股势头沉重一击。他撰书表明,单层神经网络无法处理异或(XOR)这一基本逻辑运算。一时间,感知机研究得到的各方面支持大大减少。从此以后,联结主义的神经网络研究长期处于弱势地位,但仍在悄然发展。

从二十世纪七八十年代开始,神经网络的研究进展很大:反向传播算法帮助实现了异或(XOR)运算;约翰·霍普菲尔德(John Hopfield)在1982年发明了联想神经网络……联结主义的势头渐盛,人工智能的第三次浪潮隐约

---

① 赫布学习原则是最古老、最简单的神经元学习规则。

可见。

在此期间，人工智能实现了手写文字的识别、简单的人脸识别等功能，但人们发现，神经网络解决实际问题的能力仍然不足，在复杂的问题前常常束手无策。

联结主义真正兴起的转折点是 2006 年杰夫·辛顿（Geoff Hinton）（见图 2）在深度学习方面的突破，他让多层神经网络的搭建变得可行。

图 2　杰夫·辛顿

人工智能的第三次浪潮就此掀起，并且持续至今，给我们带来了人脸识别、语音识别等技术。

4. 计算复杂度理论

计算复杂度理论是理论计算机科学和数学的一个分支。一个"可计算问题"被认为是原则上可以用计算机解决的问题，即这个问题可以用类似算法的一系列机械的数学步骤来解决。

20 世纪 50 年代，包括明斯基和香农在内的科学家已经开始关注计算复杂度理论，明斯基认为这应当是人工智能领域的重要一部分。哈特马尼斯与施特恩斯在 1963 年发表的论文《论算法的计算复杂性》中引入了时间复杂度的概念，奠定了计算复杂度理论的基础。

计算复杂度理论和算力也与人工智能的第三次浪潮（2006 年至今）有关。人工智能的第三次浪潮源于多层神经网络的成功，也就是深度学习取得的突破。其中，硬件的进步功不可没。如今，小巧的手机也可以承担实现语音输入、人脸识别等需要复杂计算的功能。

5. 自我提升

自我提升可以理解为当下人们经常提到的机器学习。达特茅斯会议的发起者认为，一台真正的智能机器会开展"自我提升"的活动。如何实现这一点呢？即便是复杂的人脑，也要遵循先适应环境中简单的方面，再逐渐适应环境中复杂方面的规律。因此，香农建议通过一系列理论上的匹配环境的并行开发来研究脑模型的合成，从而通过一系列简单的阶段，让计算机朝着高级活动的方向发展。

然而，仅仅用"试错"的方法调整输入输出函数的范围来"学习"的机器并不是与会者想要的。他们认为，除非机器能够开发出一种可以对感官所得的"原材料"进行抽象的方法或者机器本身具备相应能力，否则就只能通过痛苦、缓慢的步骤在复杂的环境中前行，并且通常不会达到较高水平。这与下一个议题关系密切。

6. 抽象以及随机性与创造性

抽象也称抽象化，是指将资料与程序，以它们的语义来呈现出它们的外观，但是隐藏起它们的实现细节。抽象化可以降低程序的复杂度，使得程序员可以专注于处理少数重要的部分。这种模糊细节、抓取重点的能力正是人类可以解决范围广泛的问题，但是计算机做不到的原因所在。

与会者想要分类不明确的"抽象"，并描述从感官和其他数据形成"抽象"的机器方法。这可以理解为，学会了这种方法的机器将不再刻板地"复现"它所面临的情境和问题，而是像人一样，在"脑海"中建立一个抽象的模型。如此一来，当再次面临一个类似的问题时，机器就可以先自己"斟酌"（在抽象模型中尝试），再去处理这个实际问题。如果机器拥有了这种解决问题的能力，它就相当聪明了。

与会者认为，创造性思维和缺乏想象力的思维的区别在于，前者被注入了一种随机性，而他们正在寻求这种随机性。

为什么要在构想人工智能时寻求随机性呢？让我们进入用机器解决问题的一般情境：你编写了一段程序，并让机器去执行，结果代码报错，于是你需要花费大量的时间去找代码中相应的 bug。我们不得不考虑代码运行时所有可能出现的意外情况，但人类可以结合自己的直觉或猜测，直接得出解决问题的方案。所以，达特茅斯会议的发起者认为，如果机器有直觉或者可以作出合理的猜测，那么问题的解决方案可能会非常直接。

解决一个问题最好、最快的方法是什么？是从可能性最大的方法试到可能性最小的方法吗？有人觉得是这样的，但是当问题的数量十分庞大时，这项工作就需要耗费巨大的人力和时间成本。如果解决问题的人在工作时引入随机性，则可以减少重复工作的无谓负担。除此之外，与会者还给出了将"系统（完全根据已知执行的规律性方法）"作为解决策略的不妥之处：需要不可能的详细信息（对于计算机来说，"不可能"应该体现在相同计算量下）。

简化人的任务，提升解决问题的能力和效率，这或许是在计算机上引入随机性的合理理由和目的。

以上几大问题，时至今日仍然吸引着相关学科研究者的目光。回望历史，达特茅斯会议在学术贡献上的意义可能并不引人注目——整个会议上出现的最大成就即为司马贺的"逻辑理论家"，反而 1956 年的 IRE 年会上出现了众多跨时代的工作成果，例如乔姆斯基的《句法结构》（见图 3）。

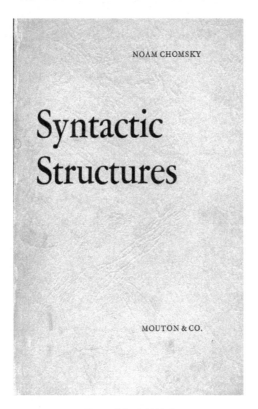

图 3 《句法结构》

然而，这场会议真正的伟大之处在于，一群年轻人创立了一门新学科，探讨了这门新学科后续发展中的关键问题。这场会议中的议题对之后人工智能发展的指导意义十分深远。

溯古通今，人工智能的发展经历了三次浪潮，下一次会有何种突破，无人知晓。提及达特茅斯会议及历次人工智能浪潮带给我们的启示，笔者认为，热潮时的研究主题固然值得探索，时代的机遇固然值得把握，但不应一味追逐热点，而要有更多自己的见解，去做出一些新的东西，让水花甚至浪潮因你而起。

参考文献

[1] 顾险峰. 人工智能的历史回顾和发展现状 [J]. 自然杂志，2016, 38(3): 157-166.

[2] MCCARTHY J, MINSKY M L, ROCHESTER N, et al. A proposal for the dartmouth summer research project on artificial intelligence[J]. AI Magazine, 2006, 27(4): 12.

[3] 尼克. 人工智能简史 [M]. 2 版. 北京：人民邮电出版社，2021.

司马贺
（Herbert Simon）

通才拥有的不止九顶博士帽
还有对自动逻辑推理的敏锐
机器超越人类的那一刻已经迟到
但不知是否终将来临

十四、符号代表的世界：司马贺

本文作者：梁翊恒

司马贺（1916—2001），英文名为赫伯特·西蒙（Herbert Simon），他是一位多领域的通才，还是一位受人爱戴的老师。他既是人工智能领域的先驱，也是经济学领域的专家。心理学和管理学的学生不可能没有听过这一传奇的名号。他的团队实现了第一个可以工作的人工智能软件"逻辑理论家"，他的人工智能算法为人工智能的发展奠定了基础。

中途转行的司马贺

1956年，在为期两个月的达特茅斯会议上，一个新的学科诞生了。这个学科主要研究如何借助计算机模拟人类思维以达成自身功能，与会者为其取名为"人工智能"。其实这样的想法并不算新颖，关于人工智能的设想最早可追溯到古希腊传说：有个名叫塔罗斯的巨大人形机器人，其身躯由青铜打造，在注入神汁后，它就能如常人般行动并作出判断。在20世纪之前，科学家就已经有了模糊的人工智能概念，但碍于没有实现的办法，一直未能展开较为系统的研究。直到20世纪中叶，随着计算机的发展，科学家才终于找到可以实现人工智能的工具，因此才有了达特茅斯会议。

达特茅斯会议举办方正式邀请了十位学者，他们分别是数学、电气工程、心理学、认知科学等领域的专家，与计算机科学似乎不直接相关。更令人意外的是，这个对人工智能领域发展如此重要的会议居然只出现了一个可操作的人工智能软件，名为"逻辑理论家"——一个可自动进行推理论证的程序。这是由司马贺、纽厄尔和肖恩共同开发的最早的人工智能软件，在这三位学者中，司马贺功不可没。

在达特茅斯会议之前，司马贺的研究其实与计算机、人工智能几乎无关，主要集中在政治学、经济学、心理学、社会学、管理学等领域。他有经济学、管理学、计算机科学、心理学、社会学、政治学、运筹学、认知科学和人工智能9个领域的博士学位，而且在以上每个领域都有建树。

司马贺在1955年年末才正式投入计算机和人工智能的研究。司马贺、纽厄尔和肖恩在计算机研究方兴未艾之时便意识到了计算机革命性的应用前景，于是三人组成研究团队，利用计算机解决符号学问题。

在此之前，司马贺原本从事的是政治学、心理学、经济学等领域的研究，这种转变看似突兀，却有迹可循。如果深入了解他过往的研究，就会发现其中很大部分，其实是在研究人类行为对政治与经济的影响。例如，他在20世纪50年代初忽然转向心理学，可能是想要了解人类到底如何思考。同理，人工智能虽然看起来和他前面所学相去甚远，但有助于他解决与思维开发相关的重大问题。

谈及司马贺在人工智能领域的研究，一个无法避开的人是纽厄尔，他是司马贺不可或缺的研究伙伴。1952年，司马贺在兰德公司初识纽厄尔，虽然当时纽厄尔年仅25岁，但司马贺对他有很高的评价。名义上，司马贺是纽厄尔的导师，但司马贺把他当成与自己地位同等的学者对待，甚至在他们合作发表的论文上坚持以字母顺序排列作者名次，所以纽厄尔的名字必然排在前面。

人与机器的语言

其实早在二十世纪三四十年代，司马贺就听闻有个庞大的机器能够比人类更快地进行复杂的数学运算。1945年，司马贺认识了冯·诺依曼，对现代计算机有了模糊的认识。他于1949年开始着手研究计算机，并尝试制造很小的"可编程"计算机（其组成无非就是电池和几根电线罢了），但这个简单的小玩意让他了解了计算机是如何运行的。

纽厄尔对计算机下棋的研究成为三人团队研究的一大助力。其实在"逻辑理论家"出现之前，就已经有了一些接近人工智能的下棋软件，甚至纽厄尔自己都曾在1952年写过一个下棋软件。但这些程序都是基于数学运算运行的，并不能对现实世界中的事物进行逻辑运算。于是他们大量借鉴心理学方面的研究，发明了日后被称为启发式搜索（Heuristic Search）的算法。启发式搜索指的是根据经验法则[①]选择下一个操作。人脑由于容量有限，在思考有许多种可能性的问题时，会排除不合理的选择，并选出对当时或未来最有利的方法。举个例子，黑白方各下 40 步的国际象棋可以有 10^{120} 种布局，但我们无法对每一种布局进行运算，所以只针对当下最有利的一步进行探索。司马贺把这种运算方式应用于计算机，极大节省了算力资源，得以在当年有限的算力下实现了自己的想法。

20 世纪 50 年代的计算机只是一种计算工具，而不像如今的计算机有如此丰富的应用功能。当时并没有很多的编程语言可供使用，大部分编程使用的是机器语言。虽然 Fortran 语言已经被研发出来，但 IBM 公司还未正式发行。使用机器语言模拟人脑很难实现，所以迫切需要一种可以进行逻辑运算的程序语言。这种语言必须能让计算机进行逻辑运算，能对数据进行动态读写，以及能让机器进行连接操作。

符号主义的支持者为了模拟人脑的思考方式而钻研逻辑学。元素可以代表任何事物，如数据、号码、字符、物体等，并且一个元素可以使用多个函数符号来表示其性质，例如"高考（我）"就可以代表"我"的高考成绩。当然，函数符号也可以表达多个元素之间的关系，如"超越（牛人，我）"就代表了"我"被"牛人"超越。

动态读写数据的必要性是什么？如果使用机器语言进行编译，则必须预先指定每一个数据在硬盘上的位置与空间大小，但我们无法预测人工智能需要创建或存储什么数据结构，更预测不了这些数据结构在运算中又将如何变化。因此，存储的数据必须是动态的，借鉴人脑对记忆的处理方式就十分必要。司马贺认为我们的记忆没有特定存储在某个位置，且记忆片段是互相关联的，而人工智能也应该如此存储数据——每一个元素理应指向有关联的元素，而这些关联应该在学习过程中产生。

那么，如何定义这些关联（即联系）呢？在司马贺的认知中，共有两种联系：简易联系与直接联系（见图 1）。简易联系的一个例子是"清华大学"对

[①] 经验法则用于对已知平均数和标准差的正态分布数据进行快速推算，比如在统计中预测最后结果。

应"北京大学"。而直接联系又分直接向上和直接向下两种，例如"清华大学"向上联系就应得到"中国高校"，向下联系则对应"清华学生"（如"毕啸天"）。人工智能的程序语言必须二者兼容。

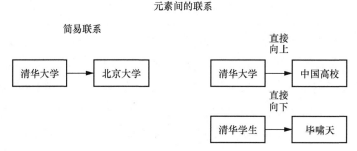

图 1　简易联系与直接联系示意

为了实现理论中以人类逻辑思考为基础的人工智能，司马贺依据上述要求开发了 IPL（Information-Processing Language）。他和同事还发明了一种全新的程序语言，名为 Lisp——每一个数据都附加下一个数据的位置，这样数据就像珠子般串联起来；但下一个数据所在的位置并不是物理性的邻域①，而是用指针指出的下一个数据的地址。虽然以如今的程序标准来看，IPL 的功能非常基础，但已经足够让他们创造出模拟人脑的智能软件了。

会推导的机器

1955 年春天，司马贺和纽厄尔共同开发下棋软件。纽厄尔用语言和计算机解决问题，司马贺则从人类的思维出发解决问题，二人"相辅相成"，成为最佳搭档。不过，司马贺并不局限于开发下棋软件，他经常和纽厄尔讨论如何让机器解决欧几里得几何②、数理逻辑等问题。同年 10 月，他因公去了趟纽约。在哈德逊广场散步时，司马贺思考起了如何运算圆和半圆内的角度。这时，他忽然灵光乍现，想到了让计算机解决这些问题的办法。

司马贺很快就开始了这方面的工作，思考并尝试如何让计算机证明怀特海和罗素合著的《数学原理》中的定理。一直到 12 月 15 日，他终于成功地在纸

---

① 邻域是集合上的一种基础拓扑结构。
② 欧几里得几何是几何学的一个分支。

上使用他的演算法证明了《数学原理》中的第一条定理。在之后的时间里，司马贺和纽厄尔除了把演算法编入他们的软件并不断完善以外，还召集了一群硕士生和他的三个孩子，每人发了一张指示卡——象征着演算法中的部件，每人只要根据卡上的指示做事，就可以模拟机器的解题方式，从而再次证明了演算法的正确性。

1956 年 8 月，他们研制的软件终于证明了《数学原理》中的第一条定理，由此得名"逻辑理论家"。后来，"逻辑理论家"成功证明了《数学原理》第 2 章的 52 条定理中的前 38 条。其中，定理 2.85 更是比作者罗素和怀特海的证法简洁。此前，司马贺已经写信给罗素告知他们的研究。罗素风趣地回信说，早知道有这个程序，他和自己的导师就不必浪费 10 年的时间自己推导了。

1956 年 6 月，司马贺和纽厄尔在达特茅斯会议上展示了他们的成果。多年后，当"人工智能之父"麦卡锡回忆起这次会议时感慨，这次会议其实并没有达到预期的效果，但还是有些突破，其中最为重要的便是司马贺团队所研发的 IPL 和"逻辑理论家"。

达特茅斯会议之后

在实现"逻辑理论家"后，司马贺并没有满足于此。1959 年，他又开发出了通用解难器（见图 2）。通用解难器最大的特点是将问题和解决问题的方式分开，这意味着它必须自行决定该如何着手解题——这个过程的计算量非常大。为了解决这一问题，开发者在通用解难器上使用了 MAE（Means-Ends Analysis）。MAE 可让机器选择更接近最终目标的方法。举个例子，假设要去约会，要去约会的地点就必须驾车；但车坏了，于是转而搭乘巴士；坐巴士需要钱，因为需要买车票……以此类推，直至完成任务。

司马贺使用通用解难器解决了许多类型的问题。发现它除了可以解积分问题和一阶逻辑问题外，还可以解一些常见的思考题，

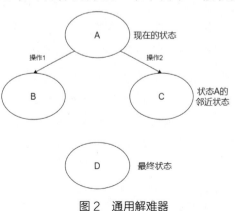

图 2　通用解难器

如传教士与食人魔问题①、汉诺塔问题②等。其中有意思的是，对于柯尼斯堡七桥问题③（见图3），尽管欧拉早在18世纪就证明了这个问题并不存在解，但是通用解难器无法纵观问题，自然也就意识不到这个问题是无解的，它仍然给出了过6个桥的解。

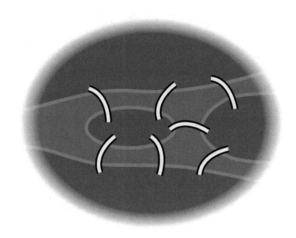

图3　柯尼斯堡七桥问题

司马贺的后半生与中国展开了长达20年的学术交流。除了美国，他停留时间最长的地方就是中国，这里几乎成了他的第二个故乡。1972年，他以计算机科学家代表团团长的身份首次前往中国进行技术交流。虽然初次拜访中国的时间并不长，但这次经历让他对中国文化产生了浓厚的兴趣。司马贺在拜访中国期间，因东西方文化差异发生了一则趣事：司马贺带领的美国代表团以姓氏顺序入席中方举行的宴会，因为司马贺恰好是美国代表团中姓氏排最后的，所以他被排到了末席。而如果论资排辈，司马贺是资历最深的。在中国敬老尊贤的文化中，这样排座很不妥。中方在了解了美国代表团成员的年龄与资历后，安排司马贺坐首席位置。

司马贺下一次到访中国已是8年后，他是以心理学代表团代表的身份来的。这一次，他给自己取了个中文名——"司马贺"。也是在这次访问中，他

---

① 传教士与食人魔问题是一道智力游戏题。
② 汉诺塔问题是心理学实验常用的问题之一。
③ 柯尼斯堡七桥问题是18世纪初流传于普鲁士柯尼斯堡的一个数学问题。

看到了中国光明的发展前景。在多年的学术交流中,司马贺为中国的计算机科学和心理学研究贡献了巨大的力量,访问期间还培养了许多中国研究生。他严谨的教学态度和平易近人的个性给学生留下了深刻的印象。

司马贺的遗憾

在当年的达特茅斯会议上,是许多与会者并不认为"逻辑理论家"有多么厉害。明斯基更是认为"逻辑理论家"与过去出现的下棋程序无异,它只是一个应用范围非常小的程序。司马贺是从心理学家的视角展示自己的作品,但与会者更在乎的其实是人工智能具体该如何运行。其中许多人认为,人工智能并非必须模拟人脑,"逻辑理论家"不应该被称为人工智能,而应该叫"复杂信息处理器"。直到 1961 年,明斯基才正式把"逻辑理论家"和通用解难器列为人工智能,还把司马贺和纽厄尔的作品称为人工智能的一大方向。

司马贺和纽厄尔在 1975 年荣获图灵奖。但遗憾的是,同样参与研发工作的肖恩没有获奖。

因为在人类认知和 List 语言方面的贡献,司马贺在 1978 年被授予诺贝尔经济学奖。有趣的是,评委们直到颁奖典礼才知道他的研究志向早已不是经济学,而是人工智能,他们觉得还应该给司马贺颁发诺贝尔科学奖。

后世影响

司马贺和纽厄尔共同开发的 IPL 在当时的计算机学者眼中是很不切实际的东西,因为 List 语言实在太耗费计算机内存了,且把代码转换成机器语言会让运行时间增加 10 倍。在计算机资源十分稀缺的年代,人们负担不起需要如此长的运行时间和巨大存储空间的程序语言,更何况 IPL 的可阅读性也不尽如人意。鉴于以上种种原因,IPL 在现实中的应用也并不广泛。

IPL 虽然没有得到广泛的应用,但它在达特茅斯会议上引起了麦卡锡的注意。受此启发的麦卡锡开发了 Lisp 语言,而 Lisp 语言在问世后的几十年里得到了广泛的应用。虽然 IPL 已消失在历史的洪流中,但它的基本概念还是流传了下来。直到今日,许多较复杂的程序仍会用到 IPL 的基本概念。

司马贺于 2001 年 2 月 9 日去世,享年 85 岁。我们失去了一位多领域的

艾伦·纽厄尔
(Allen Newell)

对弈无所谓输赢

符号推理狂想曲在脑海中奏响

语音转换抑或 X 射线

终因渴望而扭转航向

十五、符号认知狂想曲：艾伦·纽厄尔

本文作者：张宇航

艾伦·纽厄尔（Allen Newell, 1927—1992），美国计算机科学家，人工智能的伟大先驱，与司马贺于1975年一起获得图灵奖，为通用处理语言与最早的人工智能程序的诞生作出了杰出贡献。

生活中的纽厄尔

纽厄尔的父亲罗伯特是斯坦福医科学校的著名放射学专家。尽管罗伯特在学术方面造诣深厚，但他似乎并不想在学术界潜心深耕，而更喜欢混迹于各式各样的社交场合。很有意思的是，虽然纽厄尔自认为与他父亲在这方面对比鲜明，但事实上他也是出了名的交际高手。他一旦有了一个新想法，哪怕在凌晨一点，也会"强迫"同事与自己"煲电话粥"，这一点已"远近闻名"。罗伯特因社交获取的优渥人脉资源也为纽厄尔提供了极其良好的教育环境——纽厄尔在斯坦福大学读本科期间就前往父亲朋友的实验室做X射线的研究，这难得的经历充分激发了纽厄尔对科研的热情。

童年的纽厄尔生活在圣弗朗西斯科，他每年暑假都会在父亲建造的小木屋里居住，因此他的初心是当一位护林员。16岁时，纽厄尔与妻子诺埃尔·麦克纳（Noel McKenna）情定终身，一到当地法定结婚年龄20岁就结为连理。他们彼此默默欣赏、相互扶持，这为纽厄尔心无旁骛地做科研提供了不小的助力。纽厄尔为了能有足够的时间陪伴家人，很多时候是在家中的计算机前完成科研工作。

纽厄尔的同事原以为他会把所有时间都投入科研工作中，没有闲暇去培养爱好。直到纽厄尔生命的末期，他们才知道纽厄尔每周六下午都会去看足球赛。纽厄尔在高中时是校足球队的主力，看比赛大概是在怀念自己在校队踢球的日子。

一往情深

纽厄尔是一位具有多重交叉学科背景的科学天才。他一开始在斯坦福大学学习物理，本科期间与一位研究生联合发表了关于 X 射线的论文，本科毕业后前往普林斯顿大学读数学研究生。在接触博弈论之后，他钻研纯数学的热情退却了，他更喜欢应用数学。纽厄尔希望能做自己真正喜欢的科研工作，便毅然离开普林斯顿大学，前往美国兰德公司研究组织理论①，也因此有缘遇到了接下来数十年亲密合作的伙伴——时任兰德系统研究实验室顾问的司马贺。虽然司马贺是纽厄尔名义上的博士生导师，但他们从未以师生关系相处。在多年的学术合作中，他们一起进行了超乎想象的开创性尝试，结下了深厚的友谊。

纽厄尔与司马贺可谓"一见钟情"（见图1）。一见钟情的基础自然是他们在过去几年各自储备的深刻洞察力与科技人格的高度契合。两人第一次会面谈了短短几分钟，都觉得彼此有着极其相近的观点和信念。例如，他们一致认为要将信息处理看作理解组织中人的行为的一条重要路径，要解决这个问题就必须有相应的决策语言。两人对彼此不吝赞美，司马贺盛赞当时 25 岁的纽厄尔具备成为科学家的一切素质，完全有资格在任何一所大学担任终身教授。

在司马贺眼中，纽厄尔幽默风趣、活力十足，这从一段纽厄尔在卡内基·梅隆大学发表演讲的珍贵视频中便可窥见一二。尽管纽厄尔和司马贺交情很深，但他们并不是天南海北、无话不谈，而只讨论工作中的发现与进展，或许对他们来说，科学就是生活的中心。纽厄尔是个十足的工作狂，他最喜欢的工作时间是晚上 8 点到次日清晨，那种需要熬夜完成的紧急工作往往会使他异常兴奋。

---

① 组织理论是人类在社会组织活动中，按照一定形式安排事务的理论。

图 1　纽厄尔（左）和司马贺

在兰德公司

纽厄尔在兰德公司做了 4 件事。一是研究组织理论，最终为供应科学提出了一种形式语言，并且为开发信息处理语言奠定了基础；二是做小组决策的实验使他意识到必须设置足够复杂的情况，才能从人们真正解决问题的行为中获取信息；三是对空军预警站进行全方位模拟，这使他对信息处理以及为决策过程建立模型更为重视；四是和肖恩一起编程计算连续的空中图片，这让他有了更为强大的计算机理论基础。

兰德公司会定期组织各领域的专家参加研讨会，为研究者提供梦寐以求的研究氛围。在 1954 年 9 月的研讨会上，林肯实验室的塞尔弗里奇介绍了一个可以识别字母的计算机程序，证明了用计算机是可以模拟人类识别这一复杂过程的。纽厄尔欣喜若狂，就在那一刻，他明白了构建一个复杂的智能系统是完全可行的，并确定了未来毕生奋斗的方向——通过符号模拟来理解人类思维。

奔着终极目标前进的纽厄尔势不可挡。研讨会后的几个月，纽厄尔写了一篇关于《国际象棋机》的论文，概述了计算机程序实现下棋所需的设计，并用谓词演算[①]的语言表达棋盘的信息。纽厄尔的目标不只于此，他还想通过"国际象棋机"更多地了解处理复杂度极高问题所必需的一些概念构想，希望通过更综合的符号化认知模仿人类思维的底层结构。

---

① 谓词演算是现代符号逻辑学的一部分，旨在系统化地证明涉及量词的谓词之间的逻辑关系。

渴望与偏航——渴望

"渴望与偏航"是纽厄尔于1991年在卡内基·梅隆大学做的回顾性演讲的题目。

1955年年初,纽厄尔选择到卡内基·梅隆大学工作,兰德公司尊重他的选择并让他担任兰德公司在匹兹堡的代理人。兰德公司安排肖恩与纽厄尔、司马贺合作,对国际象棋机进行编程,使其成为可运行程序并在计算机上运行,就这样,纽厄尔、司马贺、肖恩展开了接下来十年的密切合作。纽厄尔和司马贺约定每周六见面,对国际象棋机与通用解难器的问题畅所欲言、热烈讨论。纽厄尔经常从计算机语言出发思考,而司马贺经常从人类解决问题的模式和启发式搜索等方面建立思路。

时间来到1956年的达特茅斯会议,会上纽厄尔和司马贺展示了唯一一款可操作的人工智能程序——逻辑理论家。逻辑理论家的程序策略绝大多数由司马贺开发,纽厄尔和肖恩主要负责通过计算机语言进行实现,在合作开发过程中他们十分默契,总能理解彼此新想法的微妙细节。在逻辑理论家的编写过程中他们发现,由于计算机可用内存很小,并且程序在启发式搜索中创建的符号系统是不可预测的,使得程序无法提前为这些符号分配足够且合适的内存。为解决这个问题,他们模仿人类记忆存储与调用的方式,发明了信息处理语言,这样符号结构就不必存储于内存的一块连续区间,而是通过链表和指针,将分散在任意位置的信息联系起来。

机会总是留给准备充分且积极争取的人。达特茅斯会议结束后,麻省理工学院的无线电工程研究所负责对达特茅斯会议的成果进行总结,有人提议仅由约翰·麦卡锡一人完成总结报告。但由于逻辑理论家是达特茅斯会议上唯一一款可运行的人工智能程序,纽厄尔和司马贺自认为对会议作出了很大的贡献,便主动与会议主席协商,最终会议主席同意了让他们在总结大会上讲解逻辑理论家,"逻辑理论家"可以实际运行的事实及其整体架构由此为大多数计算机同行甚至计算机智能爱好者知晓。

1961年,纽厄尔、司马贺和艾伦·佩利(Alan Perlis,1922—1990)一起筹建了卡内基·梅隆大学的计算机系,这三人也被同事戏称为卡内基·梅隆大学计算机系的"三驾马车"。约瑟夫·特劳布(Joseph Traub)教授在撰写的回忆文章中写到,在"三驾马车"中,纽厄尔在建设和发展卡内基·梅隆大学计算机系方面起了最为突出的作用，倾注了近乎毕生的精力。卡内基·梅隆大学计算机系长久以来声誉极高，纽厄尔在发展计算机学科的同时，也致力于利用计算机科学的影响力改变学校所在城市的发展面貌，使匹兹堡成为可媲美硅谷的重要 IT 中心。

接下来的十几年，纽厄尔及其团队致力于推进与 IPL 类似的研究，以及克服此前模型的局限性和滞后性，具有代表性的成果是"有声思考协议"与"产生式系统"。

纽厄尔团队基于"信息处理是决策核心"的观点，在测试思维理论的过程中，发现无法获取之前提到的"足够复杂"的精确信息，纽厄尔由此想到让受试者思维可视化的一种有效方法，就是让他们边说话边思考，也就是所谓的"有声思考协议"，让头脑中的有声思维可处理。但必须证明这种有声思维可以客观地反映人的思维过程，他们为此开展了大量的实验，并开发了将声音编码为可处理的数据的技术。数年之后，纽厄尔尝试使该过程分析自动化，取得了阶段性成功。

通用解难器也存在不可忽视的缺陷——程序运行之后很有可能在子目标里迷失，从而无法返回到搜索的前几级，"产生式系统"为此而生，这也就是后来几乎每种编程语言便会有的 if-then 语句。纽厄尔团队在发现产生式系统可以作为最终解决方案来应对搜索中的控制问题后，接连开发出一系列此类语言，其中最出名的是 OPS5。此外，他们还开发了一套分散的系统——独立进程[1]，旨在将信息添加到公共内存并从同一内存中获取信息，共享内存的思想已被广泛应用于语音、图像识别等领域。

渴望与偏航——偏航

纽厄尔所做的一些工作虽然背离了理解人类思维的目标，却对人工智能的发展产生了重大影响，这些工作涉及计算机结构、语音识别、超媒体系统、人机交互等。他做这些并不是出于内心对科学的追求，而是出于对工作责任和人际关系的考虑。纽厄尔的格言是"偏航会发生，但要让它发挥功效"，他在 1991 年的回顾性演讲中介绍了自己的数次"偏航"。

第一次偏航。美国著名工程师戈登·贝尔厌倦了在数字设备公司和麻省理

---

[1] 独立进程是具有一定独立功能的程序。

工学院的工作，于 1966 年来到卡内基·梅隆大学计算机系。他当时正在写一本总结自己制造机器经验的书，于是把手稿给纽厄尔读了一章，纽厄尔认为他写得糟糕透了，于是开始帮助戈登编辑这份手稿——戈登是卡内基·梅隆大学的新人，纽厄尔作为"老人"必须对新人很友善，他为了防止出现不同重印版有过多科学符号而发明了指令集处理器语言与内存处理切换语言。

第二次偏航。美国国防部高级研究计划局（Defense Advanced Research Projects Agency，DARPA）想要设立一个指导委员会来指导研究语音识别，于是邀请纽厄尔担任该指导委员会的主席。纽厄尔本不想帮助 DARPA，但卡内基·梅隆大学的教授拉吉·雷迪对语音识别感兴趣，想参与这个项目，纽厄尔为了帮助雷迪，接受了邀请，并在 1970 年到 1976 年推出专著《计算机结构》与《计算机与数字系统设计》。

第三次偏航。纽厄尔的得意门生唐·麦克拉肯和乔治·罗伯逊对包含图形、视频的超媒体很感兴趣，纽厄尔尽管不喜欢超媒体，但还是帮他们一起开发了早期的超媒体系统 ZOG，ZOG 系统开创了超媒体信息的框架模型。

我们大多数人亦如此，或许内心深处长存一个尚未点燃的"渴望"，或许正迎着"渴望"的曙光奋力向前奔跑，但难料的世事总是让我们偏离心底的航向。也许是各种不得不完成的、不愿意做的"任务"，也许是害怕驶出舒适圈后悄无声息地沉没，也许是人情世故不得不让我们隐藏本色。但偏航后切勿不思进取，仍须努力，这样人生才有更多的可能性。

认知架构 SOAR

说回符号主义，纽厄尔和司马贺最基础的贡献是提出了"物理符号系统假说"。物理符号系统的元素是作为物理模型的符号实体，系统由符号以及符号结构和生成符号结构的过程组成，所以这个系统就是一个符号生成器。"物理符号系统假说"认为物理符号系统是通用智能的充分必要条件，即任何智能体都可以视作物理符号系统，而物理符号系统可以展现智能。"物理"这一限定词代表符号系统可以通过多种物理方式进行实体的实现。"物理符号系统假说"充分代表了传统认知科学与符号主义对于认知和智能的观点，但它后来也受到了联结主义的冲击。

人脑就可以看作一个物理符号系统，它用符号表示知识并按特定规则处理符号。如果通过研究可以理解人类认知所使用的规则和符号，让计算机按照同样的规则处理这些符号，就有可能创造出高度模拟人类认知的智能机器，而这与认知心理学的发展密切相关。纽厄尔逐渐开始怀疑，缺乏足够的实验样本证据到底是不是限制认知心理学进步的重要一环，并因此希望构建一个可以指导认知心理学发展的认知架构。

  认知架构是关于人类认知固定结构的一种假设，它是从认知心理学的层面设计的，既是一种认知心理学结构，也是一种基于实例的计算方法，便于研究者基于架构提出模型假设，并判断通过计算机模拟实现通用人工智能的可能性。纽厄尔生前的最后一个重大研究项目，是他和学生莱尔德、罗森勃洛姆一起完成的认知架构 SOAR。SOAR 的目标是开发通用智能代理所需的固定构建模块，这种智能代理可以执行很多任务并编码学习所有类型的先验知识，以实现诸如决策、问题求解、规划等智能。SOAR 已被用于开发多种智能代理，并被大规模应用，其中包括《星际争霸》《我的 世界》等游戏的智能代理。

  下面我们通过一个例子来说明使用 SOAR 解决问题的基本方法。图 2 演示了箱子移动问题，也就是通过移动箱子，将一开始随机放置的三个箱子移到期望的位置。

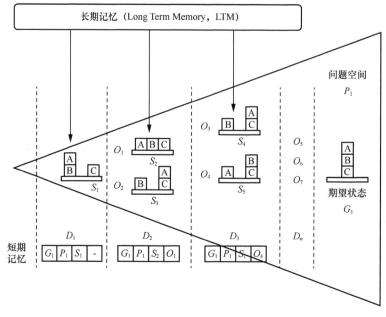

图 2　箱子移动问题

图 2 中的 S 表示当前箱子的位置信息；O 表示状态转移信息，这里的操作便是移动箱子。操作包括特定的前提条件及对应的行为，我们可以对操作进行评估并设置优先级以决定执行哪一个操作。状态与状态转移构成了箱子移动问题的"问题空间"。短期记忆用于存储临时信息，包括当前的环境、操作与期望目标，长期记忆用于存储记忆化的规则等信息。

但 SOAR 在执行这些操作的过程中常常会遇到僵局，导致状态转移操作无法完成。SOAR 的解决方案是在子状态中生成问题空间，即所谓的"自动子空间"，先在自动子空间中搜索并执行重新评价操作，而后将评价结果及对应的条件作为规则存储在记忆中，以后 SOAR 碰到相同条件时就可以直接作出决策而不必重新解决问题。这就是所谓的"经验探究"（Empirical Inquiry）。

1992 年，纽厄尔年仅 65 岁就因癌症结束了他求索的一生，一代人工智能的伟大先驱轰然陨落。他在生前的最后一次演讲中说，"要让最后的作品带你远航"，他不负自己所言，SOAR 就是带他远行到今天甚至未来的船。

参考文献

[1] SIMON H A, PYLYSHYN Z W. Allen Newell (1927—1992)[J]. Behavioral and Brain Sciences, 1992, 15(3): i-iv.

[2] SIMON H. 科学迷宫里的顽童与大师 赫伯特·西蒙自传 [M]. 陈丽芳，译 . 北京：中译出版社 , 2018.

[3] 庞娅莉 . 全球超级智库之一——美国兰德公司 [J]. 国际太空 , 2016, 6(11):59-65.

[4] TRAUB J F. A tribute to Allen Newell 1927—1992[J]. Communications of the ACM, 1992,35(12): 20.

[5] ROBERTSON G, MCCRACKEN D, NEWELL A. The ZOG approach to man-machine communication[J]. International Journal of Human-Computer Studies, 1999, 51(2): 279-306.

[6] JONES R M, LAIRD J E, NIELSEN P E. Automated intelligent pilots for combat flight simulation[J]. AI Magazine, 1999, 20(1): 27.

[7] 穆杨. 基于认知结构 SOAR 的机器人路径规划 [J]. 海军航空工程学院学报, 2019, 34(3): 297-302.

[8] NEWELL A, SIMON H. Computer science as empirical inquiry[J]. Communications of the ACM, 1976, 19(3): 113-126.

吴文俊

机器魔法棒已经造就

几何拓扑的星宿为你而亮

浮沉多年扭转局面

学术之外亦有精彩的生活

十六、我走我的路：吴文俊

本文作者：田世祚

吴文俊（1919—2017），中国数学家，主要研究领域涉及拓扑学和数学机械化等，为拓扑学做了奠基性的工作。

提到中国古代数学，我们大概马上会想到祖冲之、杨辉等人物，对贾宪三角[①]、勾股定理等成果津津乐道，也许还会产生一些疑问：在没有"公理化体系"这一近代数学基石的古代中国，数学是如何发展起来的，定理又是如何被发现的？

数学家吴文俊试图给我们一个答案。他精心研读了大量中国古代数学典籍，并从中概括出自己的观点：中国古代数学采用的是算法化、机械化的思想。不久后，他接触到了计算机，惊叹于计算机在数学研究方面的潜力。他同时受到中国古代数学的启发，萌生了"使用机器证明定理"的想法。

与国外自动推理的数理逻辑传统不同，吴文俊着眼于几何的代数化，对几何定理机器证明进行研究，并提出了求解非线性多项式方程组的"吴方法（Wu's method）"。"吴方法"成为自动推理领域的先驱性工作，使"定理机器证明"这一领域重新活跃起来。

使用数学方法进行演算推理，从而模拟人类智慧，也是人工智能符号主义的理念。本文将着眼于此，介绍吴文俊的工作及其应用价值。

---

① 贾宪三角由北宋数学家贾宪首创，是一个指数为正整数的二项式定理系数表。

生平概览

1919 年 5 月 12 日，吴文俊出生在中国上海的一个传统家庭里。这个沉默内敛的少年在家中藏书的陪伴下成长，对数学有浓厚的兴趣，后来就读于上海交通大学数学系，从此走上了数学研究的道路。1946 年，吴文俊被著名数学家陈省身引入拓扑学的殿堂，1947 年前往法国的斯特拉斯堡大学深造，1950 年与雷内·汤姆合作发表关于"Stiefel-Whitney 示性类"的论文，使拓扑学中的示性类理论臻于完善。

1951 年，吴文俊回国后着手进行非同伦性拓扑不变量的研究，由此引入示嵌类，后来又对策论、奇点理论、中国数学史等进行过研究。

1976 年，吴文俊开始定理机械化证明的研究，1977 年首次发表《定理机械化证明》的论文，1978 年发表《微分几何定理的机械化证明》。1984 年，由伍德罗·威尔逊·布莱索主编的刊物 Automated Theorem Proving: After 25 Years（《机器证明：25 年回顾》）收入了吴文俊的奠基性论文，吴文俊的机械化证明思想在国际上得到认可。此后吴文俊又多次参与自动推理、计算机代数、符号计算等方面的国际会议，并报告成果。他在几何定理自动推理方面的工作扭转了这一领域自赫伯特·格兰特开始研究以来进展甚微的局面。吴文俊使用计算机求解非线性代数方程组的方法在国际上被称为"吴方法"，已被广泛地应用于曲面造型、机器人机构的位置分析、智能 CAD（Computer Aided Design，计算机辅助设计）系统、机器人、图像压缩等领域。20 世纪 80 年代末，吴文俊提出了偏微分代数方程组的正序方法，被广泛地应用于微分几何定理的机械化证明和偏微分方程组的求解。

在数学史研究方面，吴文俊反对长期以来数学史研究中忽视中国古代数学，甚至认为"中国古代没有数学"的观点。他认为，中国古代数学与西方数学处理问题的准则不同。中国古代数学具有构造性、计算性、机械化的特点，也是一套富有生命力的系统，且这种"中国式数学"的思维方法在微积分、解析几何等概念的提出过程中起到了重要作用。吴文俊认为，在计算机科学兴起的时代，中国古代数学中的机械化思想也是一座不容忽视的宝库。

2017 年 5 月 7 日，吴文俊院士因病医治无效，在北京去世，享年 98 岁。

机器证明背景

机器证明在国外一般被叫作自动推理，是利用机械化的算法在机器上进行的数学证明。数学是人类智慧的结晶，用统一的方法成批地解决数学问题，是人类一直以来的梦想。20世纪电子计算机的兴起，让人们萌生了使用计算机进行推理、计算的想法。而使用机器模拟人类思想的想法，恰恰与人工智能的理念不谋而合。

数学是人类对事物的抽象结构与模式进行严格描述的一种通用手段。它与以实验为基础的物理、化学、生物等自然科学不同，是着眼于数量、结构、变化、空间以及信息等概念的形式科学。它的研究对象不是真实世界，而是以定义和规律为基础的形式系统。

在数学理论的发展历史上，最具有标志性的事件当数公理化方法的发明。

大约公元前3世纪，希腊哲学家和逻辑学家亚里士多德提出了逻辑推理的"三段论"。"三段论"由大前提、小前提、结论三部分构成。譬如如下推理："人是会死的，而亚里士多德是人，所以亚里士多德会死。"其中，"人是会死的"被称为"大前提"，"亚里士多德是人"被称为"小前提"，"亚里士多德会死"则是"结论"。人类的经验告诉我们，在大前提和小前提成立的条件下，结论必然成立；"大前提"具有一般性，"结论"具有特殊性，这种由一般推出特殊的推理方法被称为"演绎推理"。进一步地，亚里士多德以"三段论"为基础，提出了历史上第一个成文的公理系统。

同一时期的数学家欧几里得受到三段论的影响，编撰了数学史上的重要著作《几何原本》。《几何原本》给出了诸如点、线、面等概念的定义，提出了不证自明的5条公设和5条公理，严格按照演绎推理的模式推导出了其他结论，使几何学成为一套完整严密的演绎体系。"三段论"让我们确信，这些结论必然是正确的，因为我们显然能确保推导出它们的前提——公设和公理都是正确的。世界各国现行的中学几何教材，基本遵从和《几何原本》相同的演绎推理形式。

近代数学的研究广泛地应用了公理化方法，形成了庞大、严谨的学科体系，如经典力学中的牛顿三大定律，也可以看作一套公理化体系。

那么，如此精密的公理化体系是否就是完美的呢？不是的。虽然公理化体系意义非凡，但它的缺陷也是很明显的。比如对于平面几何，每一条定理的证明虽然由"三段论"保证了正确性,但是它的"巧妙逻辑"往往与人类的常规思维不相适应。人类即便用自己引以为豪的智慧完成了 100 个证明,在第 101 个证明面前也仍然可能束手无策;同时,一个看起来朴素而显然的结论,演绎推理常常冗长而乏味,譬如《几何原本》就在一些直觉上明显正确的命题证明上花费了大量的篇幅,这也不符合人类的思考习惯。为此,曾有人尝试探索能够证明或证伪所有命题的"万能公式",试图用一种通用的解题方法,解决大多数甚至全部数学问题。虽然"万理一证"的"黄金法则"很可能并不存在,但在探索过程中也有意外的收获,自动推理便是其中之一。

肇始、发展与冷落

数学家们在通用化、机械化解题方法的寻找上进行了不懈的努力。17 世纪,笛卡儿发明了坐标系,实现了几何的代数化,著有《探求真理的指导原则》一书,设想将一切问题归为数学问题,再将一切数学问题归为代数问题,并希望有固定步骤可循的代数演算能够代替精巧而不可捉摸的演绎证明;随后莱布尼茨在历史上首次给出二进制的运算,并设想了推理机器;19 世纪末,大卫·希尔伯特发展了数理逻辑,出版了公理化体系的代表之作《几何基础》,其中有一条与机械化相关的定理(尽管希尔伯特本人没有直接表述出来,也许他尚未意识到这一点)——初等几何中只涉及从属平行关系的定理证明可以机械化。至此,公理化体系已经近乎完善。

但是在 1931 年,数学家库尔特·哥德尔提出了不完备性定理:任何一个形式系统,只要包括了简单的初等数论描述且是自洽的,它就必定包含某些系统内所允许的方法既不能证明为真,也不能证明为伪的命题,即存在无法证明真伪的命题。无法判定真伪的命题自然也无从谈起如何机械化证明,这一定理彻底粉碎了希尔伯特用形式逻辑建立数学大厦的蓝图,也给自动推理泼了一盆冷水。

到了 20 世纪 40 年代,电子计算机的出现使得"推理机器"的设想重新燃起了希望。1957 年,艾伦·纽厄尔和赫伯特·西蒙(中文名为司马贺)研制出"逻辑理论家"这一数学定理证明程序,证明了罗素与怀特海合著的《数学原理》中包括的 52 个定理中的 38 个。

尽管全部数学的机械化证明无法实现,但是在几何与代数领域,机械化证明仍然存在希望。

现在流行的几何自动推理方法可以分为三类：以赫尔布兰特理论及归结法为代表的逻辑方法、以艾伦·纽厄尔和赫伯特·西蒙等人为代表的人工智能方法、以阿尔弗雷德·塔斯基理论为代表的代数方法。吴方法属于第三类方法。

20世纪50年代，阿尔弗雷德·塔斯基证明了初等几何和代数范围的命题都可以通过机械方法来判定，并提出制造一台专用于证明代数和几何定理的证明机。在计算机上尝试证明定理始于19世纪50年代末赫伯特·格兰特等人的经典工作，但是这些算法过于烦琐，以至于不能证明那些有意义的几何定理。直到1975年，能用计算机判定非平凡几何命题的有效算法仍无法找到。

而在塔斯基提出"定理证明机"设想后的20年，到了20世纪70年代末，吴文俊提出了基于代数计算的"吴方法"。这是第一个可以有效证明困难几何定理的方法，将自动推理的工作大大推进了一步。

吴文俊的工作

吴文俊提出的方法，与自动推理领域常见的基于数理逻辑的方法不同。前者基于"Ritt零点分解原理"，首先引进坐标，把假设和结论写成坐标间的代数关系，分别称为假设方程和终结方程，这一过程叫作几何的代数化；然后对假设和结论进行整理，将假设方程整理为某种特殊形式，称为"三角化"；最后，通过代表假设的多项式关系将终结多项式中的坐标逐个消去，若消去的结果为零，则表明定理正确，这种方法被称为"带余除法"。

机器证明简介

关于机器证明的"吴方法"，我们可以举一个例子来说明其大意：证明平行四边形的对角线互相平分（见图1）。

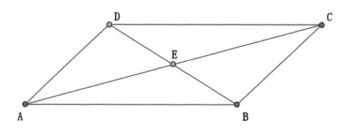

图1　平行四边形的对角线互相平分

第一步，通过坐标将几何问题转换为代数问题。

条件
$AB//CD \Leftrightarrow A(0,0), B(u_1,0), C(u_2,u_3), D(x_1,u_3), E(x_3,x_2)$
$AD//BC \Leftrightarrow (u_3-0)(u_2-u_1)-(x_1-0)(u_3-0)=0$
点E在边BD上 $\Leftrightarrow x_2(x_1-u_1)-u_3(x_3-u_1)=0$
点E在边AC上 $\Leftrightarrow x_2u_2-x_3u_3=0$
结论
$EA=EC \Leftrightarrow x_3^2+x_2^2=(u_2-x_3)^2+(u_3-x_2)^2$

在这里，u_1、u_2、u_3 是独立的变量，它们可以任意取值。

x_1、x_2、x_3 是受限制的，它们的值在 u_1、u_2、u_3 的值确定了之后，也会跟着确定下来。

我们利用平行的条件，在设坐标时采用了简化的方法。实际的"吴方法"在设坐标时可以不借助 AB 平行 CD 的条件。

第二步，通过代数运算对条件和结论进行简化，也就是进行"三角化"。

条件
$f_1(x_1) = u_2 - u_1 - x_1 = 0$
$f_2(x_1,x_2) = x_2(x_1-u_1-u_2)+u_1u_3 = 0$
$f_3(x_1,x_2,x_3) = x_2u_2 - x_3u_3 = 0$
结论
$g(x_1,x_2,x_3) = u_2^2 - 2u_2x_3 + u_3^2 - 2u_3x_3 = 0$

其中，f_1、f_2、f_3 称为"假设方程"，g 称为"终结方程"。

简化的过程就是进行简单的加减消元，在此略去，感兴趣的读者不妨一试。

重点在于，通过简化，我们把条件中原来的三个式子变形成了三个新的式子。简化后的式子有明显的特点：f_1 只包含 x_1，f_2 只包含 x_1 和 x_2，f_3 则包含 x_1、x_2 和 x_3（实际上包含 x_1 的项的系数为 0，但这并不影响接下来的步骤）。可以看到，这三个式子在未知数的分布上恰似线性代数中的"下三角矩阵"。在接下来的步骤中，我们将看到这三个简化的式子是如何对证明结论起作用的。

第三步，对想要证明的多项式进行"带余除法"。

计算 g 除以 f_3（为了避免分式的出现，可以计算 u_3g 除以 f_3，这不影响结果），计算过程如下所示。

$$\begin{array}{r}2u_2\\[-3pt]-u_3x_3+u_2x_2{\overline{\smash{\big)}\,-2u_2u_3x_3-2u_3^2x_2+u_2^2u_3+u_3^3}}\\[-3pt]\underline{-2u_2u_3x_3+2u_2^2x_2}\\[-3pt]\left(-2u_2^2-2u_3^2\right)x_2+u_2^2u_3+u_3^3\end{array}$$

$$u_3g = -2u_2u_3x_3 - 2u_3^2x_2 + u_2^2u_3 + u_3^3,$$
$$f_3 = -u_3x_3 + u_2x_2$$
$$\Rightarrow u_3g = 2u_2f_3 + R_3,$$
$$R_3 = \left(-2u_2^2 - 2u_3^2\right)x_2 + u_2^2u_3 + u_3^3$$

在这里，我们把 g 和 f_3 都看作关于 x_3 的多项式，而暂时把其他的变量看作常数，从而得到 $u_3g = 2u_2f_3 + R_3$。可以看出，得到的余项 R_3 中已经不含 x_3 了。

接下来把 R_3 和 f_2 看成关于 x_2 的多项式，重复上面的步骤，再次进行除法运算，得到 $(x_1 - u_1 - u_2)R_3 = (-2u_2^2 - 2u_3^2)f_2 + R_2$。最后把 R_2 和 f_1 看作关于 x_1 的多项式，得到 $R_2 = -u_3(u_2^2 + u_3^2)f_1 + R_1$。"凑巧"的是，最后一次除法运算得到的余项 R_1 恰好为 0。

$$c_3g = q_3f_3 + R_3$$
$$c_2R_3 = q_2f_2 + R_2$$
$$c_1R_2 = q_1f_1 \quad \text{（原本为 } c_1R_2 = q_1f_1 + R_1\text{，由于 } R_1 = 0\text{，这里省略了 } R_1\text{）}$$

由 $R_1 = 0$ 可以推导出 $g = 0$，终结方程成立。原因如下：对于上面的三个式子，把第三式中的 R_2 解出，代入第二式，再将第二式中的 R_3 解出，代入第一式，就会得到 $c_1c_2c_3g = a_3f_3 + a_2f_2 + a_1f_1$，其中 a_1、a_2、a_3 是一些多项式。也就是说，g 可以写成 f_1、f_2、f_3 的"线性组合"。已知条件告诉我们，f_1、f_2、f_3 均为 0，因此 $c_1c_2c_3g = 0$。在 c_1、c_2、c_3 都不为 0 的条件下（这很容易保证），可以得到 $g = 0$，这就是我们所需要证明的结论。于是，"平行四边形对角线互相平分"为真命题。

在"吴方法"的三个步骤中，最核心的一步是"三角化"。三角化的理论基础是代数几何的"Ritt 零点分解原理"，它可以将一般形式的代数簇分解为"三角列"的形式，从而使很多形式变得更容易计算。进一步地，"吴方法"也可以推广至微分几何、非欧几何、仿射几何、非线性几何等领域。

在吴文俊设计出这种方法的时代，这种判定方法只要利用普通的微型计算机，在合理的时间（如几小时）内就可以完成。可以说，在对定理的证明能力和证明效率上,"吴方法"取得了空前的成就。

机器证明的应用

阿尔弗雷德·塔斯基从理论上说明了初等几何的证明是可以机械化的,并且据此提出了制造判定机的设想,但是他的机械化方法过于复杂,用当时的计算机很难实现。1976 年,许多人做了多次的用计算机证明定理的实验,但在初等几何领域,得到的成果不过是"近于同义反复的儿戏式的定理",以至于出现"依靠机器 100 年内也未必能证明出多少有意义的新定理"的悲观看法(这并不意味着计算机无法证明新定理,如四色问题于 1976 年在计算机上得到解决。不过此证明中计算机只是辅助工具,与具有通用性的机械证明有质的区别)。

然而,仅仅数年之后,吴文俊就利用自己的机器发现了"新"定理(所谓"新"是指许多人不知道,不易在文献中找到,真正完全是新的),例如在帕普斯定理[①]中,将其中一条直线上的三个点的下标重排,可以得到 6 条帕普斯线,其中三条交于一点,另外三条交于另一点。此外,对于帕斯卡定理,机器还能找出二次曲线上的 6 个点怎样组合才能使产生的两组一共 6 个帕斯卡点位于同一条二次曲线上。当时使用的 HP9835A 计算机是台式计算机,存储容量为 256KB,运行的时候只用了 100KB,计算速度大约是每秒 3000 次加法,证明帕斯卡二次曲线定理只需 60 小时左右。相较于得到的证明成果,所消耗的时间微不足道。

现在,"吴方法"已经被应用到国际上非常流行的符号计算软件 MAPLE 中。中国科学院数学机械化重点研究室开发了具有证明几何定理、求解微分方程、6R 机器人模拟等功能的数学机械化自动推理平台,周咸青、高小山、张景中等学者合作开发的教学研究软件"几何专家"也纳入了"吴方法"作为机器证明几何定理的一种方法。

"吴方法"实际上给出了方程符号求解的一般方法,其所给出的非线性多项式方程组求解的方法是求解代数方程组精确解最为完整的方法之一。相比数值计算,符号计算可以给出完全的精确解。利用"吴方法"可以给出极值求解和不等式证明的新算法。

---

① 帕普斯定理:若有共线的 3 点 A_1、A_2、A_3 和另外共线的 3 点 B_1、B_2、B_3;则 A_1B_2、A_2B_1 的交点 P_1,A_2B_3、A_3B_2 的交点 P_2,A_3B_1、A_1B_3 的交点 P_3 也共线。

此外,"吴方法"还被用于解决力学、物理学、化学,以及机器人、连杆设计、计算机视觉等领域的多种问题。机械臂抓取物体涉及各部件旋转等参数的方程求解,而方程求解正是"吴方法"的优势所在;在计算机视觉中,使用立体视觉方法恢复景物的三维形态是重要的课题之一,"吴方法"可以用于图像处理和空间场景的计算;"吴方法"还被成功用于物理学领域的"杨-米尔斯方程"与"杨-Baxeter方程"的求解。可以说,"吴方法"在诸多学科领域都"大显神通"。

人物评价

第 14 届国际自动推理大会对吴文俊的评价如下。

"吴文俊在自动推理界,以他于 1977 年发明的定理证明方法著称。这一方法是几何定理自动证明领域的突破。

"几何定理自动证明首先由赫伯特·格兰特于 20 世纪 50 年代开始研究。虽然得到了一些有意义的结果,但在'吴方法'出现之前的 20 年里这一领域进展甚微。在不大的自动推理领域,这种被动局面是由一个人完全扭转的。吴文俊很明显是这样一个人。

"吴文俊的工作将几何定理证明自动推理的一个不太成功的领域变为最为成功的领域之一。只有很少的领域,我们可以将机器证明归于一个人的工作。几何定理证明就是这样的一个领域。"

被动的选择

吴文俊祖籍浙江嘉兴,后来举家迁往江苏青浦朱家角。因为父亲吴福同在上海做编译工作,吴家又搬到了上海。1919 年 5 月 12 日,吴家长子吴文俊出生了。

因弟弟不幸夭折,心怀愧疚的父母格外照顾吴文俊,甚至不允许吴文俊离开他们的视线范围。童年的吴文俊常常静静地一个人在家里,与家中的藏书为伴,形成了沉默寡言、独立好思的性格。大量的阅读使吴文俊对文史兴趣浓厚,这可能为他后来研究中国古代数学史打下了基础。

高中时的吴文俊非常喜欢物理。当时他认为物理是认识世界的重要学科,数学只是学习物理的重要工具，因此必须通过物理而不是数学来认识世界。但是，一次物理成绩的满分让物理老师认为吴文俊物理成绩出色是因为数学基础扎实。于是校方指定吴文俊报考南洋大学（现上海交通大学），并认为吴文俊只有报考数学系才能得到每年的奖学金。奖学金对于家境并不宽裕的吴文俊来说，能够在很大程度上解决生活问题，于是吴文俊只得放弃自己喜爱的物理，选择了数学。

时隔多年，对于校方的做法，吴文俊依然"有些许不满"，他对记者说："我学数学是被动的。我的物理考得特别好，物理老师认为他出的题目很难，我考得好是因为我数学比较好，我是偶然经过校长室时听到的。于是校长决定把一个奖学金给我，但是我必须考上海交通大学的数学系，如果考上了马上就给我奖学金，所以我就去考上海交通大学的数学系了。因为我要是没有这个奖学金，家里的条件不够供我读大学，那时候学费是很高的……我个人比较喜欢物理，我到现在还是这个样子，不过现在物理学不起来了……假定我是搞物理的，我相信我在物理方面一定也可以搞出东西。"

蛰伏与转折

1937 年，吴文俊进入上海交通大学后不久，日本攻占了上海。但吴文俊通过艰苦努力修完了大学 4 年的学业。毕业后，他在朋友的介绍下，在育英中学找了一份教员的工作——虽然他性格内向，不善言辞，而且这份工作的薪水十分微薄。1941 年珍珠港事件爆发后，吴文俊因为不愿屈从于日本人的奴化教育，失去了教书的工作。1940—1945 年，动荡的生活似乎让吴文俊研究数学的愿望完全淡化了。

然而，对于吴文俊来说，他只是暂时地离开数学。1946 年，数学荒废了 5 年的他，在条件具备之后又立刻重新回到了数学的殿堂，并拜访了数学家陈省身，这成了影响他一生的命运转折点。

吴文俊评价陈省身时说："陈先生给我的一个印象——我想这在全世界的数学家里也是少见的——就是他总能很简单地，在很短的时间里，把你送到学科发展的最前沿。这在国外也很少有人能够做到这一点。我在陈先生那里，很快就知道了当时正处在发展之中的数学的最前沿，我想我是非常幸运的。"

吴文俊在追随陈省身学习的一年多时间里，完成了对惠特尼对偶定理的证明。对于这个定理，惠特尼本人的证明极其复杂，而吴文俊给出了一个简洁且富有新意的证明。这一证明经陈省身推荐，成功在普林斯顿大学的《数学年刊》上发表。

1947 年，法国的几所高校招收中法留学交换生。吴文俊在好友赵孟养的劝说下，参加了考试并获得了留学资格。陈省身建议吴文俊前往法国斯特拉斯堡大学学习，并向当时正在斯特拉斯堡大学任教的 H. 嘉当写了推荐信，得到了 H. 嘉当的回应。H. 嘉当是法国著名数学家 E. 嘉当的长子，他多次获得过罗巴切夫斯基奖和巴黎科学院颁发的奖金。

可惜的是，H. 嘉当当时被调到巴黎大学了。吴文俊只好换了一位导师，也就是埃瑞斯曼。然而，"塞翁失马，焉知非福"，吴文俊发现埃瑞斯曼的研究方向和陈省身是一致的，这意味着他可以继续推进自己在陈省身那里时的研究。如果吴文俊当时选择研究代数几何、层论和同调代数的 H. 嘉当，那他就必须从头开始学习。但是选择埃瑞斯曼作为导师为他节省了大把时间，很快，吴文俊在 1949 年通过了论文答辩。

"兴师问罪"

吴文俊专注于研究拓扑学中的重要内容之一——示性类。有一次，他得到一个结果：三维 Stiefel-Whitney 示性类等于零。在埃瑞斯曼的指导下，吴文俊将过程写出来，并在《法国科学院周刊》上发表。这个问题的解决，在拓扑学界引起了不小的震动，吴文俊的证明受到了英国拓扑学家怀特黑德的赞扬。但是，当时的拓扑学权威霍普夫对吴文俊的成果表示怀疑，并亲自来到斯特拉斯堡"质问"吴文俊。最后，吴文俊当面向霍普夫解释了这一问题，成功地使霍普夫认可了这一结论。

1949 年秋，吴文俊被 H. 嘉当邀请到巴黎的法国国家科学研究中心，和自己一起做研究工作。H. 嘉当的一些指导给吴文俊后来研究数学机械化打下了基础。

梁园虽好

"朋友们！梁园虽好，非久居之乡。归去来兮……为了国家民族，我们应当回去……"1950 年，华罗庚给中国留学生写下一封公开信，号召海外的莘莘学子回国建设新中国。

1951 年 7 月，吴文俊告别巴黎，舟车辗转返回阔别 4 年的上海。

对于吴文俊回国的决定，他的两位导师的看法正好相反。H. 嘉当对吴文俊表示鼓励，希望吴文俊可以找到一批年轻人在他周围发展数学。埃瑞斯曼则劝吴文俊留在法国，法国无论是物质条件，还是科研条件都优于当时的中国，留在法国，吴文俊很可能作出更多成绩。

对于自己选择回国的原因，吴文俊在获得首届国家最高科学技术奖时，给出了这样的回答："出国留学，学业有成之后回国是天经地义的，当时大家都这样做，这是非常自然的，又有什么特别的考虑呢？"

1953 年，吴文俊在亲属的安排下，认识了陈丕和。两周之后两人便结婚了。

陈丕和是典型的贤妻良母，几乎承担了家中的全部家务，使吴文俊能够全神贯注地进行数学研究。此外，她还帮助吴文俊整理资料，为吴文俊的研究事业提供了不小的助力。

转变方向

回国之后，吴文俊继续拓扑学研究，在 1954 年提出拓扑不变量"吴示嵌类"。他在法国的导师对他作出这一出色的成绩感到十分惊讶。

1958 年，吴文俊所在的中国科学院数学研究所的研究室解散重组，变成了"联系实际"的数理学部、微积分部、逻辑与计算机部、应用运筹学部。吴文俊只好放下拓扑学，进入运筹学领域。在新的领域，吴文俊仍有所建树，他首次在国内引进"对策论"并进行相关研究，发表了两篇关于博弈论领域的非合作对策的论文。

1961 年，学术界发生了变化，基础理论研究再次受到重视，吴文俊重新拾起他的拓扑学研究，继续完成示嵌类的工作，进行了关于奇点理论的研究。

1962 年，吴文俊再次转向。他开始了当时在国内几乎是一片空白的代数几何领域的研究，并作出了一些成果。

1971 年，吴文俊被调到北京无线电一厂工作。在那里，他才真正接触到计算机。吴文俊对计算机的高效率和强大算力感到惊讶。这件事启发了他后来进行数学机械化的研究。

数学史研究

1975 年，中国科学院数学研究所的数学研究无法继续下去，于是时任中国科学院系统科学所所长关肇直提出，是否可以考虑学习中国古代数学。于是吴文俊开始了他的中国数学史研究。

吴文俊在查阅大量的图书和原始资料后，逐渐了解了中国古代数学，并对之产生了浓厚的兴趣。他认为，中国古代数学是构造性、算法性的数学，和以《几何原本》为代表的古希腊公理化的数学有很大的不同。他不赞同使用现代数学的方法来证明中国古代数学的问题，而是尝试按照古人当时的思路去推理，只运用当时已有的知识来解决问题。例如，吴文俊根据史料认为，几何定理的证明应该基于相似勾股形的命题或者与之等价的出入相补原理，并且据此还原了刘徽的日高公式等定理的古代证明。1975 年，他以"顾今用"（寓意古为今用）的笔名发表了第一篇关于中国古代数学的文章，名为《中国古代数学对世界文化的伟大贡献》。

走自己的路

不久后，吴文俊就走上了数学机械化的道路。当时国外的机器证明的大多数结果是失败的，但吴文俊认为，中国数学要进步，就要做开创领域的工作。起初没有计算机的时候，他自己动手算，成功用"吴氏计算机"证明了费尔巴赫定理以及其他几个有名的几何定理。

数学机械化起初并不被所有人理解，甚至数学研究所内部也有质疑的声音。有的人认为，数学是依赖于人类思维的学科，使用计算机进行数学证明完全是离经叛道，不能算作数学；有的人虽然承认机器证明，但认为国际上的自动推理使用的都是数理逻辑的方法，便质问吴文俊为什么不像国外一样走数理逻辑的道路。吴文俊回忆，自己当时就发火了，说："为什么外国人搞数理逻辑，我就非得搞数理逻辑？外国人搞的，我就不搞；外国人不搞了，我就搞。"吴文俊是一个非常执着、有个性的人，他不会跟在别人后面亦步亦趋，而是喜欢做一些不一样的事情。

研究数学机械化期间，时年 58 岁的吴文俊从零开始学习计算机编程语言。他自己上机，用 Basic 编制了四五千行的证明定理的程序。他一开始学习的是汇编语言，后来又学习高级语言，从 Basic、ALGOL 到 Fortran，非常辛苦，但也非常成功。

老顽童

吴文俊兴趣广泛，即使到了耄耋之年也仍有童心。他在香港参加研讨会期间，到游乐园去坐过山车，把同事们都吓了一跳；在泰国参加亚洲计算机数学研讨会期间，他骑在大象鼻子上留影。关于自己的生活态度，吴文俊是这么说的："很多人老是纳闷我为什么精神一直都很好。其实也没有什么秘诀，我是个想怎样就怎样的人，想玩就玩，想工作了就会安安静静地工作，从不多想。我信奉丘吉尔的一句话，能坐着就不站着，能躺着就不坐着，要让生活尽量轻松平淡，不要被无谓的烦恼干扰。"

荣誉与身后事

2010 年，经国际天文学联合会小天体命名委员会批准，国际编号为 7683 的小行星被永久命名为"吴文俊星"，这位数学大师的名字被永远地记录在了一颗小行星上。

2011 年，中国人工智能学会发起设立"吴文俊人工智能科学技术奖"。"吴文俊人工智能科学技术奖"是依托社会力量设立的科学技术奖，具备提名推荐国家科学技术奖资格，被誉为"中国智能科学技术最高奖"，代表国内人工智能领域的最高荣誉。吴文俊对我国人工智能的发展一直高度关注，与中国人工智能学会理事会同仁结下了深厚的学术友谊。以吴文俊的名字来命名这一奖项，也是对他在我国人工智能研究领域开拓先驱这一身份的肯定。

2017 年 5 月 7 日，吴文俊院士因病医治无效在北京不幸去世，享年 98 岁。

结语

吴文俊的学术之路是与国家和民族密切相连的。这不仅仅因为他的一份爱国情怀，也因为他对我国的数学发展寄予了殷切的期望。

吴文俊选择回国时，埃瑞斯曼表示反对，认为吴文俊留在法国会有更好的生活和科研环境，更容易作出成绩；而 H. 嘉当则赞成，他认为，吴文俊可以在中国聚集一批年轻人进行数学研究，并推动数学发展。吴文俊留学时的几个师兄弟后来拿到了数学界的最高奖项——菲尔兹奖。如果吴文俊留在法国继续研究，也许也能获得菲尔兹奖，但是吴文俊对此并不感到遗憾："没有拿到菲尔兹奖，这是小事情……对中国古代数学的认识，如果没有国内的经历，我不可能做到……我最自豪的就是，我把中国古代数学认识清楚了。比起其他成绩，这是我最骄傲的事情。因为我是第一个认识到中国古代数学真实价值的人。"

吴文俊在国内曾多次获奖，对此，他在高兴的同时也表示了自己的担忧："对一个国家的科学发展而言，稍作出成绩，就被大家捧成英雄，这个现象不是好事情，甚至可以说是坏事情……要是在一个领域，发现有十个八个研究人员的工作都非常好，无法判定谁是英雄，那才说明我们发展了、进步了。"

吴文俊最为突出的成就主要体现在三个领域：拓扑学、中国古代数学研究、数学机械化。按照吴文俊自己的说法，没有拿到菲尔兹奖，相较于认识清楚中国古代数学，是"小事情"。由此可见，如果让吴文俊给自己的学术成就排个序，想必他会把中国古代数学研究排在第一，而把拓扑学排在第二，至于数学机械化，恐怕只能排在最后。

2019 年，丘成桐教授在中国科学技术大学的一次主题为"数学历史大纲"的讲座上曾说，中国的数学史过于关注考古，集中在中国古代数学的断纸残章上，对世界数学发展的潮流并不清楚。1953 年，斯威策[①]写信给爱因斯坦，问他怎么看待中国古代的科学，爱因斯坦在回信中提到："西方科学的发展以两个伟大的成就为基础，它们分别是希腊哲学家发明的形式逻辑体系（在欧几里得几何学中），以及通过系统的实验有可能找出的因果关系（文艺复兴）。"由此可见，没有发展出欧几里得式的数学，是古代中国没有发展出近代科学体系的重要原因。

而按照吴文俊的观点，研究中国古代数学最重要的意义，不在于研究过去的中国数学究竟有何成就，而在于思考中国古代数学如何参与我们的现实和未

---

① 斯威策是一位美国科学史学家。

来，即如何做到古为今用。吴文俊在数学史方面的思考，也成为他后来投身于数学机械化研究的一个动因。

吴文俊对中国文化的自信和自豪，即使是生活在条件更好的当下的我们也难以企及。在计算机科学大行其道、人工智能研究盛行的当下，机械化、算法化的中国古代数学是否会像吴文俊所希望的那样，给人工智能的发展带来更多灵感和启发，我们尚且无法知晓。但无论未来如何，正如吴文俊所说，在"体力劳动机械化"中，中国没能赶上时代，而在"脑力劳动机械化"的时代，我们不能错过这个机会。希望中国在这一次的人工智能浪潮中能够站在世界的前沿，为人工智能的发展作出能够青史留名的贡献。

参考文献

[1] Wu's Home[EB/OL]. http://www.mmrc.iss.ac.cn/~wtwu/main6.html, 2000.

[2] 吴文俊. 吴文俊论数学机械化 [M]. 济南：山东教育出版社, 1996.

[3] 柯林娟. 吴文俊传：让数学回归中国 [M]. 南京：江苏人民出版社, 2009.

罗森布拉特
(Rosenblatt)

年轻有为的传奇

感知机赋予你张扬与浪漫

生命的诘难与逝去

并未让真正的明珠蒙尘

十七、神经网络的问世：罗森布拉特

本文作者：井晨哲

弗兰克·罗森布拉特（Frank Rosenblatt, 1928—1971），美国著名计算机工程师，康奈尔大学博士，从事计算机、人工智能的研究，发明了代表神经网络起源的感知机。

"年轻的父亲"

20 世纪 50 年代，在美国的一间研究室里，一台笨重的 IBM 704 计算机前挤满了人。站在最前面的研究员郑重地将一组打孔位置不同的卡片输入这台 5000 千克重的机器后，目不转睛地盯着。这台机器不停地尝试对这组卡片进行分类，时间在流逝，房间里一片安静。终于，第 50 次尝试结束后，打孔位置不同的卡片被鲜明地分成两组。这名研究员笑了，像一位年轻的父亲看到了自己蹒跚学步的孩子。

这位"年轻的父亲"就是"神经网络之父"——弗兰克·罗森布拉特，一个应该为人熟知却名声不显的传奇人物。而这台笨重的机器正是神经网络的起源——感知机。

"它是人类大脑有史以来第一个真正的对手"。当时美国知名杂志《纽约客》对感知机如此评价说。如今看来，该评价极其富有洞见性。21 世纪初，人工智能不仅在围棋领域战胜了人类，更是深刻地改变着人类社会的方方面面。而这深刻变革的源头，正是半个世纪前那间不起眼的研究室里，罗森布拉特对梦想执着的追求。他说："创造像人一样的机器，一直是科幻小说中最吸引人的部分。然而,我们即将见证这样一台机器的诞生——一台摆脱了人类控制和训练而能够自动学习识别周遭环境的机器。"(见图1)伴随着这伟大的构想,人类已经不知不觉间走过半个世纪的征程。

图1　罗森布拉特与感知机

传奇的问世

1928年,罗森布拉特出生于美国纽约郊区的一个医生家庭里。他打小就接受了良好的教育,高中求学于赫赫有名的布朗克斯科学高中——一所出过8位诺贝尔奖得主、6位普利策奖得主和两位图灵奖得主的美国著名高中。罗森布拉特聪慧过人,成绩优异,高中毕业后进入康奈尔大学读社会心理学,轻而易举地拿到博士学位,并在读博期间接触到了计算机领域的研究工作。恰逢此时,脑神经科学与计算机技术产生了最为浪漫的邂逅,罗森布拉特由此产生了上文中的想法,并一发不可收。

1956年注定是不平凡的一年。这一年,人工智能的开山大会——达特茅斯会议隆重召开,"人工智能"的概念正式出现在大众的视野之中。虽然罗森布拉特也受邀参与了这次会议,但那时专注于让机器向人脑靠拢的他并非大会的主角,甚至难有发言的机会。尽管如此,罗森布拉特还是因为人们对人工智能展现出来的巨大热情而大受鼓舞。1957年,罗森布拉特的"感知机算法"问世;1959年,"感知机"的硬件"马克Ⅰ型计算机"出现在美国海军研究实验室的新闻发布会上。正是这台重达 5000 千克的机器,实现了机器的自主学习,宣布了"神经网络"的真正到来,也将罗森布拉特与联结主义学派推上了时代的风口浪尖。

我们大部分人对感知机一无所知,这也难怪,日新月异的电子技术总是变着花样讨人们的欢心。对于当时的人来说,感知机的存在就如现在的"量子计算机"一样几乎家喻户晓,却又神秘至极。

感知机的原理(见图 2)其实不难理解,但在介绍感知机的原理之前,我们需要了解一个神经学概念——"赫布法则(Hebb's rule)"。简而言之,就是存在两个神经细胞 A 和 B,当它们同时被激活时,它们会加强彼此间的联系,激活的概率越高则联系越强,激活的概率越低则联系越弱。虽然从严格意义上来讲,神经细胞 A 与 B 的激活有先后顺序之分,但此处并不影响我们的理解。

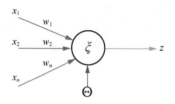

图 2　感知机的原理

而在感知机上,存在着"输入层"和"输出层"两个部分。如果想利用感知机识别图片(见图 3),则只需要将一张图片分成 400 个像素(20×20 的正方形),赋予每一个像素一个数值 x,比如根据灰度区分为 0 和 1。此时按照顺序排列这 400 个数值,就可以成功地将一张二维图片压缩到一维。

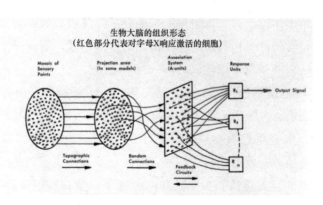

图 3　用感知机识别图片

对于这 400 个数值，给它们分别赋予一个权重 w 并相乘，然后求和，得到加权和 y。再将 y 输入阈值函数进行判断，输出得到最终结果 z。到了这里，有一定线性代数基础的读者可能已经发现，这其实完成了一个 $y = wx$ 的线性映射，并对 y 进行检测，根据它是否满足我们预先设置好的条件来进行判定，最后将判断的结果输出。通过以上过程我们就可以完成识别字母或数字的简单工作（输出 1 表示是，否则表示不是），识别的依据就在于不同数字或字母的像素特征具有差别。如果想用它来识别 10 个阿拉伯数字的话，就需要完成一个通过 4000 个不同权重关系链接而成的网络，称为"神经网络"。

理论上，我们需要随机赋予感知机一个权重作为初始权重，并使用大量的数据进行训练，即对感知机输入一组数据，并对其认知结果进行肯定或否定。在这个训练过程中，一旦一个像素值有确切的证据被认定为不属于某个数字的特征，其在这个数字的判别系统中的权重就会降低，反之则被调高。如此一来，只要不同数字具有不同的特征，感知机就可以正确识别出其完全没见过但符合特征的样本，从而输出正确答案。从某种意义上，这就像人脑在进行判断：我们无法确切地描绘每一个数字与众不同的特征，但我们基本可以快速识别出数字，而无论笔迹是否为我们所熟知。这种认知泛化的可能性，使人们看到了神经网络极具前景的成长能力。

而罗森布拉特的感知机就是这么一个由计算机组成的人工神经网络，其中的感光单元通过导线连接到计算机。搭载罗森布拉特开发的"感知机算法"。这台计算机在经过多次训练后，就能够准确地识别出卡片的左右之别。尽管感知机背后的原理并非那么难以理解，但你要知道，在那个计算机还没有真正进入人们生活的时代，出现"能像人一样作出感知判断"的机器仿佛天方夜谭。感知机和同时代的一些人工智能成就一起，推动着人们对人工智能的热情迅速升温，人工智能的春天正洋溢着勃勃生机。

万事开头难，感知机的横空出世显然给人工智能的发展开了一个好头，联结主义学派一时间门庭若市、风光无两。没有学者愿意放弃在新领域的开拓机会，争先恐后地投入人工智能的怀抱。研究立项如雨后春笋，在人们的欢呼中破土而出。无数的论文见诸各大期刊，一点点的突破都能登上各类报纸的头版头条。当时，人工智能的新成果接连涌现，整个社会迷醉于学者们和记者们勾勒出的光明未来，美国、英国都有针对人工智能的极为宽容的投资环境：投资人甚至不在乎研究的方向，只要研究的是人工智能就来者不拒，给予资助。

感知机的缔造者罗森布拉特本人也成为当时世界学术舞台上冉冉升起的新星。各大报刊争相报道他的研究，美国海军研究办公室也对他"宠爱有加"，即刻拨发 10 万美元研究经费。《纽约时报》称："这是一场革命""不出一年，机器便可以学会阅读和写作"，并列出"海军新设备可以边做边学"等骇人的标题。罗森布拉特对此还不满意，亲自动笔在《纽约时报》上发文，提出了"未来会出现能像人一样有感觉、能认知、会回应的机器"的大胆预言。

在学术领域，1962 年，罗森布拉特还写了一本书，名叫《神经动力学原理：感知机和大脑机制的理论》，他在其中详细、系统地总结了其研究成果，并探讨了感知机的无限可能，集联结主义学派之大成，这本书曾一度被称为"神经网络学的圣经"。充裕的资金、巨大的名望，推动着罗森布拉特一步步走上了联结主义"教父"的神坛。比尔·艾斯纳曾在罗森布拉特的公司做程序员，他说："我们有一个想法，正在做一些颠覆性的计算。我们很荣幸有机会融入这项伟大的事业。"罗森布拉特在世人心中的地位可见一斑。

凛冬将至

"福兮祸之所倚，祸兮福之所伏"，中国的古语在罗森布拉特身上再次得到应验。作为后起之秀，罗森布拉特对感知机的鼓吹和个性的张扬使得业内相当多的学者对他颇有微词，甚至联结主义学派的人都对其难有好感。感知机的发展还有着大量的问题留待解决。这些都为罗森布拉特的悲剧埋下伏笔。

正当罗森布拉特享受着名利双收的美好人生时，人工智能界一场巨大的风暴悄然而至。

在多重诱因的驱动之下，最先跳出来向罗森布拉特发难的是人工智能界的符号主义学派重量级人物明斯基。用罗森布拉特的话说，明斯基是一位"忠诚的反对派"。明斯基作为一名文质彬彬的学者，甚至在一次学术会议上和罗森布拉特就感知机究竟有没有未来针锋相对，激烈争吵，最终不欢而散。

其实他们两人也颇有渊源，明斯基是比罗森布拉特大一届的高中学长，他们至少有两年时间在同一所学校上学。更为巧合的是，明斯基早先属于联结主义学派，就连博士毕业论文也与此有关。然而他丝毫未念及同门之情，甚至决定从根本上毁灭罗森布拉特的学术之路。在学术上的坚持和情感上的憎恨双重作用之下，明斯基来到麻省理工学院，找到了志趣相投的西摩·佩珀特教授。

二人通力合作，着手从数学和逻辑上证明罗森布拉特的感知机具有重大的局限性。

学者之间的争执终将上升到学术的高度，1969 年，人工智能发展史上的最富争议之作《感知机：计算几何学导论》（见图 4）横空出世，明斯基在书中大力批判感知机的局限性，尽管那些局限性如今看来或许有些微不足道，比如逻辑中的"异或问题"在多层神经网络之下解决起来没有任何困难，但此书对当时的人工智能界，尤其对联结主义学派造成了根本性的动摇：如此简单的问题都解决不了，感知机的未来怎么能有指望呢？在该书中，明斯基丝毫不掩饰自己对罗森布拉特的憎恨，甚至在书的扉页上指名道姓，称其学术成果绝大部分不具有科学价值。其实感知机的缺陷并非什么秘密，罗森布拉特本人应该对此也略知一二，毕竟事物的发展初期总有各种各样的问题。但问题以这样具有敌意的方式提出，既是对罗森布拉特的当头棒喝，同时也是对其行业信心的沉重打击。

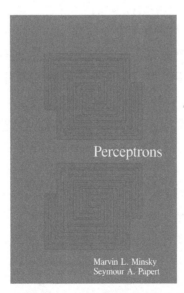

图 4 《感知机：计算几何学导论》的封面

秋风顿起，一切已经渐渐有了冬日的凛冽。

人工智能事业的发展起起伏伏，有着一条铁律：人们总会对其发展持有一种过于乐观的估计，而当科学家最初夸下的海口无法实现时，质疑便会接踵而至，甚至酿下信任崩塌的恶果。

明斯基的攻讦就像一场暴风雨，迅速催生了一场席卷人工智能界的海啸。罗森布拉特面对社会的质疑，也束手无策，联结主义学派人人自危。说实在话，罗森布拉特本人也真的不讨同行欢心，在明斯基的攻讦中竟孤立无援，甚至联结主义学派内部也鲜有人替他发声，昔日的明星瞬间失去了公众的宠爱，潮起潮落，何其悲也！冷静下来的各大机构重新审视人工智能的成果，发现与预期相去甚远，一时间纷纷撤资。人工智能四面楚歌，大量项目被迫终止，经费冻结。学者们纷纷另谋生路，人工智能溘然进入寒冬。

十分遗憾的是，罗森布拉特没能熬过这场寒冬。1971年7月11日，罗森布拉特在美国切萨皮克湾随游船悄悄出海，就再也没有回来。

而这一天，恰好是罗森布拉特43岁的生日。

罗森布拉特的离开在让人唏嘘的同时，也确实值得思考：是学术上的失败让他心灰意冷而丧失斗志，从而选择一了百了？还是在出海之前也曾对镜徘徊踟蹰良久，对神经网络的未来仍然抱有期许和热忱才不慎落水？据他以前的学生奥布莱恩描述："罗森布拉特即使损失了一年数十万美元的研究资金，似乎也仍然安然自若，旁人感觉不到他的痛苦。更让人感到奇怪的是，对于感知机的失利，他表现得就好像不是当事人一样。"我们无法得知这是坚强者的隐忍，还是乐观主义精神。但无论如何，这次挫折都是对罗森布拉特的致命打击。

历史总是充满着巧合，彼时恰恰是《感知机：计算几何学导论》出版满一年之际。明斯基悄然从《感知机：计算几何学导论》的再版中删去了那些很难称得上"得体"的言论，并在书的扉页上手写了"纪念罗森布拉特"的字样。令人欣慰的是，后来随着联结主义学派再次崛起，2004年，电气电子工程师学会设立了罗森布拉特奖，用于奖励那些在神经网络研究方面作出杰出贡献的人，罗森布拉特的光辉终究还是没有湮没于历史的浪潮之中。

逐梦星空

时势造英雄，英雄也受困于时代。不知道罗森布拉特看到如今神经网络起死回生、欣欣向荣会有何感想？诚恳地说，当时的感知机只有一层神经网络，感知机的能力实在难登大雅之堂。而如今的深度学习模型有数百万层神经网络之多，这数百万层的神经网络仍然遵循着感知机的基本原理，这足以证明罗森布拉特在半个世纪前的洞见和智慧。

每个时代都会有倔强的先行者，哪怕不为时代接受和理解。万幸的是，历史不会忘记"筚路蓝缕"的先驱。罗森布拉特就是那个走在时代前面的先驱，他哪怕只再多活 30 年，也可以亲眼见证联结主义重新自信地回归舞台的中央，甚至可以继续追逐自己的梦想，亲手将神经网络带往更遥远的未来，而不会在心灰意冷中怀着一腔委屈与偏执，含恨而终。

有人会问："罗森布拉特如果不从事人工智能会有什么样的成就？"答案是：天文学家。

据罗森布拉特的学生回忆：罗森布拉特与他们在实验室的后院建了个天文台。天文台地基用的砖石大多是罗森布拉特亲手制作的。他还发明了一种观测天体运行的新方法。

《康奈尔纪事报》的一位记者，基于罗森布拉特对天文学的热忱，总结了他的一生：罗森布拉特是真正的逐梦者，而当梦想抵不过夜的漫长时，他选择同梦共眠于夜的星光下。

人工智能群星闪耀，罗森布拉特虽走得匆忙，却如流星，璀璨地划过那片他曾日夜仰望的星空。

参考文献

[1] HEBB D O. The organization of behavior: A neuropsychological theory[M]. London: Psychology Press, 2005.

[2] LEFKOWITZ M. Professor's perceptron paved the way for AI–60 years too soon[J]. Cornell Chronicle, 2019, 6(3):31-36.

[3] ROSENBLATT F. The perceptron: a probabilistic model for information storage and organization in the brain[J]. Psychological Review, 1958, 65(6): 386.

[4] 周志明. 智慧的疆界：从图灵机到人工智能 [M]. 北京：机械工业出版社，2018.

[5] 尼克. 人工智能简史 [M]. 北京：人民邮电出版社，2017.

艾弗拉姆·诺姆·乔姆斯基
(Avram Noam Chomsky)

丰富的心灵

智慧的内核

攀登的是句法之树

也是对知识和真理的永恒追求

十八、真正的知识分子：艾弗拉姆·诺姆·乔姆斯基

本文作者：邹箫桐

艾弗拉姆·诺姆·乔姆斯基（Avram Noam Chomsky，1928—），美国著名的语言学家、哲学家，宾夕法尼亚大学学士、硕士和博士。

初识乔姆斯基

你面前的这位老者，年过九旬，白发苍苍，戴着一副大大的方框眼镜，颇有智者风范。

此时老者正侃侃而谈。他讲话声音不大，语调深沉稳重，但有些吐字不清。你发现身边的每一个人都在全神贯注地聆听，唯恐遗漏他的一字一句、一提一顿。

这位老者便是艾弗拉姆·诺姆·乔姆斯基。作为一名学者，年迈的他可谓功成名就：他从20世纪50年代起陆续提出具有革命性的语言学理论，这些理论如今已经成为人工智能自然语言处理的基石。此外，他基于语言学的视角，在心理学、哲学等方面都有建树。

在笔者看来，乔姆斯基的人生经历极为精彩。这不仅是因为他非凡的成就，更因为遍布于乔姆斯基的生命历程之中，由他的每一个革命性理论或批判性评论所瞬时激起的一层层支持与反对并存的巨浪，为他的人生增添了传奇色彩。

接下来，笔者将从乔姆斯基的生平和学术研究切入，希望能同读者一道走进这位伟大人物的内心世界。

巨擘的影子

乔姆斯基独特的早年经历，似乎预言了他在未来数十年所能展露的学术天赋。

1928 年 12 月 3 日，乔姆斯基诞生于美国宾夕法尼亚州的费城。他的父母都是犹太裔移民：全家在 1913 年由乌克兰移民美国，父亲担任费城一所学校的校长；他的母亲在另一所学校担任教师。

年少的乔姆斯基表现出了聪颖的天资和不凡的研究学习能力。事实上，在乔姆斯基童年的学习经历中，他不仅通过自主学习发展自己的兴趣，而且有非常出色的学习成绩。可以说，这一切完全符合人们对一个学术巨擘所应有的童年的想象。

1945 年，乔姆斯基进入宾夕法尼亚大学学习，但他一直对学业提不起什么兴趣，甚至一度打算退学，去追求自己的兴趣。与乔姆斯基兴趣相投且熟识的语言学家哈里斯（结构主义语言学开山鼻祖）劝他尝试一下理论语言学。

经哈里斯的点拨，乔姆斯基的学术兴趣终于被激发出来，并且在语言学界一鸣惊人。1952 年，乔姆斯基发表了自己的第一篇学术论文"语法分析系统"，之后又出版了《句法结构》《语言理论的逻辑结构》等著作。

乔姆斯基的著作和理论所具有的开拓性和重要性，可以通过几件相关的轶事得到印证。乔姆斯基的第一篇学术论文《语法分析系统》并没有发表在语言学期刊上，而是发表在数理逻辑领域最权威的《数理逻辑学》期刊上，由此可见乔姆斯基对语言的处理是充分结构化、理论化、逻辑化的；他的著作《句法结构》仅仅是一本一百多页的、内容十分浅显易懂的小册子，却被誉为"20 世纪理论语言学研究上最伟大的贡献"。乔姆斯基在哈佛大学访学期间收到了征兵通知，但是获得博士学位可以免去兵役，于是他向宾夕法尼亚大学提交了当时还未完成的《语言理论的逻辑结构》的一章，宾夕法尼亚大学在 6 个星期内授予了乔姆斯基博士学位。如今，乔姆斯基著作的被引用量在所有人文领域学者中排在前 10 位，与莎士比亚等比肩。

乔姆斯基的语言学理论到底是什么呢？为了回答这一问题，我们得从乔姆斯基的理论诞生之前讲起。

在乔姆斯基的理论诞生之前，语言学领域最盛行的是行为主义语言学。行为主义有一个著名的实验——巴甫洛夫的狗：让狗每次吃饭时都听到铃声，久而久之，就算没有食物，它听到铃声时也会流口水。行为主义语言学对于语言学习的理解和这个实验十分相似：婴儿每天听到身边的人说话，久而久之，也就学会了语言。也就是说，人生下来是一张白纸，孩子们的语言学习本质上是对外界语言刺激的一种反射。

行为主义语言学似乎有实验的证据作为支撑，但是相较于其他动物，人类的行为是高级而又极其复杂的，尤其是人类的语言功能。用理解动物行为的理论来解释人类复杂的语言现象，是不是有点太草率了呢？

这时候就该乔姆斯基登场了。他反对行为主义的解释，认为在研究人类这样一个复杂物种时，必须先作出如下假设：人类的大脑中存在一种观测不到的实体，这种实体对人类各种复杂的行为负责。基于这个假设，乔姆斯基认为存在一种实体对语言能力负责，因此人生下来并不是一张白纸，而是已经拥有了某种语言能力，或者说某种语言机制，我们可以将其理解为一种适用于所有语言的"普遍语法"：人类先天地掌握了这种"普遍语法"，并在日后的学习过程中，以这种"普遍语法"为基础，学会各种语言中平常说话所使用的表层语法——美国的孩子会英语，中国的孩子会中文，虽然学会的语言不同，但本质上都以共同的"普遍语法"为基础。

乔姆斯基接下来的任务就是找到这种"普遍语法"。1957年，乔姆斯基出版了《句法结构》一书，就"普遍语法"提出了他最早的革命性理论——"转换生成语法"。此后几十年，乔姆斯基不断地更新和完善自己关于"普遍语法"的理论。从20世纪50年代的"转换生成语法"，到70年代的"扩展标准理论"，再到80年代的"管辖与约束理论"和90年代的"最简原理"，乔姆斯基提出的这些理论都是对"普遍语法"的探索和设想。

我们不妨以"转换生成语法"为例来简单理解一下乔姆斯基的理论。从字面上看，这个理论有两个最基本的概念——"转换"和"生成"，我们可以把它们分开来理解。

"生成"或者说"合并"，指的是我们从单词得到语句的过程，比如句子"A person is working on the biography"可以被分为一个名词短语（NP）和一个动词短语（VP）：

A person (NP); is working on the biography (VP)

我们接着可以对句子做进一步分解。例如，NP 可以再分为冠词和名词，VP 则可以再分为动词和另一个名词短语，直到句子被分解为一个个单独的词汇为止。这样当我们得到一个句子的"词汇库"后，就可以进行逆向操作，通过上述规则选择不同的词汇，放到不同的位置并按层级"组装"，最后得到一个正确的句子。"转换生成语法"中的"生成"指的就是这种从单词生成语句的能力。我们可以简单验证一下"生成"的语法符不符合"普遍语法"的要求：所有语言中都有词语、词组、语句这样几个层级，也就有了上述"组装"的过程，所以"生成"确实是有可能适用于所有语言的。

但是你可能发现了，这个规则不就是我们日常所说的主谓宾之类的吗？确实，上述语法和传统语法相似，相应地就会存在比较复杂而只能就事论事的具体现象，对人类普遍的语言现象解释性不强。所以乔姆斯基又提出了全新的"转换"语法。

我们可以对"转换"与小学时学过的"把"字句和"被"字句的转换进行类比："一个蓝衣服的人把一个苹果吃了"与"一个苹果被一个蓝衣服的人吃了"。从"把"字句得到"被"字句的过程，就体现了"转换"语法的作用——我们发现这种转换与"一个蓝衣服的人""一个苹果"的内部结构无关，我们完全可以把情形推广到"A 把 B 吃了"。这样"转换"语法就简洁并且普适了很多。当然，"转换"语法中还有很多更复杂的复合转换情形，读者如有兴趣还可以进一步了解，基于"转换生成语法"理论构建的语法树如图 1 所示。

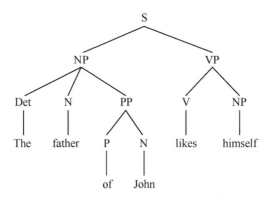

图 1　基于"转换生成语法"理论构建的语法树

总的来说,"转换生成语法"就是将人类天生的"普遍语法"理解为"转换"和"生成"这两种能力。乔姆斯基从提出"转换生成语法"开始,就一直在探求更简洁、更普适的"普遍语法"。比如他在 20 世纪 80 年代提出了"管辖与约束"理论,尝试将语法转换为原理和参数,从而用更数学化的方法理解"普遍语法"。直到现在,90 多岁高龄的他仍没有停下追求"普遍语法"的脚步。

乔姆斯基的语言学研究还涉及心理学、认知学、哲学等领域,因此他掀起的这场语言学革命也对多个领域有着多方面的影响。例如,从儿童发展到言语知觉,从神经系统到遗传基因,乔姆斯基的理论激发了众多学者开拓语言学研究的全新领域,并从全新的角度探索人类行为。现在看来,乔姆斯基作为被引用量与莎士比亚等先贤比肩的学者,的确名副其实。

乔姆斯基与人工智能

如果"普遍语法"的假设是成立的,那么当我们掌握了"普遍语法"的规律后,岂不是也可以让计算机借助"普遍语法"像人类一样学会一门甚至多门语言吗?于是,一些科学家把乔姆斯基的语言学理论和人工智能联系在了一起,进而推动了人工智能在自然语言处理领域的发展。

但是,如今的自然语言处理技术不是基于乔姆斯基的理论来实现的,而是选择用海量的数据去训练计算机。毫无疑问,用海量数据训练出来的计算机相较于教会计算机"普遍语法",并不是真正意义地学会了一门语言,而仅仅处于"知其然而不知其所以然"的阶段。如果我们能找到这样一种"普遍语法",并且成功地把这种语法教给计算机,则不仅意味着以后自然语言处理会省去用于海量数据训练的大量人力、物力以及时间,更意味着我们真正实现了人工智能,真正造出了一个天生就拥有"普遍语法"能力的"计算机小孩"。

"知其然而不知其所以然"正是乔姆斯基对如今的人工智能研究持批评态度的原因。乔姆斯基承认现在的人工智能已经在海量数据的训练下取得了许多应用上的巨大成就,但他认为这并不是人工智能应当追求的终极目标。对人工智能的研究应该致力于真正实现和人类一样的"智能",而不是只需要用更高级的算法和数据处理技术来实现更好的应用即可。但目前人工智能在应用上取得的成果反而吸引着科学家们都去研究如何更好地应用人工智能,而放下了对

"智能"本质的研究，放下了他们的科学追求。当然，相较于人工智能的应用研究，想要理解"智能"的本质进而制造"智能"确实更加困难，但乔姆斯基的观点提醒我们，想要实现真正的人工智能，就必须"返璞归真"，回到对人类智能本质的深入探索上。

知识分子的责任

显然，乔姆斯基对人工智能在语言上的发展是持批判态度的。这与他的社会责任心是密不可分的。

他在写于 1966 年的一篇文章《知识分子的责任》中指出："知识分子有责任说出真相，戳穿谎言。"他认为知识分子是书写历史的人，所以应当对社会有一份去伪存真的担当。

乔姆斯基把这种社会责任感当作自己的人生准则，不懈地践行着。他之所以对当下的人工智能持批判态度，是因为这与人工智能的终极目标背道而驰。他希望通过一些方式、方法使机器具备思维能动性，而不是片面地加大算力和存储能力，从而推动人工智能向更完善的方向发展。这样的学术观点充分体现了乔姆斯基对人民、对社会、对世界的热忱和关切。

但是乔姆斯基遭遇了此起彼伏的反对声，这情景，他早有预料。所以他依然义无反顾地凭借自己批判性的思考勇敢地发声，逆流而上，走在时代的前列，因为他坚信这是一个知识分子的责任。

结语

可能在许多人眼中，一位学术大师应当沉着稳重、谦虚和蔼、谨言慎行，但乔姆斯基绝非如此。各位读者，当你们初次接触乔姆斯基精彩的人生故事时，是否会因此而感到好奇，从而希望更多地了解这位不同寻常的学者？这便是乔姆斯基人格魅力之所在。

参考文献

[1] CHOMSKY N. A special supplement: The responsibility of intellectuals[J]. The New York Review of Books, 1967, 6(5): 23-26.

[2] CHOMSKY N. Syntactic structures[M]. Berlin: Mouton de Gruyter, 2002.

[3] PINKER S. The language instinct: How the mind creates language[M]. London: Penguin UK, 2003.

[4] 尼克. 人工智能简史 [M]. 北京：人民邮电出版社, 2017.

[5] 陈嘉映. 简明语言哲学 [M]. 北京：中国人民大学出版社, 2013.

道格拉斯·恩格尔巴特
（Douglas Engelbart）

"离经叛道"的增智构想

鼠标与演示的横空出世

一步步实现的宏伟心愿

点滴展现在今人的生活中

十九、构筑人机交互的梦：道格拉斯·恩格尔巴特

本文作者：赫奕铭

道格拉斯·恩格尔巴特（Douglas Engelbart，1925—2013），美国发明家，人机交互领域先驱。

"人机交互"领域大师道格拉斯·恩格尔巴特自20世纪60年代初期便在人机交互领域作出了许多开创性的贡献。他发明的鼠标、视窗、在线编辑系统、可共享屏幕的远程会议、超媒体、新的计算机交互输入设备等应用几乎遍及每台计算机。他的一生既是造梦的一生，也是追梦的一生。

梦的开始

1925年1月30日，恩格尔巴特出生在俄勒冈州波特兰的一个小农场里。

4年后，席卷全球的经济危机爆发，他的家庭陷入窘境。更雪上加霜的是，他9岁时父亲去世。一系列的沉重打击让恩格尔巴特养成了坚强的性格。

1942年，他考上俄勒冈州立大学，并因对新兴雷达技术产生浓厚兴趣而选择电气工程专业。但此时美军在太平洋战场上战事吃紧，刚刚读完大一的恩格尔巴特放下学业，入伍成为一名海军雷达技师。战场上的惨烈场景与战线后方的压抑气氛在他心里留下了很大阴影。

幸运的是，日军很快投降，将他从投身战场的恐惧中解救出来。但他未能如愿以偿地回到家乡，而是被派遣驻守菲律宾的一个小岛。

驻守的生活枯燥乏味，但正是在这里，恩格尔巴特找到了启发人生目标的巨大灵感。一天，他在岛上的图书馆中偶然读到了物理学家范内瓦·布什的一篇文章，其中提出了建造一台机器以提高人类处理问题的效率和能力的想法。恩格尔巴特深受启发，自此，梦想在他的脑中扎根。

一年后，他结束驻守任务回到学校继续学业，在 1948 年获得电气工程学学士学位。随后，他前往旧金山的艾姆斯研究中心任职于机电部门。然而电气工程师的工作完全无法带动他的激情，他在艾姆斯研究中心工作的三年里，几乎一无所获。但是在一次民间舞会上，他结识了自己未来的妻子蓓拉德。

订婚当天，恩格尔巴特突然发现自己已经完成了此前确定的所有人生目标。当时是 1950 年 12 月，恩格尔巴特只有 20 岁，他想找到一个新的方向并进行开创性的研究。

他很快就想到了以电子计算机的形式实现范内瓦·布什建造能够辅助人类工作的机器的想法，并将其称为"智能增强"（Intelligence Augmentation，后文简称"增智"，具体内容见"增智构想"部分）。

追梦之路

确立目标后，恩格尔巴特意识到为了将构想变成现实，他需要学习计算机知识。在了解到加州大学伯克利分校正在建造冯·诺依曼架构的计算机时，他毫不犹豫地报考了加州大学伯克利分校计算机系。

1956 年，恩格尔巴特博士毕业后留校担任助理教授。但他很快发现，教学需要他投入全部的时间和精力，让他根本无暇考虑自己的梦想。通用电气研究实验室和惠普公司都曾向他伸出橄榄枝，但在听到他所学的专业是电子计算机和数字计算后，都毫不犹豫地拒绝了他。他在辗转多家研究所却四处碰壁后，只能孤军奋战。他说服一对富人兄弟资助自己成立了"数字技术公司"。然而，当公司试图以制造高技术电子设备的商业模式发展时，恩格尔巴特意识到自己还是难以放弃制造"增智"机器的最初梦想，几经辗转，他最终把求职方向转向人工智能实验室，而这把他引向了斯坦福国际研究院。

恩格尔巴特与面试他的人谈论起创造能与人交流的计算机的构想。

"这个想法你跟多少人说过？"面试官问。

"你是我告诉的第一个人。"他回答。

"好，现在你不要再告诉别人了。这个想法听起来很离奇，会引起别人的反对。"面试官说。

于是恩格尔巴特闭上了嘴。

一路下来，他得出结论：如果老老实实地做好电气工程的项目，说不定就可以换来几分自由来推进自己的构想。

1959 年，固态电子技术问世，掀起了电子元件微型化的浪潮。恩格尔巴特很快意识到计算机行业将迎来一场革命，制约计算机发展的存储设备和运算能力在不久的将来都将得到解决。这让他更加坚定了追逐自己梦想的决心。

1960 年，恩格尔巴特开始构思"增智框架（Augmentation Framework）"。然而，实现这一梦想中的系统还需要大量的财力与物力。在恩格尔巴特四处奔走争取资助时，其他计算机科学家却不理解，他们将"增智"描述为平平无奇的信息处理。

1962 年 10 月，恩格尔巴特向美国空军提交了《增进人类智识的概念框架》（Augmenting Human Intellect：A Conceptual Framework，后文简称《框架》）的总结报告，完整地阐述了自己的构想。

1964 年，他得到了来自美国国家航空航天局的资助，着手组建"增智研究中心（Augmenting Research Center，ARC）"，建造第一台样机。

增智构想

在《框架》中，恩格尔巴特系统地论述了增强人类智能的方法。

首先，他总结了生活中人们解决问题和增强能力的一般方法。

人类个体具备一些基本能力，为了解决复杂的问题，人类个体会以间接方式利用自己的基本能力：一方面，人们将复杂问题分解为许多可以解决的小问题；另一方面，人们组织和编排自己的基本能力以完成力所能及的小问题。

同时，人类能力的增强不是通过大跨度的学习与训练完成的，而是通过有组织或有序的步骤实现的，每个步骤都取决于之前的步骤。例如，要想撰写新闻稿，就要学会采访及写作；而要想写作，就要学会使用笔。

因此，人类能够通过不断学习和训练来获得解决更复杂问题的能力。恩格尔巴特将这种扩展人类能力的方式称为增强手段，具体分为如下 4 种。

（1）人工制品——被设计用于提高人类舒适感，辅助人类操纵物品或材料，以及操纵符号的物理对象。

（2）语言——用概念来描述世界的方式，以及操纵这些"概念"时使用的符号。

（3）方法论——个人以目标为中心行动的方法、程序、策略等。

（4）训练——人类将解决问题的上述技能发挥到有效程度所需的条件。

你可能觉得上面的描述过于费解，下面举个简单的例子。假设一个人想要找到一种比步行更快地到达另一地点的方法，那么他不仅需要有汽车这一"人工制品"，还要有相应的"概念"来描述汽车的零件和操纵指令，以及具有操控一辆汽车的方法，最后经过训练才能驾驶汽车到达目的地。

恩格尔巴特将训练有素的人，以及人工制品、语言、方法视为一个整体，称作"人机系统"，人与机器以协作关系在系统中联系。

生物学中的"协同作用"是指各种分散的作用通过联合使总效果优于单独的效果，此处同样适用，人类只要增强系统中的机器部分（即图1中的"Artifact Processes"），就可以增强人类的智能。

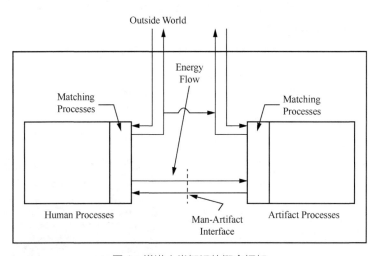

图1　增进人类智识的概念框架

注：Matching Processes=匹配进程，Human Processes=人工进程，Outside World=外部世界，Energy Flow=能量流，Man-Artifact Interface=人机界面，Artifact Processes=机器进程。

为了使某种工具能够真正增强人类解决问题的能力，就要提高该工具的易用性。在恩格尔巴特看来，让当时庞大复杂的计算机"对用户友好"是实现增智构想的关键，他在《框架》中写道："……计算机世界也应实现类似的进化。

我们现在还处于大型计算机时代，所有运行都是预先安排确定的，但我们很快会进入计算机新型应用的时代，用户可以自由地操作计算机来实现自己的目的……为此，我们应当修改控制系统来适应人类的能力。"于是，他计划开发出方便人们输入、修改并允许多个用户编辑同一文档的新系统，这就是在线编辑系统。

发明鼠标

恩格尔巴特在带领团队设计在线编辑系统时，越发感到传统指令输入操作不便，便想创造一种定位器以简化计算机的操作。他发现已有的能够实现类似功能的工具——光笔、拉杆和跟踪球等，都不能让他满意。一次偶然的机会，他看到工程人员使用测面仪来获取不规则图形的面积，便根据测面仪的特点构想出定位器的模样。

大约在 1963 年，他设计出一款带轮子的鼠标原型。然而，此时增智团队刚刚组建，已经为购置实验设备花了大笔启动资金，他为此焦头烂额，根本无暇将鼠标的蓝图变成现实。

一年后，团队情况好转。于是，他请工程人员先制作一个木质盒子，再将滚轮、电位计和一根线一股脑塞进去，便成了世界上的第一个鼠标（见图 2）。这个最原始的鼠标结构非常简单：一个木壳子套着两个金属滚轮，两个轮子互相垂直转动，一个廉价的塑料开关通过一根电线和计算机相连。在工作时，它先通过轮子带动轴旋转，从而改变电位器的数值并向外输出位置信号，再经过计算机处理后，就可以控制屏幕上的光标进行移动了。

然而，当时较为规范的个人计算机还未出现，得到成功应用的计算机以追求运算速度的大型机为主，鲜有人关注操作是否灵活、显示是否直观。用鼠标

图 2　世界上的第一个鼠标

控制计算机的概念过于超前，在个人计算机尚未普及的年代毫无用武之地，其商业化发展更是举步维艰，一度陷入停滞状态。

1972 年，施乐公司的帕洛阿尔托研究中心（Palo Alto Research Center，PARC）研制出第一台具有图形界面，可以称为个人计算机的 Alto，并为其配备了鼠标。这台计算机操作异常便捷，却因造价高昂难以量产，鼠标也因此被再度埋没。直到 1983 年，苹果公司发布个人计算机的新机型 Lisa，鼠标才得到大规模的应用，而那时恩格尔巴特已将专利卖给了苹果公司。

关于"鼠标"这个生动形象的名字的由来，有一段有趣的故事。恩格尔巴特刚刚发明鼠标时，认为自己的这个发明在未来将会得到广泛应用，于是他想出了一个极其专业且准确的名字——"显示系统 X-Y 位置指示器"，并在 1967 年 6 月 21 日，用这个名字为这一发明申请了专利。但是在实验室里，恩格尔巴特的同事对这个拗口的名字不太满意，他们根据这个简陋设备的外形将其称作"鼠标"。多年之后，当鼠标真正流行时，"显示系统 X-Y 位置指示器"这个专业且复杂的名字并没有流传开来，反而实验室使用的戏称不胫而走。

相较于增进人类智能的宏伟构想，鼠标只是计算机的副产品。然而令恩格尔巴特哭笑不得的是，他为实现机器增进人类智慧钻研一生，所开发出来的视窗、在线编辑系统、超链接和远程会议至今仍在使用，但"鼠标之父"成了他最广为人知的头衔。

所有演示之母

相较于同时期其他的研究方向，在线编辑系统并非用于大型公司或军事的超级计算机，而是一个旨在帮助人们更好、更快地完成工作的通用系统。这在计算机界产生了极大争议，但很快恩格尔巴特就用一场精彩的演示改变了几乎所有人的看法。

1968 年 12 月 9 日，旧金山布鲁克斯大厅里座无虚席，连墙角都挤满了人。这里正在进行计算机界最重要的集会——秋季联合计算机大会。恩格尔巴特坐在一块 22 英尺（约 6.7 米）高的显示屏下方，面前摆放着刚刚"走出"实验室的键盘和鼠标，他用平和却自信的语气向现场一千多名计算机精英展示了自己和同事在过去十年里取得的成果——在线编辑系统。

在令人震撼的 90 分钟里，他演示了如何用鼠标选中要编辑的位置，如何在文档中编辑字符的位置，如何生成能够跳转到另一个文档的超链接，如何在文档中插入图片以及进行图文混排……此外，他还演示了能够划分屏幕区域，从而进行不同操作的视窗，并通过共享屏幕的远程会议让身在另一个实验室的同事和观众见面。如今这些操作很平常，但在个人计算机尚未出现，技术人员还在用穿孔纸带和打印方式为大型计算机输入和输出的 20 世纪 60 年代，便捷灵活的演示让观众都惊呆了。

时任帕洛阿尔托研究中心计算机设计师的查克·萨克称，恩格尔巴特"仅凭双手驱雷掣电"。对于在场的许多观众而言，这场演示带来的震撼是前所未有的。

恩格尔巴特的演示为计算机科学的发展开启了一扇新的大门，人们开始思考计算机除了计算以外的其他功用。他有意避开了"会思考的机器"或"人工大脑"这类理念，而保留了人的因素。这是计算机第一次与用户互动，并且完全由单个用户掌控。恩格尔巴特在开场白中描绘了一幅愿景："如果你的办公室里有一台带显示器的计算机，你能够以一种直观的方式操作它，而且这台计算机全天候供你使用，能对你的操作给出即时的反应，那它一定会给你的工作带来极大的便利。" 20 年后，增智研究小组的成员继续他的理念，将个人计算机普及全世界。

这场演示不仅在当时大获成功，而且影响深远。2015 年，斯坦福大学为了纪念这次开天辟地般的演示，制作了反映这段历史的音乐剧 *"The Demo"*。

未竟的梦想

演示结束后，恩格尔巴特的工作逐渐得到人们的关注，增智研究小组也迎来了发展的黄金时期。恩格尔巴特感到距离实现增智构想已不遥远，然而，此前被他忽视的问题日渐凸显。

在线编辑系统强大的数据处理能力有目共睹，但操作的复杂性让人不敢恭维。对于能够熟练掌握操作要领的人来说，在线编辑系统丰富的功能为他们的工作提供了极大的便利，但要学会这个复杂的系统，则需要得到专业的培训并具有强大的毅力。

此外，用户受制于系统核心阿帕网的传输速度和覆盖区域，不得不使用简化版的远程在线编辑系统来减少对网络带宽的要求，这使得恩格尔巴特将系全球推广的想法显得不切实际。

雪上加霜的是，此时增智研究小组内部出现了裂痕，恩格尔巴特愈发感到自己被孤立了。

恩格尔巴特为解决团队困境，找来了好友吉姆·法迪曼（一位心理学家），让他帮助自己管理团队。此后，团队的情况出现好转。但由于团队研究员始终难以真正明白他的构想，项目组的工作重心逐渐由软硬件工具研发转移到技术、实用工具和系统的综合研发。恩格尔巴特感到他对自己的构想已经失去了控制。

1975 年，资助恩格尔巴特 12 年的美国国防部高级研究计划局（DARPA）最终放弃了增智研究小组。没有了研发资金，研究人员纷纷离开，35 人的小组最后只剩下恩格尔巴特。

1977 年，斯坦福国际研究院因资金枯竭，将恩格尔巴特小组开发的计算机系统卖给了泰姆谢尔公司，几年后又卖给了麦克唐纳·道格拉斯公司，恩格尔巴特也离开了工作十余年的增智研究中心。

AI 与 IA（Intelligence Augmentation）

敏锐察觉到计算机技术将带来巨大变革的不只恩格尔巴特。当他苦苦思索增智构想时，"人工智能"这一概念已在达特茅斯会议上诞生；当恩格尔巴特在增智研究中心钻研在线编辑系统时，约翰·麦卡锡在斯坦福国际研究院建起了人工智能实验室。

从那时起，计算机技术的研究人员逐渐分化为"智能增强（IA）"和"人工智能（AI）"两个派别，且它们各自的目标、团队文化、市场应用都大相径庭。直到今天，不少地区仍将它们视为两个独立的学科。最初，智能增强并非计算机科学主流，不少人工智能的研究员认为它与传统的信息筛选、检索、分类别无二致。与此同时，计算机领域的各项发明如雨后春笋，两派对研究经费的争夺也异常激烈，时常为推进自己的研究"兵戎相见"。当恩格尔巴特造访麻省理工学院展示自己的项目时，另一位人工智能创始人马文·明斯基抱怨说："那是在浪费研究经费，这些钱充其量只能造出一些华而不实的文字处理器而已。"

而恩格尔巴特说："我和同事们感兴趣的是'提升'，而非'自动化'。但是，我们不是在制造某种工具，而是在设计一整套知识劳动的系统。"

随着计算成本的降低和个人计算机的普及，人们发现曾经大相径庭的两派正逐渐向着同一个目标前进。两派融合的重要产物便是如今广为人知的 Siri（苹果语音助手）。

2011 年 10 月 5 日，在 iPhone 4S 的新闻发布会上，世界见证了 Siri 的魔力。

"你是谁？"苹果公司的一位高管问。

"我是您忠实的助手。"Siri 的回答引来观众的会心一笑。

Siri 拥有人工智能的技术和理念，同时又以人类"助手"而非自动化机器的形式出现，无比贴近恩格尔巴特多年前对"增智机器"的设想。而开发出 Siri 前身的亚当·奇耶（Adam Cheyer）正是恩格尔巴特在斯坦福国际研究院时共同坚持"以人为本"理念的同事。亚当在办公桌上摆放了偶像恩格尔巴特的照片，并附上了他的名言——尽可能去提升人类应对复杂、紧急问题的综合能力。

现在看来，无论是以苹果 Siri、微软 Contana、Google Now 为代表的语音助手，还是日益人性化的操作界面，抑或方兴未艾的虚拟现实、增强现实技术，都不是为了在某个方面取代人类，而是借助设备、软件和硬件的力量做好人类的"助理"，让人类更高效地工作。

有一种观点认为，人类利用智能机器的最佳方式不是让人类彻底出局，更不是让人们听命于机器人，而是通过使用智能机器让人们可以从事他们原来不敢挑战的工作，既更利于他们发挥优势，同时又能创造更多价值。

计算机技术的未来并不取决于技术本身，而取决于人类科学家的智慧，恩格尔巴特已经为我们指明了道路。

尾声

自 1989 年和女儿一起创立 Bootstrap 研究所以来，恩格尔巴特一直活跃在旧金山湾区。他不仅是新兴计算机技术的研究员，更是人机相处的探索者和未来信息社会的梦想家。他与 4 个孩子和 9 个孙子住在一起，他锻炼身体、旅行、野营、阅读，和朋友聚餐，举办民间舞蹈会。虽然他的一些成就不为人所知，但与亲人相伴的时光给了他莫大的慰藉。

2013 年 7 月 2 日，恩格尔巴特逝世。人们才如梦方醒，意识到他对计算机发展作出了巨大贡献。他所构想的在线编辑系统、视窗、超链接、远程视频会议等，都成了如今人们提高工作效率、实现办公自动化的必备"工具"。

有人说恩格尔巴特的想法领先时代 20 年。的确如此，早在 20 世纪 60 年代，当人们普遍认为"计算机的时间比人的时间更有价值"时，恩格尔巴特就预言了交互式计算与个人计算机的普及；而在他逝世后 10 余年的今天，你依然能够发现不少计算机设计的最佳方案出自这位先知先觉的学者。《字节》杂志在将他评为"个人计算机发展史上最具影响力的 20 位科学家"之一时写道："无法想象没有恩格尔巴特的计算机技术将会怎么样。"

参考文献

[1] BUSH V. As we may think[J]. The atlantic monthly, 1945, 176(1): 101-108.

[2] 方兴东, 王俊秀. IT 史记 [M]. 北京：中信出版社, 2004.

[3] MARKOFF J. 睡鼠说：个人电脑之迷幻往事 [M]. 黄园园, 译. 北京：电子工业出版社, 2015.

[4] MARKOFF J. 与机器人共舞 [M]. 郭雪, 译. 杭州：浙江人民出版社, 2015.

[5] DAVENPORT T H, KIRBY J. 人机共生 [M]. 李盼, 译. 杭州：浙江人民出版社, 2018.

恩格尔伯格
（Engelberger）

当幻想照进现实

机器的一"臂"之力改变了世界

永不停步的探索与追问

是一种具象化的惠之于民

二十、"机器人之父":恩格尔伯格

本文作者:张琰然

约瑟夫·弗雷德里克·恩格尔伯格(Joseph Frederick Engelberger, 1925—2015),美国物理学家、工程师和企业家。他让工业机器人走上了历史舞台,改变了诸多领域。

如今,"机器人"对我们已不是一个陌生的概念,机器人已经逐渐参与到我们的生活中来,并且多少会带有人工智能的元素。"机器人"一词最早出现在捷克作家恰佩克在 1920 年撰写的《罗素姆的万能机器人》(*Rossum's Universal Robots*)一书中。但在那个时代,机器人往往只存在于人们的幻想中,而并不是生活中的实体。此后艾萨克·阿西莫夫在《我,机器人》中提出"机器人三定律",当时引发了许多思考,后来这三个定律成为学术界默认的机器人研发准则。

而直至恩格尔伯格研发的第一台"工业机器人"问世,机器人世界的大门才真正开启,这也是他被誉为"机器人之父"的原因之一。"工业机器人"的含义是什么呢?国际标准化组织将它定义为一种自动控制的、可重新编程的、多用途的、可在三个轴或更多轴上编程的机械手,它可以固定方位,也可以移动,用于工业自动化。

如今机器人行业已蓬勃发展几十年,机器人技术也已不再局限于工业应用,而是在各个领域大放异彩。机器人正不断与 AI 领域交叉融合,从而更加完美地完成任务。因此,机器人先驱恩格尔伯格也为 AI 领域增添了一抹闪亮的星光。

理想的萌芽

"机器人之父"约瑟夫·弗雷德里克·恩格尔伯格出生于纽约的布鲁克林。1946年,他在哥伦比亚大学获得物理学学士学位,后继续在哥伦比亚大学读电气工程专业,于1949年获得电气工程硕士学位。攻读硕士学位时,他还在"Manning,Maxwell and Moore"公司担任工程师,主要负责为核电站及喷气式发动机设计控制系统。

1950年,恩格尔伯格受到阿西莫夫的小说《我,机器人》的启发,对机器人萌生了浓厚的兴趣。这催生了他制造机器人的梦想,为他的后续成就埋下了伏笔。

车间里的"新工人"

恩格尔伯格能够被誉为"机器人之父",离不开他商业伙伴乔治·德沃尔的帮助。德沃尔是一位发明家,他在1954年开始为名为"可移动物体的机械臂"的机器人申请专利。两人偶遇于一场鸡尾酒会,当时德沃尔向恩格尔伯格介绍了自己的机械臂专利,这瞬间牵动了恩格尔伯格的回忆。他感叹道:"这就是阿西莫夫笔下的机器人呀!"小说中的幻想竟然得以实现,这让恩格尔伯格不胜欢喜。酒会上两人谈得投机,决定建立合作关系。图1为恩格尔伯格、德沃尔与机械臂。

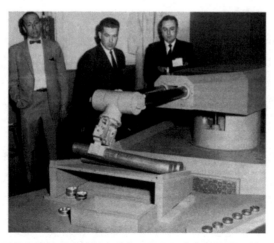

图1 恩格尔伯格(左边站立者)、德沃尔(中间站立者)与机械臂

此后，德沃尔同意向恩格尔伯格工作的公司授权他的专利。但天有不测风云，不久后，公司被负责人出售，导致恩格尔伯格所在部门被迫关停，失业对他的打击可想而知。然而过了不久，茫茫前路就迎来了一线光明：他成功找到了一位支持者为机器人事业提供资金，进而与德沃尔共同创办了 Unimation 公司，这是世界上第一家机器人公司。

1959 年，世界上第一台工业机器人"Unimate"（见图 2）横空出世，它是一种可编程的自动机械臂，能做出大约 200 个独立动作。难以想象的是，虽然它体型庞大，重达 2000 千克，却有 0.02 毫米的精确度（操作的精准度）。两人认为 Unimate 可以代替重复度高的简单工作，因而决定将其售往工厂。

图 2　Unimate

然而在 Unimate 诞生后，两人经历了诸多困难。在 Unimate 尚未流行时，它的造价成本高达 6 万美元。考虑到高昂的费用，很多工厂的管理者都拒绝引进 Unimate。恩格尔伯格为了将它推向市场，迫不得已降低售价，以 2.5 万美元出售了第一台 Unimate。1961 年，Unimate 被成功地安装在新泽西的一家通用汽车工厂中，主要负责装配线上汽车车身的压铸和点焊处理——繁忙的生产线上迎来了"新工人"。当时，汽车生产流程中有许多重复度高、危险系数大的操作，比如工人在压铸时会处于高温环境，并且有可能吸入有毒气体。而拥有"钢铁之躯"的 Unimate 恰好能胜任这类工作。

长风破浪会有时，第一台 Unimate 应用不久，许多汽车公司（如福特、菲亚特等）也意识到将机器人技术引入生产车间的必要性，并开始大规模采购

Unimate。于是,在这些汽车公司喧嚣的车间里,"新工人"Unimate"操作"着零件,以惊人的速度与可靠的质量承担起汽车的组装工作。2003 年,恩格尔伯格曾回忆,机器手臂一得到工厂的认可,Unimation 公司便收获了可观的利润。1966 年,Unimate 参加了 *The Tonight Show*[①],完成了倒啤酒、指挥乐队等任务,这说明机器人已经步入大众的视野。

从偶遇到合作,恩格尔伯格与德沃尔建立了工业机器人的里程碑,改进了全球工业的制造流程。"新工人"不知疲倦地运转着,机器人行业的锦绣画卷就此展开。

峰回路转

机器人逐渐风靡全球,Unimation 公司却迎来了低谷。1977 年,Unimation 公司与其他公司合作产出了可编程通用组装机 PUMA。与机器臂 Unimate 采用液压驱动的方式不同,PUMA 采用全电动机驱动。当时 Unimation 公司最信任的合作工厂决定使用 PUMA 机器,恩格尔伯格却不同意这种改造。这场风波导致 Unimation 公司内部产生分歧,其销售额也逐渐下降,进入发展的瓶颈期。到了 1982 年,Unimation 公司被西屋公司以 1.07 亿美元收购,恩格尔伯格也退出了公司。

然而,恩格尔伯格并未就此止步,而是决定继续机器人的开发,生活为他带来了灵感:当时他的父母年事已高,日常生活急需护理照顾。恩格尔伯格关注到这一问题,决定研究服务型机器人,改善人们的生活质量。在他的设想里,机器人不仅可以在繁忙的生产线上大放异彩,更能延拓至生活,发挥医疗护理的功能。

于是在 1984 年,他成立了 Transitions Research Corp. 公司(后更名为 HelpMate Robotics Inc. 公司),将 HelpMate 医疗机器人作为旗舰产品。顾名思义,HelpMate 意为"帮手",它类似于快递员,可为护士、病人输送医用物品(如药物、X 光片等),辅助医护人员工作。它拥有一定的智能,其感知能力可帮助它在探测到障碍物后主动绕行。它的视觉来源是一个结构管视觉系统,里面的摄像头可以区分不同物体的距离,可探测半径达 8 英尺(约 2.43 米),通过在距地不同高度的位置安装两个红外频闪灯,可为摄像头提供光平面辅助

---

① "*The Tonight Show*"是一档美国家喻户晓的综艺类节目。

探测。自从 1988 年恩格尔伯格出售第一台 HelpMate 以来，医疗机器人得到了人们的广泛认可。十年后，HelpMate 仍然满载着药品，漫步在全球 100 余家医院的走廊上，成为众多医护人员的忠实伴侣。

HelpMate 是恩格尔伯格事业的延续，也是机器人行业的发展方向之一。它满载着药品，推开了服务机器人行业的大门；也满载着希望，为后续的机器人研发开辟了无限可能。

薪火相传

后来，恩格尔伯格离开了 HelpMate Robotics Inc. 公司，但已是耄耋之年的他仍投身于机器人事业：致力于开发双臂机器人来开拓机器人的应用空间。他除了醉心于机器人研究之外，还接受媒体采访，并撰写文章来推动科学研究的发展，帮助机器人技术在工业、生活乃至太空找到更大的应用空间。

恩格尔伯格曾受到全世界的广泛赞誉。他被评为美国工程院院士，还被《星期日泰晤士报》评为"20 世纪 1000 名创客"之一。美国机器人工业协会主席杰夫·伯恩斯坦评价道："因为恩格尔伯格，机器人技术成为一个全球性产业，他在设计与应用工厂内外的机器人方面领先时代多年！"国际机器人联合会主席阿图罗·巴隆塞利称赞道："恩格尔伯格发明了第一台工业机器人，激发了机器人领域的研究者们追求事业的斗志。正因为他的热忱与努力，才有如今强大的机器人产业。"从后人的评价中，不难看出恩格尔伯格的卓越贡献。

自 1977 年以来，美国机器人工业协会每年都会颁发"恩格尔伯格奖"（见图 3），以此激励为机器人科学作出贡献的人。自设立以来，"恩格尔伯格奖"已被颁发给 100 余位机器人行业的先锋。这枚奖牌不仅代表荣誉，更蕴含着将机器人事业不断发展的责任与精神。

2015 年 12 月 1 日，恩格尔伯格在故乡康涅狄格州的纽顿安然离世。但是在机器人广泛应用的今天，这位巨匠似乎未曾离我们远去。相信会有更多的开拓者将机器人事业发展壮大。

图 3 "恩格尔伯格奖"

著作与思想

提及恩格尔伯格的著作,最为出名的莫过于《实践中的机器人技术》以及《服务机器人技术》。《实践中的机器人技术》主要讲述工业机器人的管理与应用,内容主要包括两部分。第一部分介绍有关机器人的基础认知,第二部分讲述工业机器人的具体应用(如压铸、点焊、喷涂等)。该书旨在减少制造商与客户不必要的顾虑,以便推动工业机器人的实践与进步。在《服务机器人技术》中,恩格尔伯格认为我们有充裕的时间去拓展机器人市场。与《实践中的机器人技术》的思路类似,该书提出了机器人在人工智能与感官设备等方面的改进措施,以及在服务层面的应用方式。上述两本著作堪称机器人领域的经典之作,恩格尔伯格为机器人技术的传播和发展作出了卓越贡献。

除了著书之外,恩格尔伯格在早期研发机器人功能时,曾抛出一个改变行业的问题:"你认为机器人能做到这一点吗?"正是通过这样的提问,机器人的研究才得以推进。恩格尔伯格丰富了机器人的功能,将机器人这个在当时不切实际的幻想带进了繁忙的工厂,也带进了人们的生活。不仅如此,恩格尔伯格的提问也一直激励着机器人学者向实现更完备、更强大的功能迈进,在全新的领域劈波斩浪、一往无前。

回眸与展望

追根溯源,在"机器人"这一概念出现之前,工程师与发明家们就尝试制造过"自动机",例如《隋书》里曾有"……帝犹恨不能夜召,于是命匠刻木偶人,施机关,能坐起拜伏,以像于抃①。帝每在月下对酒,辄令宫人置之于座,与相酬酢,而为欢笑……"由于古时的自动机并不具备电子技术以及处理信息的能力,因此它们的功能与如今的机器人相去甚远。而正如导言中所说,20世纪中叶,随着有关机器人的文艺作品的兴起,机器人的概念逐渐步入大众视野,Unimate的诞生更是奠定了现代机器人产业的根基。那么继恩格尔伯格之后,现代机器人又将以怎样的角色融入时代、融入世界呢?

工业机器人技术在一定程度上代表着国家的先进制造技术。根据国际机器人联合会发布的《世界机器人2021工业机器人报告》,全球的工业机器人总

---

① 抃是鼓掌的意思。

量已达 300 万台，中国的运营库存达到 90 万套。由此可见，短短的几十年间，工业机器人技术就已经有了突飞猛进的发展。它们在矿物采集、汽车生产、电子产品制造等方面大放异彩。以汽车生产为例，现代化的汽车工厂中一般包含数百个工业机器人，许多生产流程已被工业机器人主导。图 4 便是工业机器人在汽车生产线上"勤勉"工作的场景。通过这张图片，我们似乎能看到第一台车间"新工人"的影子，也能感受到时代向前迈进的滚滚浪潮。

图 4　工业机器人在汽车生产线上"勤勉"工作的场景

除了工业生产之外，机器人在其他领域也具备无限潜力。在生活中，机器人可代替我们完成枯燥、简单的任务，例如清洁地板、运送菜肴等；在医疗保健方面，它们能够照顾老年群体，甚至自动为患者分配药品。另外，机器人还能出现在浩渺的太空中。事实上，所有太空无人探测器都是机器人，比如我国的"玉兔号"曾上九天揽月，探寻广寒宫的奥秘，并传回珍贵的研究数据。相较于处在地表的机器人，太空机器人的研发一般更为复杂，因为它们在工作时需要面对超低温、微重力、强辐射等恶劣环境，这无疑增大了视觉识别、"手脚"配合等操作的难度。由此可见，机器人如今已被广泛应用于生产生活的多个方面，机器人的应用早已不再局限于工业层面，人们开始将目光与期望投向更广阔的应用场景。

机器人不仅覆盖了更广泛的领域，还在被不断挖掘新的功能。恩格尔伯格等人推出的第一台 Unimate 只能通过预先编译完成的程序执行固定的动作，可如今的时代对机器人提出了更高的要求。机器人为了适应多变的环境，需要运用感知系统对周遭世界进行重塑，形成并优化对世界的感知，从而实现与世界的不断互动。以现代的工业机器人为例，它们大多具有机器视觉系统，可连接 AI 系统完成信息处理和反馈等任务。它们集智能化、精密化、软件应用开发等于一体，可对生产流程进行控制、优化、检测、管理或决策等。而在生活方面，也出现了"通用自主机器人"，它们通常连接着网络、软件等辅助工具，能在已知空间中完成独立导航、自行充电、乘坐电梯等基本任务，甚至能完成识别物体、与人交谈、监测环境质量等复杂任务。

总而言之，现代机器人技术相较于半个世纪前，无论是应用的广度还是深度，都有质的飞跃。机器人领域的空白正不断被开拓者填补。

回眸机器人的变革，我们既可一窥现代机器人的繁荣发展，也能展望机器人的未来，还能探索机器人技术前行的路径。人们对机器人的未来抱有不同的想法。很多人盼望功能完备的机器人出现，并期待未来生产生活的科技化、智能化，从而享受科技发展的红利；同时也有一部分人为机器人的发展担忧，甚至恐惧，他们认为未来机器人可能违背伦理道德或不受人类控制，造成灾难性后果。笔者认为，以上两方面的预测皆有合理性，机器人技术的"螺旋上升"正需要这种矛盾的想法。上述两种想法的根本指向都是希望机器人良性发展，双方的制衡能够指出更周全、更妥当的发展轨道。因此，我们应直视发展问题，辩证地展望机器人的未来。

AI + 机器人

阅读完恩格尔伯格的生平后，或许你会产生一丝疑惑："机器人之父"对 AI 领域有怎样的贡献？笔者认为他对 AI 领域有不世之功。AI 领域主要分为符号主义、联结主义和行为主义三大学派。其中行为主义学派认为，人工智能源于控制论，早期主要研究控制过程中的智能行为。恩格尔伯格对这个学派贡献了非凡的价值。虽然 Unimate 的智能化程度不高，但这堪称从无到有的突破。他在《实践中的机器人技术》的前言中提到，20 世纪 70 年代早期，人工智能界把部分注意力转移到机器人上，就说明 AI 领域开始与机器人领域融合与渗透。后来便陆续出现了能够感知、反馈甚至进行推理学习的智能机器人——恩格尔伯格研发的 HelpMate 便是一个例子。

如今，机器人学科本身就是一个涵盖了机械、自动化、计算机、人工智能的交叉学科，人工智能是机器人的组成部分，机器人是人工智能的载体。一方面，在有些场合下，人工智能算法必须依托机器人这个实体才能更大地发挥功效，造福人类，前面所讲的现代机器人的各种应用与功能便是明证；另一方面，人工智能的一些发展正是以机器人的具体应用为驱动力，譬如机器狗的发明能帮助有关运动、探测、识别等人工智能技术的演进。因而，机器人为部分的人工智能创造运行载体，提供发展动力，AI 与之融合后，便可在更复杂的环境下完成任务。

本书中的很多人物是 AI 理论的探索者与提出者，但相较于他们，恩格尔伯格更像是技术的实践者与应用者。纵观其一生，他将控制理论付诸行动，前瞻性地开创了一个全新的领域，与德沃尔一起完成了史诗般的创举。当然，他的人生也充满诸多转折：从所在部门被迫关停，到 Unimate 的诞生；从 Unimation 不幸被收购，再到 HelpMate 风靡世界。可谓"合抱之木，生于毫末"。其间，恩格尔伯格栉风沐雨、跋山涉水，最终才柳暗花明，改变了世界，将机器人带入千家万户，这既离不开他孜孜不倦的努力，也离不开他开拓创新的思维。或许正是他对这份事业的热忱与执着，才支撑他上下求索，将一生奉献于机器人领域。"机器人之父"灿若星辰，点亮了机器人世界，也闪耀在 AI 的穹宇中！

参考文献

[1] DORF R C, KUSIAK A. Handbook of manufacturing and automation[M]. Hoboken: Wiley, 1994.

[2] ENGELBERGER J F. Robotics in practice: management and applications of industrial robots[M]. Berlin: Springer Science & Business Media, 2012.

马文·明斯基
（Marvin Minsky）

从神经网络的提出

走向符号主义的痴迷

乘着 LOGO 语言中的海龟

漂泊于科幻的海域

二十一、特立独行的先驱：马文·明斯基

本文作者：陈睿铧

马文·明斯基（Marvin Minsky，1927—2016），美国著名的认知科学家、麻省理工学院人工智能实验室创办人之一、框架理论创立者，被誉为"人工智能之父"。

初遇马文·明斯基

马文·明斯基是一位眼里永远闪耀着光芒的科学家。他的叛逆与激进让他饱受非议，他犯下的错误曾给自己带来一场灾难。岁月在他身上刻下了印记，但他那双藏匿于黑色圆框眼镜背后的眼睛一直闪耀着光芒。

马文·明斯基在他充满传奇色彩的80多年人生中，可谓功成名就。厌恶一成不变、对一切充满好奇的他在人工智能领域大放异彩，却又从未拘泥于此。他涉猎广泛，在不同领域都有所成就。在学术之外，马文·明斯基富有创意的哲学思考和各种不惧压力的颠覆性言论，使他足以称得上一位无畏的思想家与批判家。他的与科幻、教育相关的趣闻，更凸显出这位人工智能先驱的独特性。

让我们回到1927年的夏天，一同走进马文·明斯基的世界……

好奇的孩童

1927年8月9日，马文·明斯基出生于美国纽约州纽约市，他的父亲是

西奈山医院的眼科主任,名叫亨利·明斯基,母亲房利美·赖瑟是社会活动家。

童年时期的马文·明斯基(后文简称明斯基)酷爱阅读。在父亲的书房里,他满怀好奇地在书海中尽情遨游。赫伯特·乔治·威尔斯的《时间机器》让他在时间维度上恣意穿梭于过去与未来,《梦的解析》则让他能跟随精神分析先驱弗洛伊德走向未知的意识深处。对科学的敬畏和对神秘心理世界的无限遐想充满了他年幼的心灵,对生物、数学、物理的兴趣也对他后来的研究产生了深远影响。

与此同时,明斯基还展现出对音乐的浓厚兴趣和傲人天赋。孩童时期形成的对音乐的兴趣伴随了他的一生,音乐成了明斯基一生的快乐源泉。作为一名早熟且天赋异禀的钢琴家,他常常即兴创作巴洛克风格的赋格曲,从中获得消遣、愉悦自己。

求学求知

家境殷实的明斯基从小学到初中接受的都是私立学校的教育。得益于早年受过的良好教育与过人智慧,明斯基在初中毕业后被布朗克斯科学高中录取,这所学校在当时因培养出众多诺贝尔奖得主而闻名世界。此后明斯基又进入马萨诸塞州的大学预科学校菲利普斯学院学习。1945 年,明斯基应征入伍,第二次世界大战结束后,从美国海军退伍的明斯基前往哈佛大学深造。大学期间,精力旺盛而又兴趣广泛的明斯基除了主修物理学课程之外,还选修了电气工程、遗传学、心理学等课程。机缘巧合下,明斯基还在哈佛大学的怀德纳图书馆遇到了对他影响最大的一本书——尼古拉斯·拉舍夫斯基的《数学生物物理学》。这本书尽管有 500 多页,且内含 50 章,但因为知识丰富、妙趣横生,充分激发了明斯基对生物、物理和数学的兴趣。

明斯基凭借自己在相关领域的知识积累和过人天赋,甚至发现了书中一篇数学论文里的错误,不过由于当时他的数学能力仍有所欠缺,明斯基未能将错误修正并提出正确结论。同时,一篇有关神经网络的论文也引起了明斯基极大的兴趣。这篇有关神经网络的论文由沃伦·麦卡洛克与沃尔特·皮茨合作完成,展示了神经网络计算与学习的方式。敏锐的明斯基看到这篇论文后,马上联想到了文中并未提及的神经网络其他可能的运作方式与学习方法。他以此为出发点,开始着手建立自己的一套理论,并对"神经网络实际上是如何运作的"这一问题产生了浓厚的兴趣。明斯基怀着解答心中疑惑的渴求，后来和一位同事共同研发了一套名为"共聚焦扫描显微镜"的高分辨率显微细胞观测仪器。他本想利用该仪器观测神经细胞，从而获得有关神经系统运作方式的精确数据，然而令人啼笑皆非的是，尽管他和同事花了几年的时间研发这套仪器，但是在仪器被发明出来后，明斯基用该仪器拍了一些照片后便将其束之高阁。可这并不代表他放弃了对神经网络的研究。

当时的学者们对粒子物理学和分子遗传学等学科充满浓厚兴趣，明斯基的同学也都致力于研究相关问题。与之形成鲜明对比的是，关于人的思想如何运作的研究却少有人关注，但在明斯基看来，这一研究领域同样引人入胜。他并不赞同当时的心智起源主流学说，在对神经网络的研究兴趣的驱动下，他产生了往这一当时的冷门领域深入探究的想法。后来明斯基在接受《纽约时报》采访时表示："智能问题看起来深不见底，我想这才是值得我奉献一生的领域。"

1951 年，明斯基制造了第一台随机连接神经网络学习机，他称之为 SNARC（Stochastic Neural Analog Reinforcement Calculator）。这台机器可以通过模拟人类大脑中复杂的神经网，从自身的错误中总结经验。明斯基在 1952 年发表的一篇名为《基于增强概率模型的神经模拟计算器》的文章中，对他的研究进行了详细的论述。他还以《神经模拟强化系统理论及其在大脑模型问题中的应用》为题撰写博士学位论文，首次提出"神经网络"这一概念，这后来被人工智能界认为是人工智能的起源。

登峰造极

1954 年，明斯基回到哈佛大学，成为著名的哈佛学会的初级会员。在接下来的 4 年时间里，他继续自己的工作——用数学由上而下地模拟人类思维，这也为他后来的"人工智能"研究奠定了基础。令人佩服的是，明斯基的才能和广泛兴趣让他在研究上述领域的同时，还能抽出时间研究其他项目。1956 年，明斯基发表了一篇题为《有限自动机的一些通用元件》的论文。在这篇论文中，明斯基围绕"如何从少量基本元件中构建复杂的机械"展开探讨，他还仅运用人工神经网络的特定模型对有限的机器进行考虑。但很快明斯基就开始研究更通用的计算系统，尝试看看它能做什么。同年，明斯基与麦卡锡、香农等人一起发起并组织了被称为人工智能起点的"达特茅斯会议"（部分参会者见图1）。在这个具有历史意义的会议上，明斯基的 SNARC 学习机、麦卡锡的 α-β 搜索法，以及西蒙和纽厄尔的人工智能软件"逻辑理论家"是三大亮点。1958 年，明斯基从哈佛大学转至麻省理工学院，麦卡锡也由达特茅斯大学转至麻省理工学院与他会合，他们共同创建了世界上第一个人工智能实验室。该实验室很快成为人工智能研究的前沿中心，并推广了信息数字共享理念，由此掀起了人工智能的开源运动。此外，该实验室还对阿帕网进行了大部分的初步工作，让其最终能够演变为今天的互联网。

在麻省理工学院工作期间，明斯基继续以其卓越的才智完成了许多发明创造，包括：1963 年发明的首个头戴式图形显示器和 14°自由机械手，1967 年的蛇形液压机械臂，1970 年和爱德华·弗雷德金共同发明的"缪斯"音乐变奏合成器，1972 年与西摩·佩珀特一起发明的第一个 LOGO 编程语言"海龟"。

图1　达特茅斯会议的部分参会者

1969 年，明斯基凭借其在人工智能领域的开拓性研究，获得了计算机科学领域的最高奖项"图灵奖"，他也成为人工智能领域第一个获此殊荣的科学家。

1975 年，明斯基提出了著名的框架理论，他最初是把框架理论作为视觉感知、自然语言和其他复杂行为的基础提出来的，但框架理论一经提出，就因为兼具层次化和模块化特点在人工智能界引起极大反响，并作为通用的知识表示方法逐渐被广泛接受和应用，其中蕴含的基本概念和原理成为后来许多新兴技术的基石。此外，明斯基的框架理论也成为当前流行的一些专家系统开发工具和人工智能语言的基础。他还把人工智能技术和机器人技术结合起来，开发出了世界上最早的能够模拟人类活动的机器人 Robot C（见图2），使机器人技术上了一个新台阶。

图2　明斯基和他的机器人 Robot C

凛冬

明斯基在人工智能创世之初的贡献让他获得了"人工智能之父"的称号，但他后来的错误论断与偏见差点将这门新兴的学科宣判死刑。

明斯基最初是从人工神经网络入手研究人工智能的，但后来受到同事麦卡锡，以及麻省理工学院人工智能实验室的影响，曾作为联结主义学派一员的明斯基，抛弃了利用神经网络实现人工智能的想法，坚定地改为拥护符号主义。1969年，明斯基在与佩珀特合著的《感知机：计算几何学导论》中回顾了人工智能研究的历史，并声称通过他们的观测，人工智能研究的未来在于符号系统的开发，而不是神经网络模型的进一步完善。同时明斯基着重论述了"感知机"存在的限制，他所提出的著名的"异或（XOR）问题"和感知器数据线性不可分的情形，几乎将感知机发展的可能性一举扼杀。

不过让明斯基感到懊恼的是，他在书中试图证明的被称为感知器的简单神经网络不能"做任何有趣的事"，后来被人们误解为任何一种神经网络都不可能做有趣的事。无论人们是否曲解了明斯基的本意，鉴于明斯基当时的影响力，神经网络和深度学习的研究迅速陷入低谷。再加之研究人工智能的资金被相关部门截断，接下来将近十年的时间里，神经网络的研究处于休眠状态，人工智能陷入其发展史上的"第一个凛冬"。

直到 20 世纪 80 年代，明斯基的错误预测才逐渐被推翻，他当时不看好的人工神经网络和深度学习技术在之后飞速发展。

著作

1986 年，明斯基发表著作《心智社会》(*The Society of Mind*)，主张由上至下依照大脑运作模式来构建机器。在书中，他用 270 篇妙趣横生的原创文章详细解释了思维是如何运作的，并开创性地提出了"智能体"和"心智社会"的概念。"智能体"是只能做一些低级智慧的事情且不具备思维的微小部件，经过人类的特殊组合形成分管特定功能的小片思维，这些小片思维再进一步组合成我们所说的智能，而这种组合就是"心智社会"。在此基础上，明斯基用自己独具特色的语言（包含各种笑话和智慧的引言），先勾勒出最粗略的框架，再进一步描绘细节并抛弃错误的部分，最终完成了他的"非智能如何向智能演化"的理论。

明斯基采用通俗易懂的语言，在此基础上不断细分内容，使各章内容相互独立，让几乎所有人能读懂。后来明斯基打趣道："许多进入大学的高中生在阅读了这本书后表现得比大学教授还要专业。"

与此同时，明斯基重新审视了自己对神经网络的看法，并追求并行处理的可能性——由多种代理同时处理信息，因为他认为这就是人脑中发生的过程，而且这一过程在人造系统中也可能实现。

在 21 世纪的前 10 年里，明斯基把注意力集中在人类思维的功能上，这些功能似乎最不容易被电子模拟影响。在他于 2006 年所著的《情感机器：常识性思维、人工智能和人类心灵的未来》(*The Emotion Machine: Commonsense Thinking, Artificial Intelligence, and the Future of the Human Mind*) 一书中，明斯基解释说，情感是思想的形式，是本能和理性的连续体，而不是一种单独的体验形式。明斯基还提出人工智能研究的思维应该与物理学相反，物理学用简单的规律解释复杂现象，思维学应该用更为复杂的方式来解释人类思维的定律。使简单问题变复杂从表面上看会让事情变得非常糟糕，然而从大的方面来说，增加复杂性恰恰有助于简化工作。他认为情感是人们用以增强智能的思维方式，人脑由众多"资源"（智能体）组成，每一种情绪的转变都是在激活部分资源的同时关闭另一部分资源。情感、直觉和感觉不是截然不同的事物，而是不同的思维方式。明斯基指出，通过研究这些不同形式的思维活动，我们可以解释为什么我们的思想有时采取理性分析的形式，而有时转向情感分析；在未来，机器也可以像人一样有生命且能思考和感觉，并达到人类思维的本质，具备人类的六大维度——意识、精神活动、常识、思维、智能和自我。

不过，明斯基在后来的一次采访中也提到，《情感机器：常识性思维、人工智能和人类心灵的未来》相比《心智社会》更加晦涩难懂，这使得了解明斯基的观点对普通人而言变得困难无比，而这也成了明斯基所说的"一生之中所犯的为数不多的错误之一"。

明斯基除了在人工智能相关领域发表著作之外，还积极探索其他领域。在儿童教育领域，他和其他两位学者共同发表著作《创造性思维》。他在书中结合自己的亲身体会与见解，向家长们介绍了不同寻常的教育孩子的方式，并提出了他对未来教育的理念和看法，指出传统教育更多的是提供思维的内容，而学习者更需要的其实是思维的方法与工具。

在明斯基看来，学习者是完全活跃的主体，更是他们自己思维的创造者。正因为如此，学习者需要在完成任务的过程中，不断磨砺自己的思维技巧，从而培养创造性思维，提升自己解决新问题的能力。

AI 之外

明斯基广泛的兴趣和永不满足的好奇心也使他在 AI 之外的其他领域展现出特立独行的一面。他在认知心理学、数学、计算机语言学、机器人和光学等诸多领域都作出了积极贡献。明斯基不仅在教育领域成就颇丰，还与科幻领域渊源不浅，许多著名科幻作品的作家和导演都与他来往密切。

教育

明斯基努力在教育领域给全世界的儿童普及计算机科学。他曾投身于 OLPC（One Laptop Per Child，意为每个孩子一台笔记本计算机）项目，让更多的孩子能尽早接触到计算机科学。在此基础上，他还进一步思考教育的目的和方法，并将自己的教育思想汇总，写成了《创造性思维》一书。明斯基在书中论述了他对传统教育与未来教育的思考，并提出了一套高效的教育与学习的方法，所以这本书直到今天仍十分畅销。

在教育领域，明斯基作为教龄长达58年的教授，可谓"桃李满天下"，他的学生在多个领域大放异彩，包括发明家、未来学家、奇点大学校长雷·库兹韦尔，著名人工智能研究员、麻省理工学院电子工程系教授杰拉德·苏斯曼，创造了超级计算机 Thinking Machine 的发明家、企业家丹尼·希利斯，以及两位图灵奖得主——因发明 Sketchpad[①] 并拓展了计算机图形学领域而获得1988年图灵奖的伊凡·苏泽兰，以及因计算复杂性理论及其在密码学和程序校验上的应用而获得1995年图灵奖的曼纽尔·布卢姆。

科幻

明斯基与科幻可谓渊源不浅。孩童时期，他沉迷于赫伯特·乔治·威尔斯和儒勒·凡尔纳的科幻作品，少年时代一度着迷于艾萨克·阿西莫夫的科幻作品，后来还和这位才华横溢的科幻巨匠发生了许多有趣的故事。

阿西莫夫的第二部自传《欢乐依旧》提到了两人初次相遇时的场景："他在麻省理工学院研究机器人和人工智能，并且曾读过我的科幻作品。高个子，圆圆的秃脑袋，口才惊人，有着令人印象深刻的理解力。在往后的岁月里我常说，我遇到过的所有人里只有两人我甘愿承认比我更聪明……其中一人就是明斯基。"在他人眼里一向狂妄自大、自以为是的阿西莫夫，竟然给比他小7岁的明斯基如此高的评价，可见明斯基聪慧过人。

后来，明斯基曾写信邀请当时着迷于机器人写作的阿西莫夫前往他的实验室看新研发的机器人。阿西莫夫在回信中开玩笑地说道："我所写的是真正的带有智慧的机器人，我很确信，如果我亲眼看了你们这群家伙在实验室里制作的傻里傻气的机器人，我的幻想会瞬间破灭。"

明斯基在1968年，曾受科幻史诗巨片《2001太空漫游》导演斯坦利·库

---

① Sketchpad 又名机器人绘图员，是一个由伊凡·苏泽兰在博士学位论文中撰写的革命性计算机程序。

布里克邀请，短暂地担任过电影顾问。关于电影里的人工智能计算机 HAL 9000 应该是什么样子，库布里克专门请教过明斯基。

"原来他们有一台装饰着彩色标签的计算机。斯坦利·库布里克问我觉得这个怎么样，"明斯基在接受《科学发现》杂志采访时说道："我认为这台计算机实际上应该只由许多小黑盒子组成，因为计算机需要通过引线来传递信息，从而知道它里面在做什么。"于是库布里克把原来的装饰撤掉，设计了一台简单的 HAL 9000 计算机。

"暂别"明斯基

2016 年 1 月 24 日，位于美国马萨诸塞州波士顿哈佛医学区的布莱根妇女医院向全世界宣布了一个噩耗："人工智能之父"马文·明斯基因脑溢血在病床上溘然长逝。整个学术界尤其是人工智能界陷入悲怆之中，这位将人们引入人工智能深处的和蔼幽默的老人，在走过他 80 多年的漫长人生后走向了未知的深处。

参考文献

[1] CULL P. Idea makers personal perspectives on the lives & ideas of some notable people[J]. Computing Reviews, 2017, 58(11): 663.

[2] MINSKY M, SOLOMON C, XIAO X. 创造性思维：人工智能之父马文·明斯基论教育 [M]. 倪晚成，刘东昌，张海东，译. 北京：人民邮电出版社，2020.

费根鲍姆
（Feigenbaum）

首席科学家的荣光
也盖不住人类智慧的光芒
机器抑或专家
推动了历史的浪潮

二十二、在知识中寻找力量：费根鲍姆

本文作者：刘宇

爱德华·阿尔伯特·费根鲍姆（Edward Albert Feigenbaum，1936—），美国计算机科学家，开发专家系统的重要先驱，"专家系统之父"，1994年图灵奖得主。

专家系统DENDRAL[①]不仅是第一个成功从实验室进入市场的AI产品，它还被应用于多个领域，为下一个专家系统MYCIN的创建奠定了基础。

世界专家系统大会以费根鲍姆的名义设立成就奖，肯定了他多年来为人工智能作出的巨大贡献。斯坦福大学计算机系在他的带领下，在人工智能与医学的结合领域至今仍处于世界领先地位。

童年

1936年，费根鲍姆出生在新泽西州的威霍肯市。父亲是分析化学家，在他1岁时去世。母亲是位全职妈妈。继父是一名会计，每个月都会带他去美国自然历史博物馆的海登天文馆参观，这使得费根鲍姆在10岁左右时就对科学产生了浓厚兴趣。他的继父有一台蒙络计算器[②]，费根鲍姆对这个大家伙很感兴趣，经常向自己的朋友展示它，并炫耀自己刚学会的各种操作。后来他在访

---

① DENDRAL是第一个专家系统，它可以帮助医学家、化学家判断某特定物质的分子结构。
② 蒙络计算器是20世纪初发明的机械计算器。

谈中说："我完全被这台计算器迷住了，它有一个驱动数字轮的电动机，还有一个每次都必须手动移动一个位置的'马车'，以及一个非常大的数字键盘。我的继父教会我使用它们，这是我最伟大的几个技能之一。与我的朋友相比，他们最伟大的技能是打网球，而我是个爱好科学的孩子。"

或许热爱读书是科学家们共同的特质，费根鲍姆也不例外。费根鲍姆很早就学会了读书，这让他与科学有了更多的接触。他在访谈节目中说："如果我能在图书馆里找到《科学美国人》，我每个月都会读。一本真正吸引我进入科学领域的书是《微生物猎人》。我们现在需要更多像《微生物猎人》这样的书来吸引更多的年轻人进入科学领域。"

童年时期的费根鲍姆就展现出了惊人的天赋，他出于对数学与音乐的热爱，很早就自学了微积分、钢琴。当别的孩子都在玩耍时，费根鲍姆不是在弹钢琴，就是在鼓弄他心爱的计算器。费根鲍姆继父的朋友得知费根鲍姆对计算器的兴趣后，便给了他一部有交换线路的计算器，以及一篇有关布尔逻辑①的论文，这深深地吸引了费根鲍姆。或许正是这种对数学的痴迷，为他以后走上人工智能之路埋下了伏笔。

求学

费根鲍姆的家境不太好，所以他只想找一份体面又赚钱的工作，而工程师就是一个很好的选择。费根鲍姆无意中看到卡内基·梅隆大学工程学院提供奖学金的广告，就去申请了这个奖学金，于是高中毕业后，他前往卡内基·梅隆大学攻读电气工程专业，当时他成绩很好。对于这段求学经历，他说："生活是一系列有趣的选择，而去卡内基·梅隆大学是一个非常好的决定。"

费根鲍姆并不满足于工科课程所学的知识，他觉得大学教育应该讲更多的东西，于是在工业管理研究生院找到了一门名为"思想和社会变革"的课程，由詹姆斯·马奇（一位管理学、政治学、社会学、教育学专家）授课。马奇向费根鲍姆讲解了经济学著作《博弈论和经济行为》，这让费根鲍姆极为兴奋，感受到了不一样的乐趣。后来，马奇把费根鲍姆介绍给司马贺，费根鲍姆学习了司马贺的一门关于社会科学数学模型的课程，这成了他人生中的一个重要转

---

① 布尔逻辑得名于英国数学家布尔，布尔首次定义了逻辑的代数系统，简称布尔逻辑。

折点。

1956年1月，司马贺在一次研讨会上说："圣诞节期间，艾伦·纽厄尔和我发明了一台思考机器。"费根鲍姆十分惊讶，他问司马贺："您说的思考机器是什么意思？"司马贺送给费根鲍姆一本IBM 701（IBM正式对外发布的第一台计算机）手册，费根鲍姆把这本手册带回家，读了一整夜，被计算机的巧妙折服，从此迷上了计算机。从那天起，费根鲍姆知道，自己已经离不开计算机了。

兴趣是最好的老师，对费根鲍姆来说，再没有比计算机更吸引他的东西了。他决定跟着司马贺攻读博士学位。但是卡内基·梅隆大学当时还没有计算机，因此他在毕业前的暑假（1956年）去纽约为IBM工作，在那里学到了很多有关计算机的知识，这为他将来从事人工智能的研究打下了坚实的基础。

读博期间，费根鲍姆在导师司马贺的指导下，设计了EPAM——一种模拟人类学习无意义音节的计算机模型，至今仍然是认知科学中记忆组织的领先模型，也是最早证明计算机可以学习的几个程序之一。他还发明了动态生长的决策树，这是用于存储和索引数据的最重要的几种计算结构之一。

费根鲍姆在加州大学伯克利分校找到了自己的第一份学术工作，他在那里教授马奇和司马贺传授的组织理论和人工智能课程。那时还没有人工智能方面的图书，于是费根鲍姆和同事复印了一些人工智能的优秀论文，做成一本论文集，这就是1963年出版的《计算机与思想》。费根鲍姆下定决心要成为一位人工智能科学家，他将为人工智能事业的发展奋斗终生。如他自己所言，过去他真的想要一个智能机器；而现在，他想要一个真的智能机器。

成就

1958年12月，费根鲍姆在美国经济学会年会上发表了他的第一篇会议论文，解释了他的成名作EPAM："它从基本信息处理的角度对人类的学习和记忆现象做了详细的预测，有时还能做出令人吃惊的解释。"

虽然EPAM让费根鲍姆感到激动与兴奋，但他并不满足，因为EPAM还未达到真正的智能，它只是人工智能漫漫长路上的一小步。费根鲍姆的梦想是制造出一台超级智能机器，而非探索人类认知的信息处理模型。

1965 年，在斯坦福大学任教的计算机科学家约翰·麦卡锡向费根鲍姆发出了邀请。于是他选择离开伯克利，在 1965 年 1 月加入斯坦福大学。

斯坦福大学的遗传学家莱德伯格对基于计算机的思维模型很感兴趣。费根鲍姆来到斯坦福大学以后，立即开始和莱德伯格合作。后者提出了一个任务——通过分析有机分子的质谱来帮助有机化学家识别未知的有机分子。后来他们共同发明了 DENDRAL。

然而最初的情况并不乐观。当时，斯坦福大学的人工智能实验室和计算机中心正忙于研究其他项目，留给他们使用计算机的时间极其有限；且当时的计算机计算能力、存储空间都远不及现在（那时计算机的核心内存仅为 32KB），这给他们带来了很大困难。

更严峻的挑战是资金不足。他们所拥有的经费，即便加上美国国家基金会后续提供的一些资金，也仍然远远低于预算，只够他们做一个小项目，雇用一名科学家和一个实习生，甚至连他们自己的工资都发不了。但是费根鲍姆没有放弃，他四处奔走，终于申请到了足够的经费，而且这个项目也引起了许多科学家和学生的关注，DENDRAL 的研究到此才算步入正轨。

在研发过程中，他们越来越意识到，有机化学、拓扑学和质谱学的知识对他们来说至关重要，没有这些，他们的机器很难达到要求，他们必须聘请新的专家。后来二人成功邀请到斯坦福大学质谱实验室负责人卡尔·杰拉西加入团队，又吸引了许多有能力的研究生参与其中，给这个项目带来了巨大的活力。

业内许多人都在关注这个项目。大家知道，DENDRAL 的诞生将会改变人工智能领域的命运。当时美国政府和民众已对人工智能失去信心，人工智能跌入低谷。尤其在 20 世纪 70 年代初，美国国防部高级研究计划局主管史蒂夫·卢卡西克向人工智能科学家们提出了这样一个问题——人工智能最近为我们作出了什么贡献？如果回答不了卢卡西克的这个问题，人工智能领域的研究将越来越受到冷落。许多人工智能科学家为此辩护——从认知科学到语音理解乃至计算机视觉，说明人工智能的作用与广阔的前景，可卢卡西克始终不为所动。费根鲍姆则用作品说话，给卢卡西克讲述了一个以 DENDRAL 为主角的故事。在质谱分析方面，DENDRAL 从一无所知到具备强大的解决问题的能力，甚至可以与博士生相媲美，有力地证明了人工智能科学家们的梦想——制造出真正具有智能的机器，是有可能实现的。最终，DENDRAL"说服"了卢卡西克，使得他对人工智能的未来充满希望。

DENDRAL 把 AI 从漫天的质疑声中拯救了出来，并且意味着专家系统的真正诞生，为人工智能开拓出了新的领域。DENDRAL 后来又与 MYCIN 等专家系统共同掀起了人工智能的第二次浪潮。对此，费根鲍姆专门写了一本书，名叫《专家公司的崛起》，讲述专家系统的广泛应用。他认为，专家系统的第一个时代（1975—1991）经历了技术发展的主要学术实验和第一波工业应用。由于专家系统的应用，生产力和质量提高了一个数量级，带来了巨大的经济效益。正如费根鲍姆自己所言："知识中蕴藏着力量。"

但初代专家系统是有很大缺陷的。首先，当时的专家系统很脆弱，如果没有足够强大的知识库，或是在不熟悉的领域，专家系统的能力几乎为零；其次，当时的专家系统是孤立的、知识库之间是分开的，不能协作完成更综合、更困难的任务。这些问题势必成为专家系统发展道路上的巨大阻碍，而与之相对的是美国政府和民众的盲目乐观与不切实际的期望。这为人工智能的发展埋下一颗地雷，一旦爆炸，人工智能将再次跌入低谷。

人工智能的第二次低谷

1980 年，卡内基·梅隆大学为 DEC（Digital Equipment Corporation，数字设备公司）研发出一套专家系统——Xcon。Xcon 具有完整的专业知识和经验。据估算，它仅仅通过减少技师出错时造成的失误，每年就能为 DEC 节省几千万美元。"这促使专家系统领域出现了大量新公司，专家系统的价值不断攀升。

日本政府欲以 8.5 亿美元的预算开发具有极高智能的第 5 代计算机，掀起了人工智能领域的新一轮竞赛。20 世纪 80 年代，费根鲍姆研究了日本政府在人工智能方面的主要努力，并与帕梅拉·麦考黛克合著了《第五代——人工智能与日本计算机对世界的挑战》一书。书中提出，因为日本人过去曾被指责是模仿者，所以他们选择了 Prolog[①] 并尝试了形式化的方法以求创新。日本政府

---

① Prolog 是一种逻辑编程语言。

的计划包括很多内容，但正因为计划太过庞大，他们在开始时没有对应用程序空间给予足够的重视，到中途才意识到自己未明确计划的应用目标是什么。日本试图赶上人工智能的发展浪潮，但在白白浪费了大量的人力、财力和时间之后，最终还是失败了。

专家系统的蓬勃发展和日本政府的第 5 代计算机计划带来了人工智能的高潮，但也预示着下一次低谷的到来。人们对人工智能抱有的期待太大，这使得人们对它的耐心极其有限。由于早期的专家系统无法满足人们的期待，再加上 1987 年时台式机的性能已经超过通用计算机，人们再次失去了对人工智能的信心。各国在人工智能领域相继减少经费支持，人工智能跌入第二次低谷。

初代专家系统所具有的缺陷，虽在人工智能跌入低谷问题上"难辞其咎"，但也为以后十年专家系统的研究提供了方向。

结语

费根鲍姆的一生是不平凡的，他见证、经历乃至推动了人工智能的一次又一次高潮。他说知识中蕴藏着力量。他的一生，可以说是在知识中寻找力量的一生。他用这份力量推动了人工智能的发展，是当之无愧的"专家系统之父"。他很幸运，在一个自己感兴趣的领域奉献了一生，并在人工智能的发展史上画下了浓墨重彩的一笔。他将永远被后人铭记。

以下是费根鲍姆说过的一些富有哲理的话，与读者共勉。

> 知识中蕴藏着力量；
> 生活中有很多你必须做的事情，虽然不是那么有趣，但是你必须去做；
> 坚持不懈，不仅仅是对问题的坚持，更是对整个研究轨迹的坚持，这是非常值得的，在中间切换，在问题之间徘徊，不是一个好主意；
> 你必须对你要去的地方和你正在做的事情有一个全局视野，这样生活才不会看起来像是布朗运动[①]。

---

① 布朗运动是指悬浮在液体或气体中的微粒所做的永不停息的无规则运动。

参考文献

[1] FEIGENBAUM E A. Expert systems: looking back and looking ahead[M]. Berlin: Springer, 1980.

[2] Shustek L. An interview with Ed Feigenbaum[J]. Communications of the ACM, 2010, 53(6): 41-45.

查尔斯·巴赫曼
（Charles Bachman）

多年的探索积淀
织就绝妙的数据之网
奖章上镌刻着
数据库管理的奠基性贡献

二十三、数据库的领航者：查尔斯·巴赫曼

本文作者：黄俊凯

查尔斯·巴赫曼（Charles Bachman，1924—2017），美国计算机科学家，主要成就是为数据库领域做了奠基性工作，还为工业界开发了许多实际的产品。

在了解了许多直接为人工智能技术作出巨大贡献的科学家之后，让我们把目光转向另一个与人工智能技术密切相关的领域——数据库领域。尽管它并不是因为人工智能技术的发展而产生的，但它和人工智能的符号主义学派具有紧密的联系，同时也在人工智能的训练和应用中发挥着重要的作用。而谈到数据库技术，就不得不提这一技术的开创者——查尔斯·巴赫曼。

早年生活

1924 年，巴赫曼出生在美国堪萨斯州的曼哈顿市。他的父亲老查尔斯·巴赫曼是一名大学橄榄球教练，母亲格蕾丝·玛丽·卡里·巴赫曼在堪萨斯州立大学研究生院工作。由于父亲的工作变动，巴赫曼从堪萨斯州搬迁至密歇根州的东兰辛市，并在那里完成了他的高中学业。

巴赫曼高中毕业时正值第二次世界大战期间，因而他提前一个学期从高中毕业并进入大学，具备了参军的条件。随后，巴赫曼加入美国陆军高炮部队，在太平洋战区服役。当时的高射炮使用一种机械计算机来根据飞机的飞行路径

预测应当发射炮弹的位置，这一系统在实战当中的低命中率让巴赫曼意识到了准确预测目标的难度，这段经历对他后来的工作非常有价值。

与许多人工智能先驱不同，巴赫曼的早年背景更多地集中在工程学上而非数学或逻辑学领域。巴赫曼童年时各个学科的成绩都很好，但巴赫曼已经立下了成为工程师的志向。11岁时，他就在父亲的带领下组装了一辆赛车并参加了当地的"Soap Box Derby"（肥皂盒赛车）比赛。他说："我从来没有对其他东西感兴趣过。我一直想要成为一名工程师。"

战争结束后，巴赫曼先后在密歇根州立大学和宾夕法尼亚大学学习机械工程并获得学士与硕士学位。其间，一个有趣的事情是，巴赫曼在攻读宾夕法尼亚大学的工程学硕士之前，并不知道这一学科是夜校，因而他在攻读工程学硕士期间同时也在沃顿商学院学习并完成了MBA课程，这对巴赫曼早期的数据分析工作产生了重要的影响。

进入工业界

巴赫曼的工程学背景使其一生中的大部分成就来自他为工业界开发的产品而非在学术界进行的研究。

1950年，巴赫曼进入陶氏化学公司工作。刚进入陶氏化学公司时，巴赫曼的主要工作是作为一名分析员分析生产过程中的各种成本并优化产品的定价。从1957年开始，巴赫曼成为陶氏化学公司新成立的数据处理部门的负责人，并开始了他在数据处理技术方面的工作。随着陶氏化学公司订购IBM 709计算机（尽管这一订单最终因陶氏化学公司的经费问题而被取消），巴赫曼加入了IBM大型计算机的用户组织SHARE，并从1959年开始参与报表生成系统9PAC的开发，为这一系统编写了功能规范。

9PAC以通用电气公司开发的702文件管理和报表生成系统（包括一个报表处理系统和一个文件管理系统）为基础，可根据用户的数据和要求生成对应的表格。从某种意义上说，9PAC已经具有数据库系统的雏形，它可以对输入的数据进行归类与整理。巴赫曼后来开发的网状数据库IDS也沿用了很多9PAC系统的思想。最终这一报表生成系统获得了极大的成功，IBM将9PAC作为预装软件添加到了其计算机系统中。

早期的数据处理技术

在介绍巴赫曼对数据库作出的贡献之前，笔者认为有必要先介绍一下数据库管理系统，以及在此之前数据处理技术的发展情况。

数据库管理系统是一种用于管理多个数据库的系统软件，可以存储、修改这些数据库中的数据并响应用户的查询。它的一个重要特点是，访问数据的程序不受数据存储细节的影响，但是每个程序只能访问特定的表和记录。通俗来讲，它行使了仓库管理员的职责：用户只需要告诉数据库管理系统需要进行什么操作，这些数据如何存放，以及用户能不能访问对应的数据，具体如何操作则由数据库管理系统决定。

在电子计算机刚刚出现之时，大容量的数据存储器还没有出现，数据需要由人操作并经由打孔卡输入计算机，数据的处理效率并不高。

20 世纪 50 年代左右，磁带开始被用于数据存储，计算机的数据处理能力相较之前有了巨大的提升。但是磁带只能对数据按照磁带转动的方向进行顺序读写，并不能进行随机读写，且读写完成后需要进行倒带操作，导致在处理像数据检索和排序这种需要大量随机读写的任务时依然效率低下。举例来说，IBM 在 1955 年发布了一种排序软件，用它对 50 000 条长度为 100 个字符的数据进行排序，最多需要对磁带进行 17 次完整读写，即便在当时价值上百万美元的计算机上，这也需要运行长达一小时的时间。

1956 年，IBM 推出了世界上第一款使用磁盘存储器的计算机 IBM 350 RAMAC，这使得计算机具有了随机读写数据的能力，数据处理技术也得以逐渐发展起来，随后磁盘被逐渐应用到商业领域。

但在软件方面，早期的程序必须与数据文件一一对应，比如在 1959 年出现的编程语言 COBOL 中，就必须通过一个独立的数据节来确定程序所需要使用的数据文件。这使得编写程序过度依赖于具体的数据，同时也造成了数据依赖、冗余和不一致的问题。即便只是想稍微提高程序的性能或是对程序的功能进行小小的改动（比如给员工编号增加一个数字），也可能需要付出巨大的努力才能实现。不过，在这一时期，以报表生成软件为主的数据处理技术已经开始出现。其中具有代表性的技术包括前文提到的 702 文件管理和报表生成系统、9PAC 系统，以及在它们的基础上衍生出来的一些类似的系统。

随着磁盘这一随机读写设备的应用，计算机的数据处理能力得到了极大提升。但对当时的计算机来说，虽然读取一个特定的磁盘位置较为容易（比如读取磁盘的第 15 扇区），想要找到一条满足某个条件的记录却依然十分困难（比如读取一家公司昨天进行的交易）。为了解决这一问题，计算机科学家们开发了新的随机访问软件——数据库管理系统。这当中的代表之一就是巴赫曼发明的 IDS。

IDS 和 DBTG 报告

1960 年，巴赫曼离开陶氏化学公司，加入通用电气公司的生产控制部门。据他所说，这是因为陶氏化学公司对化学生产感兴趣，而他对信息系统感兴趣。

当时的通用电气公司在开发新的信息管理技术上进行了大量的投资，而巴赫曼根据他在工程领域将生产与控制分开的经验，提出了建立一个生产信息管理系统的构想。这促使巴赫曼开发了数据库管理系统 IDS，并基于此设计了生产控制系统 MIACS，这是当时少数几个成功的完全集成的信息管理系统之一。1964 年，巴赫曼在 IDS 的基础上开发了另一个数据管理系统 WEYCOS2，这是第一个可以同时由多个程序访问的数据库管理系统。

IDS 是一种网状数据库，巴赫曼运用"系"的概念来表示记录间的一对多关系。比如，可以把课程作为主记录，把学生作为成员记录，它们就可以构成一个系，表示哪些学生参加了某门课程。系的展开方式如图 1 所示。

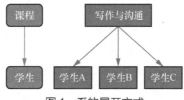

图 1　系的展开方式

一条记录既可以同时作为一个"系"的主记录和其他"系"的成员记录，也可以同时作为多个"系"的成员记录，如图 2 和图 3 所示。

相较于层状数据库，网状数据库允许一条记录是多个系的成员记录，从而变得更加灵活。

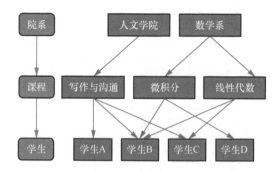

图 2 "课程"类型的记录既是各个院系的成员记录,又是其所代表课程的主记录

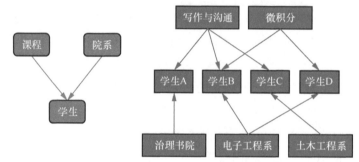

图 3 "学生"类型的记录同时以"院系"和"课程"作为主记录

这样的数据存储方式使得记录之间可以构成一种网状联系(见图 4),而非构成像层状数据库那样的树状联系。允许数据与数据之间建立更为灵活的关系,相较于原来以简单的顺序方式或树状形式存储数据,便有了更高的性能和空间利用效率。网状数据库还为程序员提供了一套强大的操作指令,这被看作数据操纵语言的一种早期表现,程序可以借助这些操作指令沿着数据之间的联系进行修改、插入、删除等操作。

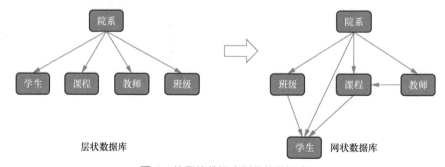

图 4 从层状数据库到网状数据库

当然，IDS 也存在一些缺陷。尽管 IDS 的效率很高，但其操作并没有完全将代码与数据分离。程序员需要显式地在数据文件中进行搜索才能定位相关的数据记录。关系数据库的发明人埃德加·弗兰克·科德就声称，在这一系统中如果要修改某个索引，就必须直接修改程序。尽管如此，相较于同时期的主要竞争对手——IBM 的分层数据库系统 IMS，IDS 则更加灵活和高效，它是当时最有影响力的数据库管理系统。

巴赫曼在发明数据库之外，还为数据库的标准与规范做了大量的工作。从 1966 年到 1968 年，巴赫曼参加了数据系统语言会议并编写了 DBTG 报告。这是一份关于网状数据库、数据定义语言和数据操纵语言的规范，以 IDS 为基础，首次确定了数据库的三层体系结构，明确了数据库管理员的概念，规定了数据库管理员的作用与地位。虽然这份报告本身并没有给出数据库系统的实现方式，但后来大部分的网状数据库管理系统遵循或基本遵循了里面提出的模型，即便是后来崛起的关系数据库，也在一定程度上受到这份报告的影响。这份报告成为数据库发展史上具有里程碑意义的文献。

由于发明了 IDS 并且编写了 DBTG 报告，巴赫曼被人工智能界公认为"网状数据库之父"。

1970 年，通用电气公司的计算机部门被霍尼韦尔公司收购，巴赫曼随即加入霍尼韦尔公司（见图 5）并继续负责数据库方面新产品的开发。

图 5　1978 年，巴赫曼在霍尼韦尔公司给员工上课

1973 年，巴赫曼因为在数据库领域作出的杰出贡献而获得图灵奖，他是第一位既没有博士学位，也没有数学与物理背景的图灵奖得主。他做了题为

"作为领航员的程序员"的获奖演说,介绍了数据库管理系统的基本要素并指出了当时数据库发展存在的一些障碍。

图灵奖之外

巴赫曼虽然获得了图灵奖,但是他的观点并不完全被其他科学家赞同。前文提到的关系数据库的发明者、后来的图灵奖获得者科德就一直反对巴赫曼的学说,这种矛盾在巴赫曼获得图灵奖之后达到了顶峰。他说:"我祝贺巴赫曼获得了图灵奖。这很好,也是他应得的;他是一个非常好的人……但这些并不影响一个事实——他在这篇论文里说的东西完全是错的。"两人在 1974 年 5 月的一次研讨会上就网状数据库和关系数据库的优劣进行了一次辩论。科德为自己的关系数据库辩护,而巴赫曼认为关系数据库和他的网状数据库在数学上是等价的,这两种数据库仅仅是两种不同风格的实现方式。这次辩论并没有分出胜负——两人都没能成功地说服对方。但从当下的使用情况来看,关系数据库已代替网状数据库成为主流,这或许在某种程度上给出了这次辩论的结果。

巴赫曼的贡献远不只发明了数据库并为其制定了标准,他在与数据库相关的其他领域同样有巨大的贡献。由他领导的一个小团队在 1967 年至 1968 年扩展了 BASIC 语言,并加入了用来创建和查询数据库的能力,这一语言后来被称为 DataBASIC 语言。巴赫曼说这是为了让不是程序员的商业人士也能够构建、维护并操作他们自己的数据库。他还发明了一种用来描述网状数据库模型的数据结构图,这种图被称作"巴赫曼图"。

更为突出的是,巴赫曼还为计算机通信系统的标准化作出了一定的贡献。1978 年至 1982 年,巴赫曼担任 ISO(国际标准化组织)开放系统互联小组的主席,他提出了七层的网络通信协议 OSI(Open System Interconnect,开放系统互联)。尽管这一协议后来因为各种原因未被使用,但其分层与抽象的思想仍被当今主流的网络传输协议(如 TCP/IP)沿用。

1980 年,巴赫曼进入 Cullinane 公司工作,他继续对网状数据库进行扩展,但由于客户转向关系数据库,1983 年他被公司解雇。随后巴赫曼创立了自己的公司 Bachman Information Systems,但巴赫曼没有赶上运行微软 Windows 软件和廉价应用程序的浪潮,最终该公司被 Sterling Software 收购。巴赫曼将这看作他职业生涯中最大的遗憾。

2012 年，巴赫曼获得美国国家技术与创新奖章，以表彰他在数据库管理、事务处理和软件工程方面所做的奠基性贡献。

2017 年 7 月 13 日，巴赫曼以 92 岁的高龄在美国与世长辞。

数据库和人工智能

诚然，数据库技术并不是人工智能技术的直接组成部分，但数据库技术和人工智能技术之间具有紧密的联系。

从历史的角度来看，人工智能中的符号主义学派的发展和数据库密不可分。符号主义本身就主张基于某些已有的经验知识进行逻辑推理来解决问题，这使得符号主义的许多成果需要数据库等技术的支持来实现经验知识的存储与管理。以符号主义的重要成果专家系统为例，其推理就需要基于具有大量专业知识的知识库，知识库则可以通过数据库技术来实现。

从当下来看，数据库技术本身也可以支持和优化人工智能技术。首先，人工智能系统本身缺少一些执行优化的技术（如大规模缓存、数据分块分区、索引等），这会导致计算、存储资源的浪费并提高程序异常（如内存溢出、进程阻塞）的发生率。其次，人工智能的训练需要大量优质的数据集，而从真实世界中获得的原始数据可能存在数据缺失、数据错误和样本异常等问题。用到的不同数据源之间还存在格式不统一、冗余信息多、连接开销大等问题，直接应用这些数据的效率不高。但是通过应用数据库管理系统并引入相关的优化技术（如索引、计划选择、视图缓存等），就可以提高训练速度并降低资源使用率，相关的数据治理技术则可以对我们从真实世界中获得的数据进行预处理，从而提升数据的质量和 AI 训练的质量。

此外，目前的许多研究聚焦于如何使用人工智能技术来优化数据库本身的性能。传统的数据库是静态系统，不会根据历史记录和特定的数据或操作自动进行优化，而当下的大数据应用场景对数据库系统的性能提出了更高的要求。人工智能技术可以使数据库基于已有的查询记录自动进行负载的预测、数据库配置的参数调优、数据库分区、索引的优化等，从而提高数据库在实际应用中的性能表现。

总而言之，人工智能与数据库具有不可分割的联系，巴赫曼也可以看作人工智能发展的铺路人之一。

结语

巴赫曼一生的经历丰富而独特。他最早从事的工作与计算机并不相关——从学习机械工程与商学知识，到进入化工企业从事商业工作，最后致力于研究数据处理技术并获得计算机行业的最高奖。传奇的人生经历让他在人工智能乃至整个计算机行业的开拓者中显得与众不同。

如今，数据库早已影响到我们生活的方方面面，我们利用搜索引擎得到的每一条搜索结果，或者在购物软件上看到的每一条推荐，都离不开巴赫曼的这一伟大发明。当然，他的许多成果现在已经被其他的技术取代，比如他的网状数据库就因受到冷落而被关系数据库取代，他提出的 OSI 网络通信协议也在与 TCP/IP 的竞争中落败。新的技术代替旧的技术是时代发展的必然，但我们不能否认，巴赫曼所做的许多工作是开创性的，他创造的这些模型与技术为后来的人工智能技术奠定了坚实的基础。他终归是人工智能发展史上一位不可或缺的人物。

参考文献

[1] HAIGH T. How data got its base: Information storage software in the 1950s and 1960s[J]. IEEE Annals of the History of Computing, 2009, 31(4): 6-25.

[2] 吴鹤龄，崔林. 图灵和 ACM 图灵奖 (1966—2015)——纪念计算机诞生 70 周年 [M]. 5 版. 北京：高等教育出版社，2016.

[3] 张作民. 数据库管理系统的 DBTG 模型与关系模型 [J]. 计算机科学，1979(3): 1-29.

[4] CODD E F. A relational model of data for large shared data banks[J]. Communications of the ACM, 1970, 13(6): 377-387.

[5] HAIGH T. Charles W. Bachman: Database software pioneer[J]. IEEE Annals of the History of Computing, 2011, 33(4): 70-80.

[6] 李国良，周煊赫. 面向 AI 的数据管理技术综述 [J]. 软件学报，2021, 32(01): 21-40.

[7] 孙路明，张少敏，姬涛，等. 人工智能赋能的数据管理技术研究 [J]. 软件学报，2020, 31(3): 600-619.

埃德加·弗兰克·科德
（Edgar Frank Codd）

飞过碧海蓝天

他将闯劲与勇气保持一生

命运起落热情不灭

关系数据库大道终成

二十四、"表"达万物之序：埃德加·弗兰克·科德

本文作者：于骥琪

埃德加·弗兰克·科德（Edgar Frank Codd，1923—2003），英国计算机科学家，曾工作于IBM公司位于圣何塞的阿尔马登研究中心，因在关系数据库方面的贡献而获得图灵奖。

生命中的各种尝试——初生牛犊不怕虎的闯劲与勇气

1923年8月23日，英国英格兰多塞特郡波特兰地区的一对夫妻生下了他们的第7个孩子——埃德加·弗兰克·科德。这对夫妻此时一定不会想到，他们最小的这个孩子将会在未来获得"计算机科学界的诺贝尔奖"——图灵奖。

科德的父亲是一位皮革制造商，母亲是一名教师，因此科德的家庭十分重视教育。科德才几岁时，就被父母送往多塞特的普尔法文学校读书。科德天资聪慧又非常努力，1941年获得了牛津大学的全额奖学金，进入埃克赛特学院学习化学，那时他只有18岁。在他上大学期间，世界形势发生了严峻的改变，第二次世界大战爆发。科德出于天性中强烈的爱国主义和冒险精神，主动请缨成为英国皇家空军海岸司令部的飞行中尉。

第二次世界大战结束后，科德回到牛津大学转学数学，这为他日后创建数据库关系模型奠定了良好的基础。

科德在硕士毕业后便移民美国，初来乍到，因为人生地不熟，他没有稳定的工作和收入，生活穷困潦倒。迫于生计，他只好暂时搁置自己最初从事数学研究的梦想，在纽约的梅西百货男运动装部门担任销售员——一份非常无

聊乏味又死板的工作。好在他不久便找到了一份与自己所学的知识相匹配的工作——田纳西大学的数学讲师。他认为这份工作能够让他充分发挥自己的学术创造性，然而事实与他的预期相去甚远：每日重复着陈旧的知识，无法让自己的奇思妙想落地生花。半年后，他就辞掉了这一职务。

螺旋式上升、波浪式前进

1. 计算机生涯的起步

南宋著名理学家朱熹曾在其著作《论语集注》中描述："一息尚存，此志不容少懈，可谓远矣。"这句话非常适合用来描述科德的科研道路。1949 年，科德以编程数学家的身份加入美国纽约州阿蒙克市的跨国科技公司 IBM，为 IBM 的第一台可选顺序电子计算器 SSEC 开发程序。20 世纪 50 年代初，科德开始参与 IBM 第一台用于科学处理的商用计算机 IBM 701 的设计和开发，这为科德的计算机生涯奠定了实践基础。

2. 命运的安排

1957 年，科德与 IBM 的一位资深经理偶然相遇，这位资深经理十分欣赏科德这匹"千里马"的学识和才能。他借此机会邀请科德加入 IBM 的新的研究。科德同意了，并在纽约州的波基普西市从事 IBM 7030 的研发工作。在此期间，他领导开发了世界上第一个多道程序操控系统，这个系统允许独立开发的不同程序同时运行，即当一个程序等待响应时，另一个程序可以使用计算机的 CPU，这大大提高了程序的运行效率。

3. 计算机事业的奠基

曾子曰："吾日三省吾身——为人谋而不忠乎？与朋友交而不信乎？传不习乎？"科德是一个极具内省精神的人，他敢于跳出舒适区，奋发图强，迎头赶上。科德在工作实践中发觉自己极度缺乏硬件知识，为了填补自己在计算机相关领域的空白，年近 40 的他毅然决然地重返大学校园，学习自己欠缺的知识，这也为他以后在计算机领域作出重大发明创造奠定了坚实的基础。1961 年，科德在 IBM 奖学金的资助下，来到密歇根大学就读。通过刻苦钻研，他于 1965 年以优异的成绩获得密歇根大学计算机与通信专业的博士学位。这一次的学习极大丰富了科德的专业技术知识，让他为日后提出数学理论规范化的关系模型做了充分准备。

《牧羊少年奇幻之旅》①中说："当我们努力使自己变得比现在更好的时候，我们周围的一切也会变得更好。"科德通过努力奋斗，终于获得了让自己满意的结果。1968 年，科德在约翰·亨利·霍兰德教授的指导下，针对冯·诺依曼设想的细胞自动机，发表了论文《科德元胞自动机》。

4. 找准方向后的探索

科德从密歇根大学毕业后，再次回到梦开始的地方——IBM 公司，从事软件规范工作。不久后，科德把注意力转向数据库问题。至此，已过不惑之年的科德才正式开始研究与数据库有关的关系模型。由此来看，科德正如冯梦龙在《警世通言·卷十八》中说的："早成者未必有成，晚达者未必不达。不可以年少而自恃，不可以年老而自弃。"他是大器晚成的人。同年，科德来到位于加利福尼亚州圣何塞的 IBM 研究实验室继续工作。他运用自己所学的知识在关系模型方面持之以恒地探索，终于在数据库领域立下不世之功——完成了数据库关系模型的创建。1970 年 6 月，科德在《计算机协会》杂志上发表了"大型共享数据库数据的关系模型"一文，第一次明确地提出了关系模型。关系模型被广泛地称赞为 19 世纪最为伟大的技术成就之一。科德提出，可以把数据独立于硬件之外进行存储，然后使用一种非过程语言来访问这些数据。科德的重点是将数据保存在由行和列组成的简单表中——不是像过去的层次模型和网络模型那样，把数据记录在不同层次中，而是更为简化地将数据保存在一个层次结构中，并且数据项之间的关系应该基于每一项的具体值而不是单独指定的嵌套。

科德提出的这一概念不仅极大简化了查询数据的规范，而且提供了使用现有数据集的崭新方式，使查询数据具有前所未有的灵活性。无论是用户还是厂商，不需要知道数据结构就可以进行数据查询。对于整个数据库行业的发展而言，关系模型让原本只能被具有高度专业技术技能的人使用的数据库系统变得通俗易懂，让这一技术真正"飞入寻常百姓家"。

科德研发的关系数据库有着"人人可学可用，基础坚实可靠"的特点，且用户无需知道存储结构的细节，就可以享受关系模型带来的便利。目前，我们日常生活中都在使用科德的发明，如自动取款机、医院的病人记录、航空公司的航班和时刻表……这些日常生活中随处可见的东西，都是基于关系模型系统

---

① 《牧羊少年奇幻之旅》是一部由巴西作家保罗·柯艾略创作的长篇小说，讲述了牧羊少年圣地亚哥追寻宝藏的冒险故事。

研发而成的。

什么是关系模型呢？关系模型是一种数据模型，由美国 IBM 公司圣何塞研究室的科德于 1970 年提出。关系模型建立在严格的数学概念——集合代数的基础之上，由关系数据结构、关系操作集合和关系完整性约束三部分组成。关系通常指的是一张表，元组就是表中的一行，属性就是表中的一列，码是能够唯一标识关系中一个元组的一个或多个属性，域是一组有相同数据的值的集合，分量指的是元素中的一个属性值。关系模型要求关系必须是规范化的，且关系的每一个分量都必须是一个不可分割的数据值。此外，关系模型非常注重关系的完整性。关系的完整性约束条件包括三大类：实体完整性、参照完整性和用户定义的完整性。在数据操作方面，主要包括查询、插入、删除和更新数据，所有这些操作都必须满足完整性约束条件。关系模型是集合操作，操作对象和操作结果是关系。关系模型的优点包括以下三个方面：(1) 建立在严格的数学基础上；(2) 概念单一，因此数据结构更加简单、明了、易学、易懂、易使用；(3) 存取路径透明，有更好的数据独立性和更安全的保密性。

科学家的伟大，在于他们的奇思妙想可以为人们的生活带来便利，他们能利用学到的知识发明创造产品，促进人类的发展。科德正是这样一位伟大的科学家。他的数据库关系模型把本身晦涩难懂、难以实践的数据库理论应用到实际生活中，改变了人们的生活方式，让人们的生活更加便利、幸福。

5. 无人赏识的落寞

"行路难，行路难，多歧路，今安在。"

或许是因为生不逢时，1960 到 1970 年间，科德撰写的几篇概述了关系模型的想法和理念的里程碑意义的论文，如石沉大海，并未得到 IBM 应有的重视。当时 IBM 正致力于将不同类型的数据库系统商业化，因此无暇顾及科德的妙想。但科德意志坚定，积极地寻求各种方法来让人们了解他的天才创造。他向 IBM 的客户展示了关系模型的发展潜力，这些看到商业先机的客户不仅极其支持科德开发关系模型，还为了通过推广科德的关系模型赢得商业利益，反过来向 IBM 施压。因为客户的要求，科德的关系模型开始被 IBM 投资开发，这极大推动了关系模型的实施。但是，IBM 让那些不熟悉科德具体想法的人员负责这一工作，导致新的系统没有使用科德本人研发的阿尔法语言，而是使用了非关系语言 SEQUEL。直到 1978 年，时任 IBM 董事长的弗兰克·卡里才下令根据科德的关系模型打造一款产品。但"机不可失，失不再来"，硅谷企业家劳伦斯·约瑟夫·埃里森抢先一步借鉴科德的关系模型论文,注册了甲骨文公司。

1984 年,科德从 IBM 辞职。正所谓:"能者非他,能自树立,不因循者是也。"从 IBM 离职后的科德,开始了自主研发与助推关系模型。1985 年,科德和同事莎伦·温伯格、克里斯·戴特共同成立了关系研究所和科德－戴特咨询集团,专门从事关系数据库方面的研究。1981 年,科德因在关系数据库方面的巨大贡献,获得计算机界最高奖项图灵奖。2003 年 4 月 18 日,科德由于心力衰竭于佛罗里达州威廉斯岛的家中离世,享年 79 岁。

毕生的成就——最有成就的科学家都具有最狂热的热情

科德一生都在探索,尝试未知的、新鲜的事物,坚定信念,执着追求,不畏艰辛与磨难,走着自己坚定选择的独一无二的路。他的一生中有太多伟大的贡献:有针对细胞自动机提出的大胆设想;有世界上第一个多道程序操控系统……但关系模型是他最引人注目的成就。科德用他的一生去践行探索与坚定的意义。不仅他的创造一直惠及人们生活,他探索过程中的宝贵精神也将成为后辈不断完善科学大厦的重要精神引领。

正如罗·特雷塞尔所说:"一个人的发明创造对社会作出了贡献,社会就会给他尊敬和荣誉。"由此可见,科德"关系数据库之父"的称号实至名归。

参考文献

朱熹. 论语集注 [M]. 济南:齐鲁书社,1992.

二十五、用 AI 解决科学问题

本文作者：武永祥

历史的大幕缓缓拉开，穹顶之下，一次次技术革命让人类生活不断迈入新纪元。蒸汽机的发明，使人类从农业手工业时代进入工业社会；电动机的诞生，让人类从工业社会跨入电气时代；而以原子能、电子计算机、空间技术和生物工程技术为主要标志的信息技术革命，更是翻开自动化、信息化时代的篇章。伴随每一次技术革命而来的，是生产力的发展。放眼当下，AI 产品正凭借其无可比拟的学习速度、不知疲倦的运作性能、面面俱到的系统分析优势，以及庞大复杂的数据体系，在人们的生活中日益增多。AI 作为 21 世纪最令人兴奋的新兴交叉学科，立于科学前沿，引无数科研工作者为之折腰。当 AI 与其他学科再次碰撞出火花时，这项早已将触角伸入人类日常生活的技术，又将以怎样的方式推动科学发展？

AlphaGo——让实验科学突飞猛进

提及 AlphaGo，人们首先想到的可能是近年来名声大噪的 AI "棋手"，但在公众视野所不能及之处，AlphaGo 早已在自然科学研究领域有所贡献。上海大学的马克·沃勒教授团队（后文简称沃勒团队）利用深层神经网络与人工智能算法开发了一款可以预测化学合成路线的软件，并在国际顶级期刊 Nature 上发表，这项代表人工智能在化学合成领域的重大突破，被称为化学界的 "AlphaGo"。

这项听起来并不十分前沿的研究，为什么会得到如此殊荣呢？

让我们把镜头拉远，回顾合成化学这一科学门类的发展历史：从 19 世纪初永斯·雅各布·贝采利乌斯、弗里德里希·维勒等先驱开人工合成有机物之先河，到 20 世纪中叶各大实验室陆续成功合成多种有机高分子材料，再到历经了三次科技革命的今天，越来越多的有机物得以创造并应用，合成化学取得了前所未有的成就，但 200 多年以来，有机化学家的工作方式并未发生明显改变——依然是手绘流程图、用试管和量筒做实验，以至于有人戏称："进入有机化学实验室，就好像误入了中世纪西方炼金术士或中国古代炼丹道士的作坊。"虽然随着计算机技术的发展，出现了计算机辅助有机合成技术，但传统的计算机辅助方式提供的分子质量参差不齐，仍需实验人员手动挑选，在这样的工作方式下，有机合成一般只能在实验者的尝试下进行，设计路线的效率也可想而知。

但是，AlphaGo 的诞生，彻底改变了这一局面。将 AlphaGo 应用于预测化学合成路线的设想，源于化学反应与下棋在某种意义上的相似性：如果将化学反应的原料看成不同的"棋子"，原料的不同组合和变换就交织成千变万化的"棋局"。但这种美好的设想在实际操作中遭遇了困难，正如一位研究者 Segler 所说："化学领域比围棋有更多的可能性，问题也要复杂得多。"化学合成很多时候是靠化学家的"直觉"进行选择，甚至有时候很难用化学原理进行解释，而计算机程序是严谨的，崇尚二值判断的绝对逻辑，这使得用计算机辅助设计的尝试陷入困境。

所幸的是，深度学习为问题的解决打开了一扇窗。在这项研究中，沃勒团队将深度神经网络与强化学习等概念整合，提出了一个全新的架构：首先用拓展策略网络——一种可以广度搜索结果的神经网络，搜索当前位置可能存在的单步逆向化学变换路径，继而用筛选网络对反应的可行性作出判断，最后用展示策略网络在展示步骤中应用多次采样的方法对搜索节点进行定量评价。

只看这些技术术语也许难以理解问题的解决原理，但是当我们联想到 AlphaGo 的初始功能——下棋时，就会发现这个流程与下棋有颇多相似之处：那位"世界顶级棋手"在下棋时，并不是通过计算当前"棋局"对应的诸多可能，而是通过赛前对大量对局的分析与学习，得到一个可能的"棋局"状态，并从中计算出胜率最大的落子位置而最终取胜。但与下棋不同的是，我们在化学中应用的 AlphaGo 并没有对手，它"上班"的结果也不是"棋局"的输赢，而是把初始输入的化合物分解成常见的原料。但是，由于"前期学习"与"实际工作"难以避免地存在差异，一次搜索有很大概率无法得到准确的目标结果，这个问题又是怎么解决的呢？

这个问题的解决主要得益于人工智能的高算力优势，逻辑也很简单：既然一次不能得到结果，那就多来几次。如果我们能把 AlphaGo 的演算方法制成动画，那么呈现出来的画面大概就是一次又一次地向未知之海的彼岸发起冲击，每次没有到达的尝试都为下一次修正了方向。这个过程正如鲁迅所说的"世上本来没有路，走的人多了，也就成了路"，这也是蒙特卡洛树搜索核心思想的体现。

事实证明，这样的方法是合理且高效的。在沃勒团队进行的双盲实验中，AlghaGo 设计的路线与人类科学家设计的路线被采纳的比例相当，这说明即便是权威的合成化学家，也无法区分这款软件与人类化学家之间的区别。设计"品质"没有下降，但是 AlphaGo 的工作效率是人工的上千倍。这就解释了它为何能在有机化学界引起巨大轰动：有机化学家认识到，"AI+ 化学"的时代已经来临，人工智能的强势介入定将为化学合成开创新的局面。

分子动力——因机器学习大放异彩

如果将一个小球放在桌面上，毫无疑问，在不受外界干扰的情况下，小球将安静地停在原处；但如果"小球"被替换成微观的粒子，我们的直觉就失去了理论依据。微观运动复杂且难以观测，这也使得它成为一个经典的物理难题，像黑洞一样吸引着世界各地的科学家，让无数科学才子为这一问题孜孜以求，如痴如狂。

正如量子力学的奠基者之一保罗·狄拉克所说："有了量子力学，除了一些极端尺度的情况（如核物理等），我们已经掌握了大多数工程和自然科学所需要的第一性原理"，但也正如他所说，每增加一个电子，数学问题的维数就增加了 3，因此描述量子力学基本原理的数学问题变得异常复杂。也就是说，量子力学的发现，为物理问题的解决提供了坚实而完备的理论基础，但随之而来的是维数极高、运算量极大的微分方程需要求解。以计算微观运动的薛定谔方程为例：

$$i\hbar \frac{\partial \psi}{\partial t} = -\frac{\hbar^2}{2m} \frac{\partial^2 \psi}{\partial x^2}$$

薛定谔方程对单一电子的求解已经极为复杂，而对于多电子体系，其复杂度将呈指数增长。鄂维南院士曾说："300 电子的体系，是一个极为简单的体系；而 300 维的微分方程，是一个极为复杂的微分方程。"换句话说，量子力学理论在给予我们探究微观世界的希望的同时，又给全科学界泼了一盆冷水：

微分方程的计算难题不破，量子力学的"屠龙之技"便无所适用，甚至对于最简单的物理系统，我们都无法预测其未来的运动。

由于"维数灾难"的存在，长期以来，学者对不同尺度的物理问题采用了不同的研究理论；对于每个尺度，都在相应的假设和前提下建立了多种适应不同条件的数学模型。其中，在宏观层面，大多数控制方程是偏微分方程，如描述流体运动的 N-S 方程、描述固体材料变形疲劳的本构关系等。在微观层面，则大多应用粒子模型，其中最为常见的是分子动力学。不同模型只适用于特定尺度，这给科学家们带来了困难。如果人类真的想要理解自然，就应该用具有普适性的数学模型解释自然现象，并使其在实际问题中得到应用。

而具体到尺度介于宏观世界和微观世界之间的分子动力学，则存在着基于量子力学、第一性分子动力学等理论计算得出分子运动势场的方法，该方法基于曾获诺贝尔化学奖的沃尔特·科恩和约翰·波普的成果发展而成，虽然准确，但同样因为高维微分方程难以求解，导致难以模拟大量基数的分子运动，很难应用在实际问题上。而人工智能技术的发展，为这一设想的实现提供了可能。我国著名的应用数学与机器学习专家鄂维南院士，在从量子力学与分子动力学模型出发推导多物理模型的多尺度方法的一般框架上进行了大量研究，由他率领的课题组的一个主要成果便是发展了一套深度学习模型，仿照 Car-Parrinello MD 的思路，通过输入 AIMD（从头算分子动力学，一种研究电子与原子核相互耦合系统的力学进动过程的理论方法）、DFT（Discrete Fourier Transform，离散傅里叶变换）或其他方法产生的分子坐标数据，采用监督学习深度神经网络输出获得分子动力学的势场。该思路后来被证明是可行的，也打破了学术界对深度学习的质疑，证明了这一全新思路确实有效。

其实，早在神经网络和机器学习还没有大热的 2007 年，米歇尔·帕里内洛团队就尝试使用神经网络预测分子场的势，并取得不错的结果。而在人工智能大行其道的当下，该思路又被进一步优化和发展。2018 年，马齐亚尔·莱西等人提出 PINN，这是一种尊重物理规律的神经网络，主要思路就是在本身并无物理意义的神经网络中，对它的损失函数和优化器（梯度下降、随机梯度下降等）嵌入物理信息。

不仅如此，我们发现深度学习技术的诞生，还使人类在更多的物理"尺度"下，得到用于测算各种物理问题的理论或模型成为可能。例如在流动气体的动力模拟方面，人工智能的出现助力科学家突破了克努森数的界限；又如在流体渲染方面，人工智能大大提高了液体流动图像的渲染速度……我们有理由相信，未来 AI 技术将继续推动基础物理的研究，在致理探微的道路上大放异彩。

千帆百舸——因技术辐射焕发生机

AI 作为一门交叉学科，其应用并不局限于化学、物理等基础学科的研究，更为科技领域的"千帆百舸"带来了新的发展机遇。"AI+"正成为行业的发展趋势。

AI+ 交通。"蜀道难，难于上青天"已经在沥青与混凝土的应用下成为历史，古人"日行千里"的梦想也早已实现。但是，当你站在拥挤的地铁上，当你身处拥堵路段的中心，或者当你的归途仍是"火车+汽车+自行车"的复杂组合时，你一定会觉得现在的交通条件仍有极大的改善空间。社会发展过程中衍生出来的各种新问题呼唤更加综合的交通调控系统和更加精细的资源分配方式。从堵车时的云疏导平台，到解决"最后一公里"问题的智能方案，解决当前存在的种种问题无疑仍依赖于"AI+ 交通"的实现。

可以看到，"智能交通"衍生出来的多个产业正蓬勃发展，特斯拉"造车"引发无人驾驶热潮、大数据"云服务"一定程度上缓解了都市交通的拥堵、人工智能技术助力的"网约车""共享单车"正改变人们的出行方式。"AI+ 交通"或许是人工智能技术最易落地、最易服务生活的一个分支，未来想要实现人类长久以来"天堑变通途""全球如一村"的心愿，AI 技术仍将大有可为。

AI+ 制造。"AI+ 制造"将形成一整套涵盖"人–信息–物理"的生产管理系统，在产品研发、生产制造、供应链运营、市场营销、产品服务、售后运维等方面全面创新。与其他产业的升级改造不同，AI 为制造业带来的是彻底的系统"大换血"，我们期待未来的智慧工厂能成为中国制造业崛起的重要力量，让"中国制造"真正变为"中国智造"。

AI+ 采矿。AI 的使用将极大提高采矿的效率已经是不言而喻的事实。但更引起笔者注意的是，AI+ 采矿还将有效提高采矿的安全性和环保性。长期以来，采矿业一直被认为是污染环境的行业。开采过程中时有发生的安全事故令人触目惊心。但是，AI 技术的应用，将有效改变这一现状。增设了 AI 系统的开采设备，能规划出最佳的开采路线，如"微创手术"般完成对矿产资源的收集，大大减少对生态环境的破坏。与此同时，AI 系统的大量传感器还能实现对矿井的气压水平、温度湿度，以及矿山振动幅度等情况的实时监测，有效避免开采过程中发生安全事故。

AI+制药。传统的制药方法需要长期不断试验，科研成本居高不下。但是，AI 技术的发展，或为药物研发提供"破局"的可能。AI 制药能利用自然语言处理等技术，辅助生成药物分子并进行分子筛选。虽然目前 AI 制药技术尚未完善，但它未来的应用前景十分美好。令人期待的是，如今已有多家互联网龙头公司积极布局智能制药，其中不乏我们所熟知的百度、阿里巴巴、腾讯等公司。我们有理由相信，在人工智能的强势介入下，药物的研发将会提速加快。

矗立潮头——人工智能风起潮涌

AI 不仅是人类的智能助手、不败的围棋冠军，也是呆萌的机器人、灯光下的虚拟舞者，更是人类探索自然、探索自我这条终极道路上的助力者。AI 不仅会带来基于机器学习技术的全新科技武器，还会将人类推向一次席卷整个科学领域的重大科学革命的风暴边缘，让我们得以向未知的真理更进一步。

在 AI 时代，我们有理由畅想未来的科学世界，这将是人工智能大展身手的时代，人类也终将借助 AI，得知这个世界最基本、最美妙、最简洁却又最完备的自然法则。

参考文献

MARK P W. Planning chemical syntheses with deep neural networks and symbolic AI[J]. Nature, 2018, 3(03):6-9.

大卫·马尔
（David Marr）

用有限的材料探索无垠的脑海
从本体到成像层层升维
年轻的生命璀璨而短暂
今日硕果于梦境看过几回

二十六、从智能的计算到计算的智能：大卫·马尔

本文作者：温凯越

大卫·马尔（David Marr，1945—1980），英国神经系统学家与心理学家，计算神经科学创始人。

引语

"七八个星天外，两三点雨山前。旧时茅店社林边，路转溪桥忽见。"

——辛弃疾

广为流传的辛弃疾的这首阕词，有趣地揭示了人的视觉特性。通过视觉，我们认识了一个三维的世界，其中有前有后，有内有外。然而，这个三维的世界实际上是由人眼看到的一张张"忽见"的二维图片生成的。

通过视觉获得的感知信息占人类所有感知信息的60%以上，我们究竟是如何获取这些信息的？又是如何将它们转换为图像的呢？古往今来，它们一直是困扰智者的难题——希腊人对入射论和出射论争执不休；歌德基于诗人的浪漫和哲人的思考提出"色彩理论"，与牛顿光学相互攻讦；哲学巨人康德和休谟就视觉是基于先验还是基于经验各执己见……近代以来，视觉的原理更是成为脑科学和神经科学的"圣杯"。

本文介绍的正是20世纪一位追逐"圣杯"的伟人——大卫·马尔。虽然他年仅36岁就如流星般陨落，但是他的学术创见给计算心理学、神经科学和

计算机科学都留下了不可磨灭的印记。

青春寻路

1945年，在英国的埃塞克斯郡，一个名叫大卫·马尔的男孩降生了。他度过了一个平凡却快乐的童年，之后在一所公立学校——橄榄球中学就读，他的优异成绩让他成功升入剑桥大学三一学院并在那里学习数学。

在剑桥大学三一学院，马尔打下了扎实的数学基础，同时取得了数学专业的本科和硕士学位。虽然他在研究数学期间所做的工作已不可考，但是其后来在脑科学和计算机科学论文中作出的优美数学证明和展现的丰富数学技巧，也能够说明大学期间的知识积累对他的科研有巨大帮助。

著名数学家厄尔多斯曾说："最好的证明都写在天书上，数学家只是能够匆匆一瞥。"数学证明中的那些"匆匆一瞥"的美妙体验，诱惑着许多数学家去思考数学背后的原理。数学证明中人脑展现的无限潜力，让马尔开始思考脑科学中的元问题——大脑究竟是如何工作的？

每个人在一生中，都会与各种各样的元问题不期而遇很多次，但是真正投身去钻研这些元问题的凤毛麟角。马尔正是这极少数人之一，他毅然放弃了继续研究数学，师从贾尔斯·布林德利，开始了脑科学的博士研究，从而确定了自己一生的道路。

微著之间

2020年上半年，埃隆·马斯克的"脑机接口"项目引爆了网络。在全新技术的加持下，我们能够了解大脑内部的神经信号。然而50年前，马尔却没有这些高级的实验仪器。即使在当时的世界顶级学府，关于大脑的资料也仅限于脑电图和解剖学证据。要知道，大脑中的神经元有1000亿之多，试图用手头有限的资料去解读大脑工作的奥秘，无异于用肉眼加光学望远镜试图推理银河系的结构。

面对有限的资料，马尔努力尝试结合当时最先进的理论和最新的解剖证明，大胆猜想大脑的中枢功能是统计和模式识别。随后他在结构较为简单、解剖证明相对丰富的小脑上"小试牛刀"，指出小脑中的浦肯野细胞是环境识别的硬件机制，可以将复杂纷乱的视觉信息中的环境特征提取出来，用以决定下一动作。这一观点直到今天仍被认为是基本正确的。

马尔自然不会止步于此，他敏锐地认识到，提取出的环境信息在数学上应该被认为是一个高维向量。他利用自己读本科和硕士期间培养起的扎实的数学基础，猜想大脑实际上是把感知器收到的复杂信息映射到了某个高维空间的几何结构，并在其中进行分类和优化等操作。这一数学观点是将"学习"视为高维空间中的优化问题的先声。

为了说明马尔的统计识别理论，我们举个简单的例子。在图1中，假设我们想要一刀分离开写着"True"的面和写着"False"的面，这在二维平面上当然是不可能的。但是，假如我们将这个灰底的正方形对折成一个三角形，并将这个二维结构映射到三维空间中，那么只需要裁下这个三角形的一角，就可以完成上述任务。同样的道理，面对现实世界，针对同一个结构，比如一个咖啡杯，我们能够接收到的信息变化多样，将它们还原成最基础的信号，看起来可能毫无相似之处，但是当通过神经结构被映射到某个高维空间时，所有的咖啡杯的图片可能都会聚在一起。马尔相信大脑正是通过这一方式认出眼前有个咖啡杯，当代机器学习的分类技术本质上也正是秉承了这一原理。

为了进一步论证这种理论的合理性，马尔指出，为了高效地进行模式识别，大脑需要拥有基于内容的记忆提取方式，并通过数学模型证明了这一提取方式的可行性。马尔还大胆预言，大脑旧皮质中的海马体就是按照这一记忆储存机制工作的——这成为他又一个惊人而准确的预言。

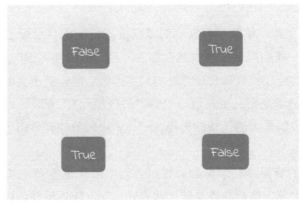

图1

在这一阶段的工作中，马文连续发表了《小脑皮质理论》《新皮质理论》《旧皮质理论》三篇论文，这三篇论文一脉相承，"互为犄角"，形成了一套自洽的人脑理论。但是，他不得不直面关于宏观工作原理的数学理论和关于具体神经元的解剖事实之间的差异，虽然这三篇论文奠定了马尔在神经科学界的学术地位，但是微著之间的天堑还是令他开始反思这些理论，这使得他渐渐意识到，抛开具体问题，一个完整的、可证明的大脑工作理论很难在短期内出现。

唯心不易

1972 年，马尔在波士顿的一场非正式研讨会上，发表了关于高阶理论的看法，提出了平方反比法则：研究的价值与普遍性的平方成反比。彼时他的科研哲学已转为对于具体认知问题的具体分析。

虽然将视野转向具体问题，但是他利用数学和计算来解释大脑的信念丝毫没有变化。没想到这一转变竟开辟了计算神经科学领域。次年，他受马文·明斯基的邀请，以访问科学家的身份加入麻省理工学院人工智能实验室。通过和计算机科学家的紧密合作，马文进一步丰富了计算神经科学的理论和他自身的科研体系。

1977 年，马文与马普所[①]的计算机视觉学家托马索·波吉奥深度合作，提出了理解信息系统的三个层面：第一层是具体计算问题；第二层是解决问题的具体算法；第三层是算法的硬件实现。比如，假设我们想要做一个铜锣烧。如何用面粉、鸡蛋等原材料制作出铜锣烧就是我们的计算问题。任意一个铜锣烧食谱都可以作为算法，但是一个蛋糕食谱，无论成品多么美味，都不是这个问题的可能算法。至于铜锣烧究竟是由哆啦 A 梦制作还是由马尔制作，则是这个问题的硬件实现。对马尔而言，算法和硬件实现的分离事实上昭示着计算机视觉光明的未来，因为正如哆啦 A 梦和马尔用同样的食谱制作出同样的铜锣烧一样，视觉算法一旦被发现，在计算机上就能取得和人脑完全一致的效果。

在厘清和完善方法论，明确科研方向后，马尔如同获得了一把削铁如泥的"屠龙宝刀"，走向了学术生涯的又一座高峰。

---

① 马普所是马克斯 – 普朗克研究所的简称。

第一原理

马尔从 1972 年开始，就在麻省理工学院人工智能实验室推进视觉研究计划，包括从生物学自底向上和从计算理论自顶向下地对视觉进行研究，奠定了整个计算机视觉的基础。

1975 年前后，他确信自己已经发现了正确的视觉理论——升维理论。虽然我们现在已经知道，这并不是人类大脑真正的运作机制，但升维理论无疑为后续很多年计算机视觉领域的发展奠定了基础。

假如你擅长绘画，这一理论听起来或许不会陌生。画作，无论是稚童的信手涂鸦，还是达·芬奇隽永的画作，总是一个二维对象。仔细想来，我们的肉眼每时每刻所能获得的信息，其实也和画作一样，是一张二维的草图。可是，我们肉眼看到的世界并不是一幅非黑即白的素描，而是包含色彩、材料、光影之类的附加信息。马尔将这些附加信息称为特征，大脑在将传入信号中的对象和对象的特征信息关联起来的过程中，将原始的二维图形升维成了 2.5 维的一张"速写"（见图 2）。最后，大脑先分析出上一环节中对象的位置关系，再按照层次结构将不同的对象和平面分类，最终形成我们认识中的三维图形，让眼前的景色"横看成岭侧成峰，远近高低各不同"。视觉处理的整个过程也就完成了。

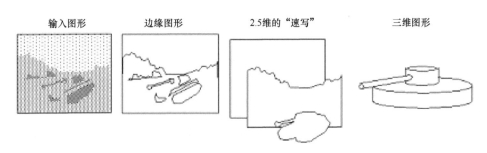

图 2　升维模型示意图

马尔此后数年在麻省理工学院的工作几乎完全围绕升维系统展开。他与不同的合作者一起，不断探索升维理论中的子问题，对容易显式处理的部分探索适宜的数学化显式解法；对于那些难以显式处理的部分，则寻找大脑结构中对应的实现功能的部分。站在神经科学和计算机科学的交汇处，马尔自在地弄潮搏浪。

高瞻远瞩

马尔在麻省理工学院工作期间，没有忘记自己进入科学界的初心。当初他所思考的元问题"大脑究竟是如何工作的？"在1970年已经被具象化为"人工智能"这一新兴的学科。作为计算机视觉领域年轻一代的领军人物，马尔并不吝啬于分享自己关于人工智能的看法，他在这一方面的代表作是《人工智能——个人观点》。

这篇文章最早发表于麻省理工学院人工智能实验室的技术汇报中，后来又在《人工智能》杂志上再次发表，主要讨论了人工智能研究结果的评判问题。马尔将人工智能理论分为两类：第一类给出了对于待解决问题清晰的数学化解决方案，是问题的本质解法；第二类则通过进行简单机制的交互叠加来模拟一个复杂系统。

马尔提出这一分类是为了扫除当时人工智能界的两种极端思潮：一类研究者相信对于任何人工智能问题都存在第一类解法；另一类研究者则相信通过进行神经网络等方式的模拟，第一类解法将变得不再必要。马尔犀利地指出，有些系统内在的复杂性导致第一类解法不存在，但是对于其他问题，放弃寻找第一类解法，将导致人们失去对这些问题透彻的了解，错失发展科学的机会。他自豪地以升维理论作为例子，说明了利用第一类解法作为宏观框架，在具体子问题中使用第二类解法的研究范式是可行的。

在这篇文章的最后，马尔说："纵使人工智能走到今天经过了许多弯路，但是正如人类一切伟大的事业一样，人工智能研究者也是基于个人的信念，而不是有幸踏上这条道路。"这也是对他一生科研工作的绝妙注解。

斯人长存

1980年，时年36岁的马尔春风得意——不仅科研前景光明，夫妻恩爱，而且获得了麻省理工学院的终身教职。可是，一场突如其来的重疾压倒了他，他被确诊患了急性白血病。在生命最后的几个月，马尔仍然没有忘记他毕生的学术追求。马尔的绝唱《视觉》在他去世两年后由麻省理工学院的博士生结集出版，但早在出版前，其中清晰明了的分析、高屋建瓴的看法和马尔独一无二的科研理念，已经轰动了整个计算机视觉界。无数学者被书中的升维模型折服，更多的青年学生跟随着"榜样"进入这个蓬勃发展的新领域……

为了纪念这位英年早逝的伟人，计算机视觉国际会议设立了马尔奖，现已成为计算机视觉领域的最高荣誉。

结语

在写这篇小传之前，笔者从未听说过大卫·马尔。但在了解了他的生平之后，我感到认识他是我的荣幸。

他度过了纯粹的一生——虽然不像冯·诺依曼那样著作等身，也不像费曼那样丰富多彩，更不像爱因斯坦那样名满天下，但是他真心实意地做好了一件事，真正推进了人类认识的改变。他的一生证明了对于一个学者来说，重要的不是声名，而是探索未知的志趣和学术的品位。

参考文献

[1] MARR D. A theory for cerebral neocortex[J]. Biological sciences, 1970, 176(1043): 161-234.

[2] MARR D. Artificial intelligence—a personal view[J]. Artificial intelligence, 1977, 9(1): 37-48.

[3] MARR D. Vision: A computational investigation into the human representation and processing of visual information[M]. Cambridge: The MIT Press, 2010.

[4] MARR D, POGGIO T. From understanding computation to understanding neural circuitry[J]. Neurosciences Research Program Bulletin, 1976,3(1):10-15.

傅京孙

开山立派

奠定今日之模式

漂洋过海

成就华人之楷模

二十七、模式识别的先驱：傅京孙

本文作者：司开明

傅京孙（1930—1985），美籍华裔，模式识别学科创始人。

引语

模式识别是计算机系统借助扫描技术和数据分析技术建立的一套依据被识别对象的基本特征将其划分到对应分类中的自动处理技术。傅京孙是学界公认的模式识别学科创始人，他也因为在模式识别、机器智能及其他相关领域的杰出贡献当选美国国家工程院院士。如今，以模式识别为基础的相关技术已得到广泛的应用，涉及图形识别的信息处理、大量语言的分析和整理、生物语音的识别和处理、生物脑神经网络的工作机理和大脑智能等方面，它既可以帮助相关领域的科学家进行数据采集、对数据进行初步分析判断和整理，还可以用于人脸识别、指纹识别和手机智能语音助手等方面，为人们的日常生活提供了极大便利。

"云山苍苍，江水泱泱，先生之风，山高水长"。傅京孙不仅是模式识别和机器智能领域的拓荒者，也是一位温润如玉的学者，更是一个全面发展的人。

辗转中成长，塑君子之风

1930年10月2日，历史悠久的古都南京迎来了又一个足以让她骄傲的孩子——傅京孙诞生了。他的父母一定不会预想到，这个孩子将成为一个新兴学科的创始人和领跑者。

1949 年，傅京孙的父亲过世。母亲带着傅京孙远赴台湾投靠亲友。傅京孙来到台湾之后，进入台湾大学电机系学习，从此与模式识别和机器智能结下了不解之缘。读大学期间，傅京孙勤学善思，全面发展，不仅擅长数学和工程科学等理工科课程，还对古典音乐和文学写作有一定的研究。或许正是对文学写作的钻研，若干年后，他才有能力持续担任《交易系统、人与控制论》期刊的副主编。同时，傅京孙也非常喜欢运动，校排球队和篮球队经常活跃着他的身影。

1954 年 9 月，傅京孙听从母命前往加拿大多伦多大学继续研习电机专业。研究生期间，他撰写了论文《大型电机动力分析》，并因此于次年夏天获得应用科学硕士学位。1955 年 9 月，傅京孙前往美国伊利诺伊大学香槟分校攻读电气工程和计算机专业的博士学位。

在美国长达三年半的学习生活中，傅京孙被当时流行的布尔巴基学派（一个对现代数学有着极大影响的数学流派）的神秘与成就深深吸引，并对统计方法、信息论、抽象代数和现代分析等学科产生了浓厚的兴趣。傅京孙曾多次向好友透露，他想要召集一群志同道合的学者，在电气工程和计算机领域创造出类似布尔巴基学派在数学上取得的成就。这种强烈的渴望为他在学术领域进行不断创新提供了强大的动力。1959 年，傅京孙完成博士论文《有理函数对大小和相位的逼近方法》，获得伊利诺伊大学的博士学位，他的学生时代至此画上一个圆满的句号。

傅京孙与人工智能

傅京孙博士毕业后并没有直接选择进行学术研究，而是进入波音公司担任工程师。经过一年的工作和摸索，傅京孙逐渐认识到自己喜欢的是全心投入学术研究的人生，于是他毅然放弃了工程师的工作，转向学术研究。1961 年，傅京孙被普渡大学聘为讲师。正是对学术的热爱和自身能力的清晰认识，才让他最终实现了学生时代的梦想。

模式识别的奠基人

1973 年，傅京孙牵头举办了第一届"国际模式识别大会"，并当选为主席，该组织后来逐渐发展成为"国际模式识别协会"。

1974年，傅京孙优化重组了"IEEE模式识别委员会"并担任第一届主席，为模式识别领域的权威期刊《IEEE模式分析和机器智能学报》创刊发挥了至关重要的作用。

基于20世纪60年代末开始的语言文字学语法识别研究，傅京孙于1974年出版了学术著作《模式识别中的句法方法》。此书一经出版便享誉世界，奠定了傅京孙在学术界的地位，他也因此被公认为"国际模式识别之父"。1982年，傅京孙发表了"语法模式识别与应用"一文，极大地方便了其他领域的学者了解模式识别，进一步推广了模式识别与应用。同时他的研究方向还涉及化学、生物、工业、机械等方面，推动了模式识别技术走向大众。

时至今日，模式识别的相关应用已经成为我们日常生活中不可或缺的一部分。例如，人脸支付、生物医学中的胸片影像分析、辐照染色体的自动识别、有核血液细胞分类、巴氏涂片和集成电路检验等，极大地便利了我们的生活和生产。

智能系统的拓荒者

20世纪60年代中叶，自动化和人工智能的互动成为人工智能领域新的潮流。1965年，傅京孙率先将启发式推理应用到学习控制系统上；6年后，傅京孙又提出了著名的"智能控制二元交集理论"，为机器智能领域的理论基础研究作出了突出贡献。他还将随机近似方法应用于模式识别和机器智能，使学习控制系统得到了极大的发展。

此外，傅京孙还担任《自动控制汇刊》的副主编、"自适应和学习系统委员会"的首任主席等职务，对智能控制学科起到巨大的推动作用。由于作出了重要贡献，傅京孙被人工智能界公认为国际智能控制学科的奠基人。

浮云游子意，峰头望故乡

学术上，傅京孙锐于创新，刻苦钻研，取得了常人难以企及的成就；教育上，他因材施教，使普渡大学电机系享誉世界；工作上，傅京孙历任副教授、教授，并于1975年当选为普渡大学高斯工程讲座教授，成为普渡大学电机系所有教师中唯一获此殊荣的人。毋庸置疑，傅京孙成就斐然，但是他并没有停止学术研究，反而更加刻苦认真。这与傅京孙本人严谨求实的学术作风有着不可分割的关系，更深层的其实是一种责任感的体现。傅京孙的学生、华中理工大学教授周曼丽女士回忆时曾提到，他们（傅京孙的学生们）读书时经常讨论一个问题："像傅先生这样的学者，拼命工作究竟是为了什么？"长期的相处让周女士逐渐意识到作为一名中华儿女，傅京孙希望用自己的人生证明华人在各方面都是可以跻身于世界顶尖科学家行列的。

除了个人研究，傅京孙还为国内的人工智能和模式识别研究培养了年轻人才。1979—1985年，他多次到北京、上海等地讲学，受邀担任清华大学、北京大学和复旦大学等高校的名誉教授，并指导我国科学家进行模式识别、人工智能研究以及实验室建设，为我国计算机科学、模式识别学科的发展作出了重要贡献。

在傅京孙的鼓励和支持下，蔡自兴[①]写了《人工智能及其应用》一书，并在清华大学常迥教授的努力下最终得以出版，开创了我国人工智能领域出版的先河。

傅京孙对国内人工智能的学科发展、年轻学者培养和大众普及发挥了巨大作用，并极力推进国内人工智能行业向世界水平靠近。这再次证明了傅京孙始终铭记自己为中华儿女，他一直深爱着自己的祖国！

先生之风，山高水长

傅京孙不仅建树颇多，且始终平易近人。他与人交流时体贴大方、充满热情，几乎任何想要找他的人，直接敲开他的办公室进行询问即可。他每星期都会邀请同事和学生到家中聚餐，并且经常与他们一起打球。同事们都被他的人格魅力和管理能力折服。

得益于职业生涯中形成的组织能力及温和可亲的性格，傅京孙的家庭也相当成功，他也常常为此自豪。傅京孙在读博士期间与攻读图书管理学硕士学位的妻子相识，二人相恋结婚并育有二子一女。儿女年幼时，傅京孙经常花时间陪伴他们，增进亲子关系。傅京孙和妻子为孩子们提供了温馨的生活环境和良

---

① 蔡自兴，时任中南大学信息科学与工程学院教授。

好的教育资源。他们都相当出色，大儿子是计算机软件方面的一名工程师，小儿子是一名海洋学博士，女儿是生物化学专业的学生。

不幸的是，天妒英才。由于常年工作劳累，傅京孙的身体逐渐吃不消。1985 年，傅京孙在前往华盛顿参加一场宴席时不幸突发心脏病，抢救无效，与世长辞。

回顾傅京孙的一生，可见其为人朴实认真、谦虚温和、平易近人，为学严谨认真、学业有成、著述颇丰，为父尽职尽责、为子孝敬恭顺。他是百年难遇的栋梁之材。

1988 年，国际模式识别协会为纪念傅京孙在模式识别领域的突出贡献，宣布设立傅京孙奖，每两年颁发一次，以奖励在模式识别领域作出突出技术贡献的科研人员。傅京孙虽然已经去世，但他在模式识别领域的开创成就还在不断鼓励后来者成长进步，傅京孙身上的宝贵学术精神依然熠熠生辉。

参考文献

[1] 蔡自兴. 国际模式识别和机器智能的一代宗师——纪念傅京孙诞辰 90 周年 [J]. 科技导报, 2020, 38(20):11.

[2] 周曼丽. 杰出与平凡——纪念傅京孙教授逝世十周年 [J]. 模式识别与人工智能, 1995, 3(2): 19-20.

黄煦涛

走过的风景与爱过的人
镌刻入骨相随终身
对画面的处理与探索
是他留给世界最美好的礼物

二十八、从人的视觉到计算机视觉：黄煦涛

本文作者：邵马安平

黄煦涛（1936—2020），美籍华裔计算机科学家，美国国家工程院院士，中国"两院"外籍院士，被誉为"华人计算机视觉之父"。

黄煦涛出生于 1936 年的上海。那时的上海非常繁华，然而战争的阴霾早已笼罩在这座都市之上——就在他出生的第二年，日军攻占上海，上海陷入一片战争的火海之中。

年幼的黄煦涛被迫随家庭流离他乡，躲避战乱。一个人孩提时代的经历往往最易印刻在他的一生中。童年时的见证，让他始终对祖国抱有深沉的情感，也为他后来心系中国，努力培养国内人才埋下了伏笔。

1949 年，黄煦涛随父母迁往台湾。后来他进入台湾大学学习电子通信，再后来进入麻省理工学院电机系学习。

人的视觉

黄煦涛进入麻省理工学院后，主修图像处理技术。当时，图像处理还是一个新兴的学科。虽然早在 20 世纪 20 年代，图像编码就已经被应用到报纸行业（压缩、传输图像），但是直到 20 世纪 50 年代，电子计算机发明后的硬件革新才推动图像处理技术真正"分娩"出世。

黄煦涛一开始并没有瞄准这个还未成形的领域，他最想研究的是网络理

论。他在台湾大学时，就读过吉耶曼的几本关于网络理论的书，并和吉耶曼进行过书信交流，这让他对网络理论产生了浓厚的兴趣。可惜的是，当黄煦涛来到麻省理工学院时，吉耶曼没有可招收学生的名额，于是黄煦涛只好选择了埃利亚斯作为自己的导师。埃利亚斯是一位信息理论的先驱，当时正在研究图像编码，黄煦涛因此进入图像编码领域。在埃利亚斯晋升为系主任后，黄煦涛的导师更换为施赖伯，师生二人一起研究图像编码，他也一直在施赖伯的指导下读完了硕士和博士。

黄煦涛在完成硕士毕业论文《图像统计和线性插值编码》时，因为当时的硬件设备还很简陋，他不得不自己造一台扫描仪，用于图像数字化和复制图像。这台自造的扫描仪以林肯实验室的 TX-0 计算机为原型，利用汇编语言编程，最终帮助黄煦涛完成了这篇论文。

此后，黄煦涛在图像传真上深入研究，并成功将图像处理从一维扩展至二维。简而言之，就如同可以根据一个人说的话推断出这个人将要说的下一句话一样——因为这两句话的差异不会太大，图像的相邻两条像素线之间也类似，并不会有太大的差异。因此，黄煦涛在论文《伪随机扫描》中提出，可以在传输一条像素线之后，只传输下一条像素线的过渡点部分，从而大大降低了图像处理的工作量。这一想法在统计学分析下效果颇佳，他通过比较伪随机扫描与顺序扫描，积极探索二维扫描的方法。在这之前，图像的存储手段十分有限，只能通过摄像底片或录像带这种原始方式进行存储。但黄煦涛进行的这些探索后来发展成了压缩标准的奠基石，为传真领域提供了国际标准，大大丰富了图像的存储手段。

同时，黄煦涛还在进行连续色调图像的编码研究。早在 20 世纪 50 年代，贝尔实验室就发明了差分脉冲编码调制技术。具体的思路与之前类似：由于连续像素之间的差异非常小，因此通过量化连续像素之间的差异可以减小所需比特数，从而提高传输效率。黄煦涛当时也在关注这方面的研究，并于 1965 年发表论文《PCM 图像传输》。

美中不足的是，差分脉冲编码调制技术存在计算和存储难度大的缺点。因此，黄煦涛及其团队在 1969 年发明了变换编码，这种编码能够基于离散余弦变换，对划分好的图像的系数进行量化，从而达到压缩效果。操作方法如下：先将一张完整的图像划分成几个区块（一般按照 8×8 进行划分），再对每一个区块进行离散余弦变换，这种变换类似于"傅里叶变换"，但由于只取其中的实数部分，因此计算和存储的难度大大降低。最后通过量化系数，对图像进行压缩。这种编码有很多优点，比如不依赖图像本身，就能够让算法具有确定的效果。另外，由 J.W. 库利和 T.W. 图基于 1965 年提出的"快速傅里叶变换"，大大降低了时间复杂度，也让这种编码更加高效了。

直到现在，变换编码仍是业内的主流，但黄煦涛也尝试了一些新的想法，其中之一就是小波编码。变换编码在编码时会将图像中的物体分解成不同频率的正弦波，这导致变换后的物体遍布整个频域，给编码后的检索和修改带来很大困难。针对这一问题，黄煦涛及其团队在 2001 年发表的论文《利用基于小波的突出点进行图像检索》中，论述了如何利用小波变换代替变换编码，使编码后原本分散的对象集中起来，以便轻而易举地找到对象变换后的位置。

除此之外，黄煦涛还对分形编码进行了探索。在 1993 年发表的论文《一种基于分形的图像块编码算法》中，黄煦涛介绍了这种有趣的编码。背后的主要思想是，正如一个函数一样，一个图像变换系统也可能存在一个不动点——当我们向系统中输入这个不动点时，结果将会保持不变。对函数而言，多数情况下对任意值的多次迭代将会收敛于函数的不动点。同理，对于一幅特定的图像，我们只需要构建一个对应的系统，将这幅图像作为该系统的不动点即可。这样只要输入任何一个图像源，经过反复迭代后，就会输出目标图像，达到压缩的效果。

以上都只是黄煦涛在图像压缩领域作出的推动性探索，其中大部分奠基性工作是他在麻省理工学院任教时作出的。但很快他便不满足于此，而是渴望去探索全新的领域。于是他在 1973 年转到普渡大学，在普渡大学，他的研究兴趣转向了图像增强。在"移动图像中的噪声过滤"一文中，黄煦涛对一些线性和非线性的时间滤波器进行了研究，旨在降低图像序列中的噪声。黄煦涛发现在他所研究的滤波器中，沿估计运动方向的时间中值滤波器似乎效果最好。有别于利用局部平均数代替每个点的传统方法，中值滤波器用中值灰度水平加以代替，在使噪声平滑的同时还能保持其尖端的锐利，这被证明是一种十分有效的方法。

计算机视觉

上文所列的都是黄煦涛在图像处理领域的卓越贡献，但他之所以能被列为人工智能事业的参与者，是因为他进一步拓宽了学术视野，进入了计算机视觉领域。

黄煦涛研究的一直图像处理技术，早期主要以人为对象，目的是通过改善图像质量，提高人的视觉效果。然而，到了 20 世纪 70 年代中期，随着计算机硬件技术的提高，计算机技术和 AI 快速发展，数字图像处理因此进入了一个新次元——从人的视觉到计算机视觉。通过图像处理技术，人们试图使计算机理解输入的图像，进而理解外部世界。再加上 20 世纪 70 年代大卫·马尔提出了系统性的计算机视觉理论，这一学科由此达到一个新的高度。

在这一背景下，黄煦涛开始在普渡大学进行与三维运动有关的研究。他开始思考一些有关视觉理论的数学问题。我们知道，无论是计算机还是人眼，都只能接收二维的视觉图像，然而人脑的高级功能可以从这些二维图像中捕捉到三维特征。这种特性在早期的计算机视觉探索中就大受关注，读者可以在大卫·马尔的文章中详细阅读有关视觉维度的内容。而让黄煦涛十分感兴趣的是，我们究竟需要多少帧二维图像，以及捕捉多少信息，才能构建出物体的三维模型？历经反复钻研，1984 年，黄煦涛找到了答案，他率先提出了从二维图像序列中估计三维运动的最小解公式，这为计算机通过图像输入理解三维外部环境提供了理论支持，对于计算机视觉领域而言意义重大。

之后黄煦涛一直在运动学范畴内进行孜孜不倦的探索，大约持续到他前往伊利诺伊大学任教的前 10 年。这一时期，他发表了"利用直线对应关系确定刚体的 3D 运动和结构"，他努力研究刚体三维运动的确定方法，尝试通过跟踪二维平面上的点和线来找到三维运动，此后他逐步将范围拓展到非刚体的运动形式，如心脏、面部、流体等的运动。这些研究成果在多个领域均得到广泛应用。

当然，黄煦涛前半生所做的有关图像压缩的研究与他后半生从事的计算机视觉的研究并不是割裂的——利用图像接收而架构的 3D 模型，本质上也是对图像的一种压缩。只需要提取很少的运动特征，就可以在接收端利用该 3D 模型再生出原本的运动图像。

1989 年，贝克曼捐赠了 4000 万美元，成立了贝克曼研究所。贝克曼研究所涵盖工程、物理、计算科学、心理学、人工智能等学科。黄煦涛担任该研究所人工智能交互学部主任，这种学科交叉融合的多元环境，为黄煦涛学术领域的进一步扩展提供了有利条件。

黄煦涛对人机交互这个交叉领域十分感兴趣，他所研究的计算机视觉可看作人机交互的输入，黄煦涛在新的领域创造出了全新的价值。

深度学习

在20世纪80年代以前，人工智能的探索大多十分有限，集中于下棋博弈、自动证明等抽象问题的研究。而要使人工智能真正与现实世界接轨，一个关键问题就是如何实现信息的输入和处理。人类大脑皮层的活动，大约有70%是在处理视觉信息，视觉信息如同一条公路，而其他的信号输入则好比这条公路旁边的人行道。计算机视觉技术对输入的视觉信号需要用机器学习等手段进行大数据处理，这样几个学科就自然地交叉融合在一起，从而推动了新学科的产生。

2012年，随着杰弗里·埃费里斯特·辛顿小组采用的深度学习模型AlexNet在ImageNet图像识别大赛上一举夺魁，深度学习技术迅速进入高潮期。这一年，黄煦涛已经76岁。此时的他早已荣誉等身，先后获得了信号处理、模式识别、计算机视觉等多个领域的最高荣誉，并且是美国国家工程院院士、中国"两院"外籍院士、IEEE终身会士。然而他永不满足的好奇心和探索精神，以及不断接轨新学科的勇气，使他敏锐察觉到深度学习的重要意义。也正因为如此，他才拥有持久而充满活力的学术生涯。

黄煦涛对深度学习突破性的进展感到十分兴奋，他在给学生的信中写道："正如罗森菲尔德[1]从前所说的，计算机视觉的进展，将取决于计算机技术的进步。这是多么正确的结论啊！我敢肯定，其他人也有类似的构建很多层神经网络的想法……不管如何，借助类似名为蓝水（Blue Waters）的超级计算机来实现大型深度学习平台都是一个非常值得我们关注的目标。"

在这之后不久，黄煦涛于2014年宣布退休，但他从来没有离开科研第一线。他在晚年主要致力于利用深度学习算法，实现对无标签图像的识别。

人工标签对早期的深度学习模型十分重要。例如，我们有一个模型用来识别猫和狗。在有标签的系统中，训练数据都会被人为打上标签——"这张图像是猫"或"这张图像是狗"。通过进行反复的数据训练，计算机能够学习如何

---

[1] 罗森菲尔德是一位计算机科学家和数学家。

区分这两种动物。而在没有标签的系统中，则直接输入图像，由计算机自行判断图像并分类，以划分这两种不同的动物。

黄煦涛对无人工标签的模型进行了一些探索，以训练计算机对图像进行层级归属的能力。一个具体的实例是，假设某算法可以检索一个人的照片。该算法首先识别出脸、手臂和腿。接下来，它可以通过归纳面部特征，对鼻子、眼睛和嘴等部位进行进一步的识别。上述层级归属工作应该完全由算法来进行，而不是人为告知计算机"脸当中存在眼睛结构"这样的标签信息。黄煦涛希望开发一种自动分类的图像算法，这种算法可以不依靠人为添加的标签，而仅依靠计算机的学习来实现图像的识别与分类。这些先驱性的探索对后来人脸识别等技术的突破起到了推进作用。

日之夕矣，其光愈明。黄煦涛最让人敬佩的，是他那颗不知疲倦、永远年轻的求索之心！

婚姻

黄煦涛就读台湾大学期间，遇见了改变他一生的女人——他的大学同学，也是他日后的妻子倪越珮。

之后的日子里，他们彼此相伴。每天，倪越珮都会高高兴兴地准备晚餐，等待着丈夫回家，共进晚餐，这是她一天中最开心的时刻。这一传统保持了60年之久，黄煦涛没有一次错过与妻子共进晚餐的机会。黄煦涛每次参加学术会议都会带上妻子。他的一位朋友开玩笑说："Margaret（倪越珮的英文名）想必也已经成了计算机视觉的大师——因为她永远和黄教授一起参加学术会议。"

教育事业

中国计算机视觉界几乎每一个有所建树的学者，直接或间接受到了黄煦涛的影响。在他一生长达60年的教学生涯中，可谓桃李满天下。据不完全统计，他培养的博士和博士后超过120人，其中至少11名博士和3名博士后成为IEEE会士。

学术上，黄煦涛对学生要求严格，治学严谨；而当学生们有创造性的成果时，他也会毫不吝啬自己的鼓励和赞美。据学生沈志强回忆，有一次黄煦涛让他做展示，他讲到论文中的一些指标时，黄煦涛问他里面每个指标的具体含义是什么。沈志强当时只是含糊地说它们是 NLP（自然语言处理）里面衡量句子之间相似程度的一些指标，但黄煦涛想知道这几个指标具体是如何计算出来的，在询问几番未果之后，黄煦涛认真地说："这是你写的论文，你应该弄清楚里面的每一个细节。"黄煦涛的严谨态度从这件小事中可见一斑。而当学生的论文里出现新颖独到的想法时，黄煦涛总是会给予他们极大的赞赏和肯定。

黄煦涛不仅学术水平过硬，为人处世更是令学生们敬仰。这样的一位学界专家，生活中却异常谦逊和善。学生和后辈都亲切地称呼他 Tom，平时几乎没人叫他黄教授，更没听过有谁称他为黄院士。对于后辈，黄煦涛总是抱着一颗无私提携的长者之心。他给很多学生写推荐信，信都不长，但总是一字千金。学生们就如同他的儿女，在每一个学生心中，黄煦涛都是父亲一般的存在，慈爱而威严，如坚实的高山，永远站在他们身后。

而在这位父亲心中，每一个孩子都有独特的优点，都值得被关爱和欣赏。在黄煦涛过 80 岁生日时，有人问他："谁是您最好的学生？"黄煦涛真诚地说："我的每一个学生都是最好的，他们都有自己的独特之处。"黄煦涛的热情、儒雅、平易近人，为学生们树立了一生学习的榜样。

黄煦涛让如此多的学生记忆深刻，还在于他不拘一格的睿智和幽默。在实验室的一次会议上，他穿了一件蓝色的 T 恤衫，前胸印着白色大字"Digital"，后背印着"Analog"。他说，这学期他要讲两门课，分别是数字信号处理和模拟信号处理。为了使学生不混淆，他讲哪门课就将对应的那个词穿在胸前。还有一次，他被出租车司机误认为《功夫梦》中的功夫大师。为了不让出租车司机失望，他将错就错，于是有了这样一个人，他有一张和黄煦涛的签名合影，并且坚信和他合影的是《功夫梦》中的功夫大师！

在晚年的手稿中，当黄煦涛对自己卓有贡献的一生进行回顾时，他写道："我一生中最重要且令我骄傲的成就，是对学生的教育。"他用全部的生命浇灌着中国计算机视觉领域的"小树苗"，用岁月守候，终等来桃李满天下。而这树上曾经最繁茂的那个叶子，在孕育无限生机后，静默地干枯、飘落、归根。叶落无声，但望向树冠，更多的是一份欣慰与宁静。图 1 为黄煦涛访问中国科学院自动化所。

图 1　2004 年，黄煦涛访问中国科学院自动化所

结语

2020 年 4 月 25 日，在美国印第安纳州小女儿的家里，病榻之上，黄煦涛安详地静卧着。

亲人都围坐在他的身旁。就在刚刚，散遍天涯的学生与友人已经与他进行了视频通话，还有更多的人在电话另一端守候，渴望再看上一眼他那慈祥的脸。

他抬头望了望，眼前似乎浮现出很多张面孔，从他的父母到导师，再到这 60 年里他教导过的每一个学生，以及每一个在这条学术之路上陪伴过他的人，画面一张张闪过，最终定格在他最熟悉不过的、妻子的面孔上。

参考文献

[1] HUANG T S. Pseudorandom scanning[J]. IEEE Transactions on Communication Technology, 1964, 12(3): 105-107.

[2] HUANG T S. PCM picture transmission[J]. IEEE Spectrum, 1965, 2(12): 57-63.

[3] TIAN Q, SEBE N, LEW M S, et al. Image retrieval using wavelet-based salient points[J]. Journal of Electronic Imaging, 2001, 10(4): 835-849.

二十九、触手可及的 AI

本文作者：严绍波

早在 2600 年前，我们的祖先就发明出了灵巧的算盘，大大加快了计算的速度。在不同的认知水平和技术条件下，人类一直试图发明出能力更强的机器来简化人的计算，辅助人的思考。

为了实现这个目标，一代又一代科学家潜心研究，从而推动了科学技术的进步，为 AI 的诞生做好了理论准备。在 1956 年的达特茅斯会议上，AI 的概念首次被约翰·麦卡锡提出，这次会议也标志着 AI 作为一门新兴学科正式诞生。此后，研究人员逐步发展出了众多理论，AI 的概念也随之扩展。现在，AI 主要指与动物的智能相对的、由机器实现的人类智能，常被用于描述模仿人类思维进行学习和求解的功能性机器。

达特茅斯会议结束后，一系列研究成果的涌现使研究人员对 AI 的前景做出了过于乐观的预测。司马贺曾在 1957 年预言计算机下棋会在 10 年内击败人类，并在 1965 年继续预言机器将在 20 年内完成人类可以做的任何工作。虽然司马贺的雄心壮志并未实现，AI 还远未达到替代人类的水平，但是在研究人员的努力下，AI 已经如空气一样，不知不觉地将我们逐渐包围。

近在眼前的 AI

早上 7 点，伴随着清脆的音乐铃声，你从睡梦中醒来，这首歌你从未听过，但确实很符合你的喜好。你拿起手机，准备看一下最新的消息，但是不用输入密码，手机屏幕就自动打开了。

虽然是冬天，但房间里的温度刚刚好，因为你安装了智能温控器。穿衣时，为了防止你着凉，手机助手会立即提醒你现在只有 7℃，你需要注意保暖。

上班途中，汽车会实时引入道路拥堵情况，有效规避拥堵路段，帮助你规划最快的路线。车灯和雨刷器会根据外界天气自动启用，不用你每次都劳神费力。

工作时，你需要对潜在客户的网站进行调查，尽管这是一个外文网站，但是你丝毫不担心，因为谷歌翻译可以帮助你将其翻译成中文。起草文件时，智能输入法会自动预测你下一个要输入的单词，Word 文档会帮助你查找拼写和语法错误。

午餐时间，你走出公司，想要寻找一个符合口味的餐厅，这时你可以用美团来帮助你。用餐时，哔哩哔哩会自动给你推荐你喜欢的视频，助你消磨无聊的时光。

下午工作前，手机会帮你预测接下来的工作，并给出相应的建议。打开电子邮箱，邮箱会将各个邮件自动分类，只把最重要的信息展示出来。下周你需要到外地出差，当你为即将到来的行程购买机票时，携程会自动帮你筛选出价格、时间最合适的航班。

下班时，外面已经一片漆黑，你在停车场准备开车回家，这时监控系统会自动识别可疑人员，由机器人"保安"保证你的安全。

回到家后，你打开了京东 App，根据你的兴趣特点和购买行为，京东 App 首页向你推荐了你感兴趣的商品，让你忍不住再次下单。创作一首歌曲，只需要弹奏几个音符，软件便会自动生成一段保留了你原始输入风格的旋律。

AI 几乎参与了你人生的每个阶段。求职时，AI 会从万千份招聘信息中挑出最适合你的雇主；购买房子时，AI 会估算出房子的价格，然后根据你的信用分数提供给你相应的贷款；AI 甚至还可能通过计算帮助你找到伴侣。

AI 领域的六大应用

读到这里，你可能已经惊叹于 AI 在社会生活中的普及程度。麦卡锡曾经提出："一旦一样东西用 AI 实现了，人们就不再把它当作 AI 了。"其实 AI 已经走进了我们的生活，给我们的生活带来了许多便利，也提高了我们的生活质量。接下来让我们一起看看 AI 在生活中的主要应用，深刻感受一下 AI 是如何改变这个世界的。

生物识别技术

生物识别技术中最常见的即为"刷脸"，它或许是我们在日常生活中使用最频繁的 AI 技术，登录软件、打卡考勤等场景都可能需要它。

人脸识别技术需要先使用摄像头对人像中的面部特征进行捕捉，再利用数据分析与系统数据库中的人脸特征进行比对，从而识别出每个人的身份。这项技术利用每个人独一无二的生物信息，使我们可以更加安全和快捷地进行身份认证。

目前，人脸识别技术已经被广泛应用于金融、安防等领域。在取款时使用人脸识别技术，可以有效防止银行卡被盗刷。人脸识别防盗门也可以进一步保护我们的住宅安全。

除人脸识别技术外，生物识别技术还包括声音识别、指纹识别等，目前这些技术也有着十分广泛的应用。

个性化推荐

个性化推荐广泛存在于各类软件和网站中，它在大数据的基础上建立推荐模型，根据用户的历史行为形成用户画像，从而为用户提供感兴趣的信息。

通过个性化推荐技术，淘宝、京东等大型电子商务平台可以精准预测顾客的需求，并根据他们的喜好推荐相应的商品，或赠送特定类型的优惠券。

音乐软件、视频软件和社交软件也都在使用个性化推荐技术。网易云音乐的私人 FM 正是基于此项技术，直接向不同的音乐爱好者推荐他们喜欢的歌曲，让用户不用费尽心思地搜索就能听到自己喜欢的音乐，大幅改善了用户的听歌体验。

机器翻译

随着全球化趋势的不断增强，无论在政治、经济领域，还是在科学、技术领域，国际交往都变得日益频繁，实现不同语言间的无障碍交流已成为各国人民的迫切需求之一。

而机器翻译为这个问题提供了解决方法。以中英对译为例，计算机先收集到大量的中英文句子，然后对这些句子进行统计并学习翻译知识，进而顺利地完成中英文的翻译。如今我们已经可以用翻译软件将任意一种自然语言转换为另一种自然语言，这使得全世界的互联互通成为可能。

近几年，随着深度学习技术的发展，机器翻译的翻译质量得到了进一步提升。同时，谷歌、百度等互联网公司也已经开始研究基于互联网大数据的机器翻译系统，尝试让机器翻译拥有一定的感情色彩，使翻译结果不再刻板。

智能汽车

特斯拉、比亚迪等公司的无人驾驶汽车（见图1）项目正在飞速发展，估计不久就有可能得到普及。

无人驾驶汽车的核心是车内以计算机系统为主的智能驾驶仪，它利用车载传感器来感知车辆的周围环境，并根据获得的车辆信息、障

图1 无人驾驶汽车

碍物信息和交通指示牌来控制车辆的行驶方向和速度。车主只需要在导航系统中输入目的地，汽车即可在自动行驶状态下前往目的地。

无人驾驶汽车的优势不仅表现在可以缓解交通拥堵状况，降低交通事故发生率，还表现在可能更加低碳环保。也许未来人类的出行再也不需要驾驶员，每个人用在驾驶汽车上的时间都可以真正实现自由支配。

智能家居

现在越来越多的家居产品与AI技术紧密结合，这不仅使家电产品更加"聪明"，也让使用者的舒适度大大提高。

有的智能家居（见图2）拥有学习用户习惯的功能，可以通过定时开关来帮助用户节省能源开支。例如，通过AI预测用户回家时间，并在特定的时间打开或关闭设备，既方便又节能。

图2 智能家居

有的智能家居拥有自动调整亮度的功能。智能灯具可以根据用户行为和外部光线的强度来调整室内的灯光亮度，满足用户不同的照明需求。

还有的智能家居内嵌了声音识别技术。智能电视可以根据音色判断用户年龄，从而提供个性化视觉外观和内容推送。

智能机器人

随着 AI 技术不断成熟，各种类型的机器人被不停地制造出来，其中不仅有用于日常生活的服务机器人，还有辅助工业生产的工业机器人。这些机器人的诞生不仅在一定程度上节省了人力和物力，也让我们的生活更加轻松便捷。

我们的生活中处处都有智能机器人的身影。扫地机器人可以帮助我们清洁卫生，安保机器人可以保护我们的安全，服务机器人可以在餐厅里为我们提供服务……由此可见，未来还将有更多的机器人进入我们的日常生活，全面提升我们的生活质量。

在物流领域，顺丰、京东物流等多家企业都在仓库中引入了一种自动拣货机器人，它们能够先快速扫描快递单上的条形码，再根据读取到的信息将快递投入相应的快递口，从而实现全自动快递分拣。自动拣货机器人几乎不会出错，效率也显著高于人工，已经成为物流企业降低经营成本的一大利器。

AI 的前世今生

了解完 AI 在各个领域的广泛应用之后，或许你现在很好奇上述六大应用的技术原理，又或许你想知道是什么在阻碍强人工智能的出现。下面让我们回顾一下本书其他章节提到的 AI 历史。

回顾过去，AI 领域经历了几次"热潮"与"严冬"的循环交替，才发展到如今这个水平。第一次人工智能浪潮是推理和搜索的时代，这一时期，计算机在解决特定问题方面取得了较大进展，但对复杂的现实问题仍然束手无策；第二次和第三次人工智能浪潮则分别是专家系统和机器学习的时代。这三次浪潮的时间互有重叠，技术应用上也存在前后接续，时至今日，研究人员仍一直在研究和改良前两次浪潮的产品，持续地将新的技术引入这一领域。

专家系统，源自知识的力量

20 世纪 60 年代末，AI 研究的重点从一般性理论研究转向了具体应用研究，人们将通用的解题策略与特定的专业知识相结合，产生了以专家系统为代表的基于知识的智能计算机程序系统，使 AI 迈出了走向社会的第一步。

早期的大部分 AI 是各种类型的专家系统，如 20 世纪 70 年代中期由斯坦福大学医学院和计算机学院联合开发的先进医学专家系统 MYCIN，该系统能根据医生提供的数据，运用相应的规则进行推理，给患者在诊断、治疗方面提出咨询性建议。1979 年的官方研究显示，MYCIN 在诊断、治疗菌血症和脑膜炎方面几乎能与富有经验的主任医师相媲美。

此外，20 世纪 60 年代中期，麻省理工学院人工智能实验室还开发出了历史上第一个心理治疗机器人 ELIZA，这吸引了全世界的目光，让社会各界对 AI 的兴趣和需求也与日俱增。值得注意的是，虽然专家系统的众多研究成果展示了 AI 应用的广阔前景，但此时的 AI 仍不具备学习或处理不确定性问题的能力。

机器学习，突破知识的瓶颈

虽然有了专家系统，但由于我们的知识量非常有限，我们无法制造出一个特别大的知识库，从而解决一切 AI 的问题。在专家系统的发展遇到困难后，研究人员多次尝试突破这一瓶颈，最终在机器学习领域找到了破解问题的办法。

现代公司拥有海量的数据，如果程序能够从数据中发现规律，那么获取知识的难度就会大大降低。机器学习算法就如同技艺精湛的工匠，能够从大量数据中找到有用信息，从中挖掘出大量有价值的知识。

这一时期所进行的研究，以通过机器学习解决特定问题的专家系统为主，图像识别、语言翻译等很多领域，也都开始运用起了神经网络。英国一家小型 AI 公司就曾开发出数据挖掘工具 Clementine，它能让一家大型跨国洗漱用品制造商花在产品试验上的时间减少 98%。

随着 IBM 的"深蓝"、美国国防部高级研究计划局的 CALO 等 AI 系统的诞生，人们越来越感觉到 AI 大有可为。但之后人们发现神经网络自身不能主动学习，因此几乎无法解决任何复杂的问题，而且如果训练时的数据量太大，很多结果就计算不出来了，机器学习也因此渐渐归于沉寂。

深度学习：创造知识的未来

最近十几年，随着高性能计算机和大数据技术的普及，以及新的增强算法模型的出现，深度学习算法突飞猛进。它能够模仿人脑的神经网络来学习大量数据，然后辨识出图片和视频，或针对问题作出合理的判断。神经网络的多层叠加使得深度学习模型表现出了远超前一代神经网络的学习能力，这让 AI 飞速地发展，涉及的领域也越来越广泛。

前文中提到的一些方向只是 AI 应用的冰山一角，从以前的书信到现在的微信，随着信息技术的不断发展，AI 已经深深地融入我们的生活，并对我们生活的各个方面产生了深远的影响。

我们应该以积极、乐观的态度去迎接 AI，去合理使用 AI 产品，如此，AI 一定会给我们带来更多的惊喜，并迎来一次宝贵的发展机遇。

参考文献

[1] 尹朝庆, 尹皓. 人工智能与专家系统 [M]. 北京：中国水利水电出版社, 2001.

[2] DOMINGOS P. 终极算法：机器学习和人工智能如何重塑世界 [M]. 黄芳萍, 译. 北京：中信出版社, 2017.

[3] 邵常青. 人工智能的十大应用领域 [J]. 张江科技评论, 2021, 3(5): 6-7.

[4] 李俊杰. 浅谈人工智能在生活中的应用 [J]. 科技风, 2015, 6(15):84-90.

[5] 贾嘉. 人工智能在生活中的应用与展望 [J]. 通讯世界, 2018, 5(8):210-211.

[6] 松尾丰. 人工智能狂潮：机器人会超越人类吗?[M]. 赵函宏, 高华彬, 译. 北京：机械工业出版社, 2015.

[7] WHITBY B. 人人都该懂的人工智能 [M]. 郭雪, 译. 杭州：浙江人民出版社, 2019.

[8] 熊辉. 人工智能发展到哪个阶段了 [J]. 人民论坛, 2018, 3(2): 14-16.

[9] 李书宇. 论人工智能在家庭生活中的应用 [J]. 通讯世界, 2018, 6(9): 249-250.

朱迪亚·珀尔
（Judea Pearl）

再小概率的无妄之灾

也有人淡然挺过

如若世间一切皆有因果

便让冷锐的反思之箭冲破阻碍

三十、孤独的领路人：朱迪亚·珀尔

本文作者：周若愚

朱迪亚·珀尔（Judea Pearl，1936—），美国计算机科学家和哲学家，以倡导人工智能的概率论方法和发展贝叶斯网络而闻名。

追本溯源，人工智能一词诞生于1956年的达特茅斯会议。如果没有那时十几个青年学者天马行空的想象，就没有如今比肩科幻的现实。尽管人工智能领域才发展了六十余年，但是其包含的分支与学派错综复杂。早在先前的达特茅斯会议上，研究人工智能的学者们就大致分为两派，这两派分别演化为当今的符号主义学派（基于数理逻辑）和联结主义学派（基于神经网络和脑模型）。但本文的主角另辟蹊径，选择了一条鲜有人走的道路。他就是贝叶斯学派的代表性人物——朱迪亚·珀尔。他是机器学习界的开山鼻祖，更是人工智能的领路人。

珀尔不仅被评为美国国家科学院院士，还获得2011年图灵奖，这是计算机科学领域的最高荣誉。由于他所提出的概率和因果推理演算法奠定了人工智能另一发展方向的基础，美国计算机协会授予他图灵奖以表彰他的杰出贡献。

早年经历

1936年，珀尔出生于以色列。与其他人工智能先驱不同，虽然珀尔主要因计算机科学、统计学以及哲学方面的卓越成就而为人熟知，但这并非他学术生涯早期的主攻方向。珀尔在少年时期，曾在一个集体农场里生活过一段时间。可能是这段人生经历让他意识到了工程这种新兴生产力的重要性，此后他决定学习工程学。

1960 年，珀尔在以色列的一所大学获得电子工程专业的学士学位之后（本科期间，珀尔遇见了他的妻子），移民到美国并继续电子工程专业的学习。5 年之后，他获得布鲁克林理工学院的电子工程学博士学位，主要研究方向是超导存储器的涡旋理论。博士毕业后，他先后在高校的实验室和电子存储器公司从事超导体和存储设备的研究。

然而，谁又能想到，半路杀出了半导体存储器，珀尔原有的职业规划就此被打乱。不论是从应用广度、控制难易程度，还是从材料成本而言，半导体存储器都有着更好的发展前景；相比之下，超导存储器的应用研究被大大限制。珀尔选择学习和工作的领域就此进入寒冬期。无奈之下，珀尔决定重回学术界继续发展。由于对逻辑和推理感兴趣已久，珀尔一头扎进这个他之前几乎没有涉足过的领域，并开始了接下来长达几十年的深耕。

人生转折

正所谓"千里马常有，而伯乐不常有"。珀尔由于毕业院校名不见经传，他在寻找大学教授一职期间屡屡碰壁。最后，加州大学洛杉矶分校接纳了他，他一生中巨大的转折点就此出现。

珀尔在生活中是个幽默风趣的人，教书期间常爱跟学生调侃他过去那段算不上顺利的人生经历——他在求职时，许多院校负责招聘的老师总是摇着头告诉他，从未听说过他的学校，但加州大学洛杉矶分校破格聘用了他。珀尔自称："这是我人生中除了娶我妻子以外最重要的事情。"从 1969 年开始，珀尔就一直在加州大学洛杉矶分校教授计算机科学和概率论。

20 世纪 80 年代，珀尔创立了认知系统实验室，并带头研究如何让机器能够进行概率推理。至此，他与因果推理的故事才缓缓拉开序幕。

贝叶斯网络

先行者大多是孤独的。珀尔的学术研究刚开始时饱受争议，因为人工智能界还未考虑过概率这一分支，且概率图模型无法读入计算机。珀尔默默地忍受着他人的质疑，在那个计算机内存还严重不足的年代，完成了人工智能领域未来几十年的奠基性工作。在这段漫长的岁月里，珀尔总结归纳了他所研究的理念、模型和应用，先后出版了《启发法：计算机问题解决的智能搜索策略》和《智能系统中的概率推理》两部著作。终于，等到计算机硬件可以支撑起图形模型，一些实际问题可以通过计算机解决之后，他的学说才逐渐为人所知。

珀尔曾两次作为领军人物掀起科学史上的巨大浪潮。其中一次是在1988年，他提出了贝叶斯网络，也因此获得了"贝叶斯网络之父"的称号。

说到贝叶斯网络，就不得不先引入作为计算基础的贝叶斯公式。贝叶斯公式用来计算某一事件的后验概率，即对于一件已经发生的事情而言，这件事情是由某个因素引起的可能性。通过贝叶斯公式，机器就可以依靠图形模型里的逻辑关系求出具体事件的发生概率。

$$p(B_i | A) = \dfrac{P(B_i)P(A|B_i)}{p(B_i)}$$

回归正题，贝叶斯网络其实就是一种可以将知识和信息可视化的概率图模型（有向无环图）。先用节点表示变量或属性，再用边将节点连接起来，这样就清楚地展示了信息之间的因果关系或相关关系。

当然，许多和概率相关的应用都离不开贝叶斯网络。它可以通过计算变量之间的相关概率来更好地寻找和理解数据之间的关联，尤其有助于处理不确定性信息——它甚至能在信息不完全的情况下依然进行学习和推理。其中一个应用实例便是利用贝叶斯网络来推断病情：在逻辑自洽的模型里，根据患者自身情况来调整节点上的数据（是或否），从而计算出每种疾病的患病概率。贝叶斯网络巧妙地将现象与潜在原因联系在了一起，从而在很大程度上拓宽了人工智能的应用领域。

珀尔在提出理论知识的同时，也介绍了关于这个模型的置信转播算法。此算法是贝叶斯网络能够流行的主要原因，它极大地简化了联合概率的计算过程，人们可以在只掌握个别节点信息的情况下推断出其他节点的概率分布。

较为复杂的概率图模型往往可以分为以下三种子结构：

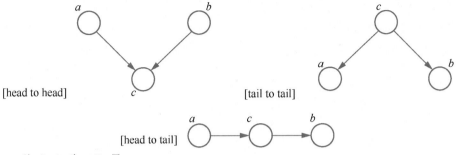

注：head—头，tail—尾。

根据一定的逻辑推理，我们可以求出事件间的独立关系（对于一些相对独立的节点，可以直接排除在计算范围外，从而达到简化的效果）。在第一种子结构里，在 c 未知的条件下，a、b 是独立的。在后两种子结构里，在 c 未知的情况下，a、b 不独立；若 c 已知，则 a、b 独立。

珀尔的这一举动可谓开天辟地。在他那个年代，人工智能的推演模型中并没有概率；纳入贝叶斯网络之后，人们才得以表示事件发生的可能性和可能导致事情发生的原因。缘于其强大的推理和计算功能，贝叶斯网络在接下来的很长一段时期内被用作建模规范，不断推进着机器学习领域的研究。

因果推断

珀尔把自己比作人工智能的"叛逃者"。在他发现有工具能让机器学会对不确定性因素进行推理时，他毅然决然地放弃了原先曲线拟合这一机器学习的基础，而是转战到了推理模型。不仅人工智能这一领域，就连统计学也只侧重于整理数据，而非解释数据，因此珀尔的这一转向贡献巨大。珀尔将贝叶斯网络、概率论与因果关系的推理相结合，提出了全新的推理思路，掀起了一场关于逻辑推理的革命。

珀尔认为，绝大部分的机器学习基于事物间的相关关系而非因果关系。机器只会死板地处理数据，无法拥有人类的思维，也无法总结已知经验并进行经验外的思考，这就是机器无法成为强人工智能的原因。人工智能转向人类智能的关键点就在于能否让机器理解并学会因果推理。

此发现为人工智能的发展开辟了一条全新的道路，与机器最初基于数据的运行方法大相径庭。这种能验证因果关系的数学方法在数据密集型科学中发挥着至关重要的作用,因果推理演算几乎为所有的科学领域所采用。

珀尔把自己几十年来在因果推理研究中掌握的精髓融入了他的大作《为什么:关于因果关系的新科学》(见图1)之中。这本书介绍了关于因果关系的三个层级——关联层级、干预层级和反事实层级。其中,高层级可以用来预测低层级的事物,但这个过程不可逆。现代人工智能和婴幼儿就处于最浅显的关联层级,即通过观察环境中的规律就可以得出结果。中间的干预层级涉及干预信息。只有通过实施行动(即调整自变量)来观察变量间的响应,才能发现环境改变后的规律。这两个层级是当前人工智能研究和实施的领域,也称为"弱人工智能领域"。

图1 《为什么:关于因果关系的新科学》的扉页

因果推理中难度最高的第三层级是基于理解、反思和想象的反事实层级。反事实指的是现实中没有发生过的事,也就是无法预测的部分,所以反事实思维几乎是人类独有的思考能力。对于机器来说,每推断一种未曾发生的情况都需要编写额外的等式来确定变量间的关系。而珀尔在因果推理领域的成就就是实现了干预和反事实情况的算法化——将抽象的意识转为可计算的现实。

哈佛大学教授加里·金曾说:"在过去几十年里,人们对因果推理的了解比以往所有记录中对因果推理的了解总和还要多。"珀尔把这种转变称为"因果革命"。而导致因果革命的重要数学框架,就是结构化因果模型——一个可以将因果关系算法化的伟大成就。该模型由概率图模型、结构方程和反事实算法三部分组成。概率图模型充当表达语言,反事实算法帮助我们清晰明了地表达问题,结构方程则以强有力的语义将前两者关联在一起。

然而,"因果革命"还是由于整个体系过于理论化,且在特定情况下无法进行正确推断而没能成为主导性的范式,取而代之的是机器学习。正如前文中提到的那样,近年来,机器学习风头正盛。不管是从 AlphaGo 战胜国际围棋冠军的突出案例,还是从各种人脸和声音的识别应用而言,机器学习都似乎是未来强人工智能的希望。但珀尔认为,机器学习至今令人惊叹的成就只有曲线拟合。尽管这种方式已经解决了我们生活中的一些问题,但始终难以为继:深度学习的不可靠性与不可解释性将是未来前进道路上的绊脚石。

珀尔声称:"人工智能已经遇到瓶颈,它由于不完全理解智能到底是什么而受到阻碍,这一领域陷入了概率关联的泥潭。"图 2 为珀尔在学术论坛上。

图 2　珀尔在学术论坛上

机器学习

机器学习本质上是一种曲线拟合技术,主要用来发现和挖掘数据中隐藏的规律。机器学习的缺点之一是"过度拟合",即无法识别出正常波动的数据,从而造成误判。所以曲线拟合有着致命的不稳定性,很容易被干扰项迷惑,从而得出与正常值相差巨大的结果。

在机器学习领域,各大流派曾依次占据主导地位,不断推进着该领域的发展。从 20 世纪 80 年代起,符号主义学派基本上保持着第一流派的势头,它基于逻辑上的运算和对符号的操作来作出决策,但是由于实用性有限,在 20

世纪90年代被贝叶斯学派抢走了风头。贝叶斯学派以概率论为主导理论，可以拓展事件外的情况并进行对比。在贝叶斯研究势头大好的这段时间里，珀尔带领认知系统实验室的学者一起作出了不少贡献。他不仅发表概率推理和因果关系的论文（分别是他引用最高的两篇文献），在神经信息处理系统大会和学习峰会上开办讲座，还出版了相关的科普图书《因果论：模型、论证和推理》。

所谓"三十年河东，三十年河西"，到了21世纪初，联结主义学派大出风头，机器学习对图像、声音、情绪等的精确识别已经被运用到我们生活的方方面面。在21世纪前10年的末期，较为流行的则是联结主义和符号主义的结合体。21世纪20年代以后的学者则更倾向于诸多学派的大融合，架构也从最开始的小型服务器变成了云计算。但所有学派能否完美融合，以及未来人工智能领域究竟往哪个方向发展，只能等待时间来给出答案。

正当所有人都为人工智能目前的成果而欢呼雀跃时，珀尔却一直扮演着冷静的旁观者角色。珀尔所研究的工作构成了机器学习的根基，究竟是什么使这位机器学习的鼻祖在后期转变成这一领域的批评者呢？珀尔在他于2018年年初发表的论文中详细提出了目前机器学习所面临的一些障碍：机器学习除了有着较差的鲁棒性之外，还存在着不透明（难以测试）的问题。由于无法控制混杂因素，以及难以对丢失数据进行估算，机器学习领域在未来的发展道路上将举步维艰。珀尔坚持认为，以上这些"硬伤"都可以被因果革命解决，但这似乎尚未说服坚持其他学派观点的学者与他同行。

结语

由于因果推理异于主流范式的发展，且难以在短时间内再次取得重大突破和应用实现，珀尔在他坚持的这条道路上形单影只。在2017年神经信息处理系统大会的报告会上，一张拍摄到珀尔孤独身影的照片被疯传——这张照片显示，他现身于有关机器学习理论限制的会议上，而到场者寥寥无几。虽然拍摄者后续澄清了这一冷清画面只是拍摄时间不凑巧，但这张照片被疯传的现象似乎也从侧面印证了珀尔所带领的贝叶斯学派的落寞。

"千淘万漉虽辛苦，吹尽狂沙始到金"，你可能无法从珀尔的采访视频或其近期动态中窥探到这个笑眯眯的老人曾经历过怎样的跌宕起伏。加州大学洛杉矶分校给珀尔开启了一扇窗，珀尔也报之以琼瑶，为人工智能打开了一道门。时至今日，他依然以一副和蔼可亲、处变不惊的样子在自己所研究的领域默默耕耘，哪怕不被主流认可，哪怕少了些许鲜花和掌声。珀尔始终在兢兢业业、孜孜不倦地用他自己的方式引领更多学子走上探索人工智能的道路，为了他所热爱的事业，也为了人工智能界长久以来的科学理想。

参考文献

[1] PEARL J , MACKENZIE D .The book of why : the new science of cause and effect[J].Science, 2018, 361(6405):855-857.

[2] MORGAN S L.Counterfactuals and causal inference[M]. Cambridge：Cambridge University Press, 2007.

约翰·霍兰德
（John Holland）

数学精密而灵巧
游戏规则里浸满对生命的崇拜
扑克牌结成了快乐的桥
冥冥间通往一个新的时代

三十一、用游戏模拟自然界：约翰·霍兰德

本文作者：朴城民

约翰·霍兰德（John Holland，1929—），美国科学家，复杂理论和非线性科学先驱。

用数学课上所学到的微积分、微分方程等知识，我便可以发起一场基因上的革命！

——约翰·霍兰德

"贪玩"的天才

1929年2月2日，霍兰德出生于印第安纳州，但他成长于俄亥俄州。他从小就"贪玩"，常常在餐桌旁观察家中长辈们玩皮纳克尔（一种纸牌游戏），并憧憬长大后与父母"同台竞争"。父母十分支持他参加各种活动，母亲教他西洋跳棋和桥牌的基础规则，作为一流体操运动员的父亲则带他练习体操，从未催过他学习。这些教育使他成为狂热的游戏和户外运动爱好者。

霍兰德尽管"贪玩"，但他也十分"贪学"。他从小就喜欢钻研数学和物理问题，逻辑推断能力出众。霍兰德青少年时便在数学和物理等领域展现出惊人的才华。高中时，他获得俄亥俄州数理竞赛的第三名，并因此获得麻省理工学院的全额奖学金，开启了他在麻省理工学院物理系的学术生涯。

麻省理工学院物理学教授卢因在其公开课上曾说："物理能将困难的东西变得简单，我们的世界是一个很复杂的系统，而物理能帮助我们直接推测这个系统的各种特性。"物理吸引霍兰德的原因正在于此。他认为物理的有趣在于通过简单的定理可以派生出各种神奇的现象。

但麻省理工学院的本科课程没能够满足霍兰德的求知欲，久而久之，他对物理的热爱逐渐消散。为了满足求知欲，他开始在图书馆里阅读自己感兴趣的书，并将这一习惯保持终生。

游戏大师

进入大学后不久，霍兰德偶然发现一台名叫"计算机"的机器。通过输入几比特大小的数据，这台机器便能返回定积分等复杂的运算结果，这让他对计算机"思考"的过程及原理产生了极大的兴趣。然而当时与电子计算机有关的大部分内容属于机密，霍兰德只能从隔壁电子工程系开设的课程中学到一些皮毛。

一天，他在图书馆思考毕业论文的选题，无意间在书架上看到一个讲义，其中夹杂的小纸条对名为"旋风"的研究项目进行了简短介绍。该研究项目由美国海军资助，旨在开发能够实时管理空中交通情况的计算机。霍兰德认为这是一个能了解计算机的绝佳机会，便在物理系和电子工程系反复游说老师将自己纳入开发团队。数次拜访之后，项目负责人终于同意给他留下一个课题：编写一个能解出拉普拉斯方程的程序。霍兰德收到这份"大作业"是在1949年，彼时没有编程语言的概念，也没有汇编语言，他只能用十六进制的机器语言来编写程序。

这个项目比霍兰德的预期耗时更长，他不得不向学校申请延迟毕业。对大部分人来讲，编程是一个痛苦且折磨的过程，因为人的思维方式跟计算机的思维方式大不相同。但霍兰德乐在其中，他认为编程是一个颇为有趣的游戏：只要输入十六进制数字的各种组合，就能让计算机服从他的命令并实现他所想要的功能。他后来回忆这段经历时说，这是他在麻省理工学院求学期间做得最快乐的事。尽管霍兰德编写的程序最终没能在项目中运行，但他在编写程序的过程中有了巨大的收获。

毕业之后，霍兰德没有继续学习物理，而是前往密歇根大学攻读数学，专攻逻辑与代数。IBM 以奖学金招揽霍兰德加入实验室实习。实习期间，霍兰德参与了 IBM 第一台商用科学计算机 IBM 701（见图 1）的开发，此时他年仅 21 岁。即使在 IBM 的工作十分忙碌，霍兰德也没有停止打牌。

图 1　IBM 第一台商用科学计算机 IBM 701

再次转行

硕士毕业后，霍兰德留在密歇根大学攻读逻辑学博士学位。他的导师伯克斯是一位跨学科学者，伯克斯从事的研究涉及哲学、数学、逻辑、计算机等方面，曾与冯·诺依曼一同研制 EDVAC，并总结完成关于细胞自动机的著作。导师伯克斯的影响使霍兰德坚定了从事交叉学科研究的想法。

伯克斯在密歇根大学创立了"计算机逻辑研究小组"，并与同事联合创办了通信科学专业。在导师伯克斯的邀请下，霍兰德放弃逻辑学专业，转向通信科学专业重新攻读博士学位。霍兰德成为密歇根大学的第一位计算机科学博士，也是全美第一批计算机科学博士之一。

创造"适应游戏"——遗传算法的提出

1959年,霍兰德以计算机科学博士后的身份加入伯克斯的计算机逻辑研究小组。计算机逻辑研究小组的工作没有限制霍兰德对其他学科的好奇心。小组内的研究人员主要从事计算机系统的底层原理研究,为了优化结构和进一步研究系统科学,小组内部经常议论"涌现"等系统科学中的子问题。但霍兰德的研究切入点与大多数人相反,他因此饱受争议,唯一无条件鼓励霍兰德继续研究的是他的导师伯克斯。

霍兰德对复杂自适应系统的独到见解主要受到《自然选择的遗传理论》的启发。《自然选择的遗传理论》的作者是英国统计学家费舍。费舍在该书中应用数学模型阐述了孟德尔的遗传理论和达尔文的自然选择理论,并总结性地提出进化是一种自我适应过程。费舍的主要观点如下:

(1)进化是物种学习适应环境的一种方法;

(2)进化是代代叠加的长期过程,而不是只发生在某一生命周期里。

在遗传理论中,染色体是遗传的基本单位。两性交配时,染色体会交叉,从而组合成新一代的染色体,归属于生物学中定义为子代的生物体。其中,染色体还有可能发生变异,从而使新一代生物体有可能具有与上一代生物体与众不同的特征。最后根据达尔文的自然选择理论,环境会淘汰那些无法适应当前环境的生物体。时间累积下来(上述过程反复多次),整个物种就会向适合生存于当前环境的方向进化。

霍兰德认为,如果上述规律适用于有机生物体,那么同样也有可能适用于计算机程序。让计算机程序不断"进化",也许最终就能"进化"为与人脑功能相似的算法模型。

但是费舍关于"变异"的数学语言描述十分简单:"每一次变异都只有一个基因发生改变。"霍兰德认为变异远不止如此。他认为每一个基因对物种生存能力的影响并非与其他基因"线性无关",即任何一个物种的性状并非单由某一特定基因决定。因此霍兰德作出改进,提出了遗传算法,以数据表示染色体、生物体和环境等因素,在计算机上模拟上述过程(见图2)。

在实际应用中,我们可以设置多种终止条件。例如,当迭代达到一定次数、种群的平均适应程度达到一定数值,或者种群的平均适应程度数值收敛时,便判定"进化"不再发生。费舍认为,随着迭代次数的增加,整个种群会往某一方向收敛，这就是进化的结果。而霍兰德并不赞同，他认为进化是一个永不结束的过程，一个有最终结果的过程怎么能叫进化呢？

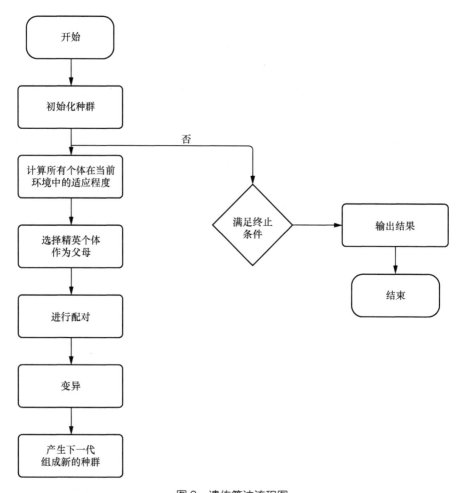

图 2　遗传算法流程图

广泛的应用

遗传算法与人工神经网络一样，也是受生物学启发的算法。它通过数学方式，利用计算机仿真运算，将问题的求解过程转换成类似生物进化中的染色体基因的交叉、变异等过程。

由于遗传算法的整体搜索策略和优化搜索方法在计算时不依赖梯度信息或

其他辅助知识，只需要影响搜索方向的目标函数和相应的适应度函数，因此遗传算法提供了一种用于求解复杂系统问题的通用框架。遗传算法不依赖问题所在的具体领域，对问题的种类有很强的鲁棒性，因此应用广泛。

函数优化是遗传算法的经典应用领域，也是对遗传算法进行性能评价的常用算例，测试函数分很多种，比如连续函数和离散函数、凸函数和凹函数、低维函数和高维函数、单峰函数和多峰函数等。对于一些非线性、多模型、多目标的函数优化问题，用其他优化方法较难求解，而用遗传算法则可以方便地得到较好的结果。

随着问题规模的增大，组合优化问题的搜索空间也急剧增大，有时在计算上用枚举法很难求出最优解，同时也十分浪费时间。对于这类复杂的问题，人们已经意识到应把主要精力放在寻求满意解上，而遗传算法就是寻求这种满意解的最佳工具。具体方法如下：把要解决的问题看作自然界中的环境，在可能的解集中通过模拟自然演化的方式求满意解。实践证明，遗传算法在求解组合优化中 NP 类问题（多项式复杂程度的非确定性问题）时非常有效。例如，遗传算法已经在求解旅行商问题、背包问题、装箱问题、图形划分问题等方面得到较为成功的应用。

但是，遗传算法也有一些缺点：当"基因"的数目变得十分庞大时，由于"变异"的随机性，时常找不到满意解；而且根据多个实验的结果，遗传算法的效率普遍比传统算法低。

非人气科普作家

霍兰德在其处女作《自然与人工系统中的适应》的前言中提到："我曾非常乐观地认为它能受到广泛的关注并成为畅销的学术专著。可是这一切并没有发生。"一方面，目前大部分人工智能学习者倾向于阅读关于人工神经网络的书，遗传算法已非主流研究；另一方面，部分学者的科普读物过难，受众面小，霍兰德的情况就是如此。

笔者有幸借阅到《自然与人工系统中的适应》一书，它的厚度不到 1 厘米，但内容深奥繁多。霍兰德把自己过去近 20 年的研究——对"学习""进化"和"物种的创意性"之间的关系的理解，浓缩于此却未能流行，难免有些遗憾。

结语

霍兰德作为复杂系统领域的鼻祖和遗传算法的提出者,学术地位极高。尽管他的书并不畅销,但他从未以名号自我炒作,而是坦然接受这一事实。或许只有像霍兰德这样朴素的科研工作者才能达到"不以物喜,不以己悲"的境界。

参考文献

[1] FISHER R A. The genetical theory of natural selection[M]. Oxford: Clarendon Press, 1930.

[2] 尼克 : 人工智能简史 [M]. 北京 : 人民邮电出版社 , 2017.

[3] 郑树泉 , 王倩 , 武智霞 , 等 . 工业智能技术与应用 [M]. 上海 : 上海科学技术出版社, 2019.

[4] 王彦辉 , 王敬敏 . 电力系统安全风险评估及应急管理 [M]: 北京 : 中国计量出版社 , 2017.

[5] ABDULKARIM H A, ALSHAMMARI I F. Comparison of algorithms for solving traveling salesman problem[J]. International Journal of Engineering and Advanced Technology, 2015, 4(6): 76-79.

[6] HOLLAND J H. Adaptation in natural and artificial systems: an introductory analysis with applications to biology, control and artificial intelligence[M]. Cambridge: The MIT Press, 1992.

杰弗里·埃弗里斯特·辛顿
(Geoffrey Everest Hinton)

冷板凳从来都不可怕
所谓的叛逆是足够炙热的信念
联结主义的一点微光
终于等来了后来的星火燎原

三十二、"神经网络之父":杰弗里·埃弗里斯特·辛顿

本文作者:伍泓达

杰弗里·埃弗里斯特·辛顿(Geoffrey Everest Hinton,1947—),加拿大计算机科学家和认知心理学家,曾任谷歌副总裁和工程研究员、多伦多大学名誉教授,被誉为"神经网络之父""深度学习之父"和"人工智能教父"。

本文主要对杰弗里·埃弗里斯特·辛顿迄今为止的学术历程进行有侧重的展现,还包含了他许多日常生活等方面的细节。笔者希望能借其典型经历折射出如今风靡全球的"深度学习"曾走过的曲折道路;给予读者某些超越一人、一时、一事的思考,并向这些勇于探索智慧"深渊"的"叛道者"表示敬意。因为,我们终有一天要面对这样的问题:凝视深渊者,亦为深渊所凝视;然而思索深渊者,是否亦为深渊所思索?智能之神秘,是否即深渊本身?

神经网络的历史

自从学会用象征的手段描述世界以后,人们眼中的世界就已经被划分成了物质性的与逻辑性的两部分,而每当人们找到一种能将两者统一起来的理论时,往往就认为把握了世界的某种本质。然而这样的统一往往难以达到,更多发生的是各自侧重一部分的观点之间海枯石烂式的"相爱相杀"。对人工智能的研究也存在这样的情况,长久以来,一直有着数条截然不同的道路,其中我

们介绍最多的是如下两条：一条希望通过对大脑生理结构的复杂性模拟来实现智能，此为联结主义；另一条则认为人脑只是提供了对基本的抽象事物的处理工具，如果能够把握这些抽象事物（比如逻辑、符号等）并有意义地处理它们，人们就理解并实现了智能，此为符号主义。为简要起见，相对较晚才真正进入人工智能研究核心的行为主义，本文不做讨论。在图灵于 1950 年发表了他那篇具有划时代意义的论文《计算机器与智能》后，这样的分歧就自然地延伸到了对"机器智能"的研究中。辛顿正是前者的杰出代表，读者可以自行对本书中的其他人物进行归类。

本书前面的内容（尤其是罗森布拉特、明斯基等人的传记）已经提到，1969 年，明斯基和佩珀特合著的《感知机：计算几何简介》证明了罗森布拉特的"感知机"所依赖的单层神经网络不能解决"异或"问题，其计算能力其实十分有限。这本著作同时指出，多层神经网络经过训练也许可以解决这些问题，但这样的训练方式还没有人找到，也许永远不会有人找到。尖锐的批评和幻想的破灭使神经网络研究的第一次热潮急速消退，这一领域进入所谓的"二十年大饥荒"时期。本文的主角杰弗里·埃弗里斯特·辛顿在这一时期的中期才真正登上学术舞台，他最初面对的是非常尴尬而又寂寞的学术氛围；幸运的是，正是以他为代表的研究者们数十年如一日在"冷板凳"上的坚守，才使得神经网络研究"拨得云开见月明"，最终成为当今人工智能研究的主流。

叛逆的杰弗里·埃弗里斯特·辛顿

杰弗里·埃弗里斯特·辛顿，1947 年出生于英国伦敦。在经历过跌宕起伏的前半生后，他的后半生主要在谷歌和多伦多大学工作，学术成就主要集中在神经网络和专家系统两方面。在进入正题前，我们不妨先聊一下辛顿的颇具传奇色彩的家族。

辛顿的曾祖父查尔斯·霍华德·辛顿不仅是位著名的数学家（第一个给出了四维空间中"超立方体"的三维可视化描述的人），还是最早的科普读物和科幻小说作家之一。辛顿曾祖父的岳父名为乔治·布尔，这是一个伟大的名字，事实上很少有人能拥有这样的荣誉——以他名字命名的"布尔代数"是整个信息社会的主要基石。乔治·布尔的 5 个女儿都是非常杰出的人物，比如写出名著《牛虻》的小女儿"伏尼契"，辛顿的父亲霍华德·辛顿是英国著名的昆虫学家，这里受篇幅限制不再赘述。

在很多人眼里，出身于这样的家族，仿佛预示着辛顿终将在学术上建立自己的一番成就——毕竟他已经"赢在了起跑线上"，未来的成功乃是必然，只不过成就大小而已。当辛顿被问起出身于科学世家的感受时，他表示这是"很大的压力"。他还说，自己一辈子都在压抑、沮丧中挣扎，而工作就是他释放压力的方式。

受父亲的兴趣和职业影响，辛顿的童年充满了许多和动物共处的回忆，但这并没有使他对生物学产生什么别样的兴趣——除了动物（主要是人）大脑里那些奇妙的东西，鲜有什么能吸引辛顿的注意力。目前所知的辛顿与神经网络最早的交集，来自他读高中时无意从朋友那里听到的人脑信息存储机制，这种机制与创建一张 3D 全息图十分类似，后者可以理解为记录入射光不断被物体反射时产生的大量信息，然后构建出一个结构化的数据库——而记忆正是以类似的方式在神经网络中传递和存储的。这是辛顿第一次真正认识到大脑是如何工作的，他对大脑的复杂性深深着迷。他后来说，了解大脑如何工作不仅是他人生的关键时刻，更是他一生成功的起点。

辛顿的大学生活并不那么一帆风顺，可能是心理方面的原因，他换过好几次专业，甚至退过学。他后来回忆说："我那时候 18 岁，第一次离开家自己生活。当时的学业十分繁重，我感到有些压抑。"几年后辛顿才真正决定在剑桥大学攻读心理学，并最终以"荣誉学士"的身份毕业。上大学期间，他一直坚持研究已属"冷门"的脑科学与神经网络，甚至在离开大学校园后反而更加热情地投身其中。

1972 年，辛顿进入爱丁堡大学攻读博士学位，师从大化学家希金斯教授。这一次，他毅然选择了神经网络作为自己的研究方向，尽管希金斯并不看好神经网络，还常常劝辛顿考虑其他领域，不要浪费自己的才华与光阴。但逆反的意志是辛顿灵魂中最深的禀赋，对于年轻气盛、干劲正足的他而言，这样的劝说是无效的。因此，辛顿与其导师间一场场激烈的争辩变得无法避免。每周的讨论总是弥漫着浓浓的硝烟味，一次次的争辩反而坚定了辛顿的信念。然而直至今日仍然令人动容的是，在那样的没有希望的"凛冬"中，希金斯恪守了作为一名导师的职责和热忱，为辛顿的研究提供了力所能及的指导和帮助。

1975 年，希金斯毫无偏见地认同并授予辛顿"人工智能博士"的学位——尽管出于种种原因，1978 年辛顿才真正得到这个学位。但无论如何，辛顿已经义无反顾地走上这条路——他坚信被《感知机：计算几何学导论》宣判"死刑"的多层神经网络一定存在着一种行之有效的训练算法，并决意在这条路上追寻到底。也许正是得益于这种叛逆，这种与人类进化史上无数次为文明"另辟蹊径"的"叛逆"一脉相承的精神，促使他最终走出了智能探索的又一条道路。

来之不易的发展

为了保存神经网络的"火种"，辛顿等研究者在 20 世纪 80 年代作出了许多非凡的努力。1982 年，辛顿与当时正在探索大脑建模新方式的神经生物学博士特里·谢伊诺斯基相识后一拍即合，他们从并行分布式处理方法着手研究，最后成功地创造出一种新的多层神经网络——"玻尔兹曼网络"（即"玻尔兹曼机"），实现了对"异或"问题的处理，并证明了它还能完成许多更复杂的任务。至此，《感知机：计算几何学导论》中多层神经网络不能被有效训练的预言宣告终结。似乎是为了向罗森布拉特的那个时代致敬，辛顿和谢伊诺斯基随后尝试在语言学习领域向世人展示新技术的力量。他们设计了一款名叫 Nettalk 的词汇学习程序并取得了意想不到的成功，这个程序最后甚至能读出许多未曾"教授"的词汇。这一成功重新点燃了人们对神经网络的研究热情，相关论文纷至沓来，有关会议的参会人数也逐步攀升，星星之火眼看渐有燎原之势（应当指出，其中也有霍普菲尔德网络、受限玻尔兹曼机等成果的重大贡献）。当然，与罗森布拉特的那个时代一样，学科的"复活"必将伴随着对学科自信的重拾，形形色色的预言因而有机会再次登上历史的舞台，并注定会再次影响学科发展本身。

也许是为了守护来之不易的些许"火焰"，也许是感受到了历史的暗示，辛顿再接再厉，于 1986 年联合同事大卫·鲁梅尔哈特和罗纳德·威廉姆斯发表了一篇突破性的论文，再次提出并详细介绍了"反向传播算法"——尽管此前已经有人先后提出过这一算法，比如 1982 年，鲁梅尔哈特本人就宣传过一个粗糙的版本，但由于没有明确指出其可行性以及受氛围影响，没能产生什么结果。辛顿等人在这篇论文中深入说明了反向传播算法的革新之处——当传统的正向传播算法深陷结果偏差难以修正的泥沼之时，反向传播算法创新性地加入了名为"反向传播"的内容。正向传播的结果偏差无可避免，反向传播因而试图将得到的结果偏差逐层回溯,利用以梯度下降法为代表的最优化算法,计算出每层传播路径上所需进行的权值修正,从而实现对原网络传播性能的不断优化,如此正反迭代,最终希望能将结果误差控制在一定的范围之内。这意味着通过"喂材料"和反复迭代以及调整参数,反向传播算法可以纠正很多深度神经网络模型在训练时产生的结果偏差,从而为两层及两层以上(一般包括一个输入层、一个输出层和中间的许多隐藏层)的深度神经网络的高效训练提供切实的帮助。不过,由于梯度下降法容易使偏差收敛到局部最小值而非全局最小值,最优状态很难达到,因此可以预见控制偏差在某些时候可能会成为一个问题。但无论如何,沉寂的思想终于等来了能将其点亮的时代,似乎一切都未来可期。

令人遗憾的是,历史证明彼时辛顿看见的火光只是流星一闪,点亮思想的时代最终自己先走向沉寂。出于种种原因,没过几年,这段热潮就飞速地冷却了(主要是数据规模和算力不够,尽管这是后来才知道的原因;也有理论缺陷、资本环境变化、领域间竞争等方面的原因)。人工智能终究是相当依赖实际研发的交叉学科,对外部干扰往往非常敏感。20 世纪 90 年代中期,神经网络研究再次进入冰河时代。"神经网络"4 个字成为无数人工智能研究者、投资者的梦魇,甚至许多知道一点人工智能知识的普通人都对辛顿他们投来不解和同情的目光。

人工智能艰难地来到 2006 年,辛顿在理论上有了一个重大突破,但彼时"神经网络"这个词仍非常不受大家待见,他不好直接把理论讲出来。不得已之下,辛顿打着为数据降维的"幌子"发表了那篇具有划时代意义的论文——《用神经网络为数据降维》,实际上提出了"深度置信网络"和"深度神经网络"的概念。让人感到既有趣又辛酸的是,为了避免神经网络的"恶名"影响人们对这些创见的兴趣,辛顿还给"神经网络"另起名为"深度学习","深度学习"就此诞生。辛顿还推出了深度学习框架 DBN-DNN。DBN-DNN 是一种较深的多层神经网络架构,主要由多层受限玻尔兹曼机堆叠而成,训练时采用反向传播算法。其训练思路是,先将数据交由 DBN 进行预训练,再把所得网络各处的初步权值赋给更复杂的 DBN-DNN 并再次进行训练。这就使得偏差经 DBN 训练收敛到局部最小值后,更容易在 DBN-DNN 训练中进一步收敛到全局最小值,从而有效解决了深度神经网络训练时的"梯度消失"等问题,DBN-DNN 因此成为早期深度学习的主要框架之一。尽管如此,参数使用过多时易出现的过拟合等问题仍然没有得到有效解决。这把火没能真正烧起来，但未来已隐约可见。辛顿他们继续像"隐藏层"一样默默努力着——这次他们有预感：成功的光芒已经不再遥远。事实也正是如此，只不过还要多等几年。

神经网络的时代

奇妙的是，这次是别人而不是辛顿自己利用他的研究将他拉回到了 AI 研究的中心地带，却又不失为一种别样的"薪火相传"。2009 年，计算机的计算能力又一次取得显著突破，神经网络在语音和图像识别领域开始超过传统的非联结主义方法，大型科技公司也再次开始加大对人工智能的关注与投资力度。形势开始好转。

2011 年，神经计算与自适应感知项目的研究成员，同时也是斯坦福大学副教授的吴恩达，在谷歌创立并领导了"谷歌大脑"项目。2012 年，由吴恩达和杰夫·迪恩领导的 Google X 实验室宣布建立由 16 000 个处理器组成的神经网络，参数高达 17 亿个。他们从视频网站 YouTube 上选取了千万量级的视频素材进行训练，这个神经网络最后自主学会了如何识别猫和人体等"高级概念"（后来吴恩达在斯坦福大学又建立了一个更大的神经网络，参数高达 112 亿个，但计算能力仍与人脑有 4 个数量级的差距）。这个突破将一直徘徊在科学界边缘的神经网络研究人员瞬间拉回舞台中心，一些研究人员认为，这次胜利意味着"深度学习革命"拉开了序幕。神经网络研究热潮再起。

当一切铺垫都已到位，历史的转折终于到来。同年，辛顿带领学生亚历克斯·克里泽夫斯基和伊利亚·索特思科瓦，利用卷积神经网络参加了"ImageNet 大规模视觉识别挑战赛"。比赛先用总计 1000 万张图像对机器进行训练，再用 15 万张图像予以测试，要求网络识别图像中的动物、花和船等。没有人想到辛顿他们共同训练的机器 SuperVision 能取得这样惊人的成绩——它最低一次的错误率为 15.3%，远低于第二名最低 26.2% 的错误率，它甚至在某几类图像识别上的错误率比人眼识别的错误率还要低。深度学习的无穷潜力一下子令人们激动不已，有人甚至拿这一突破与 IBM 超级计算机"深蓝"击败国际象棋冠军卡斯帕罗夫相提并论。

自此，深度学习开始在更多领域大显神通，并逐渐成为人工智能研究的主流。这对于长期处在人工智能领域边缘，甚至被戏称为"人工智能流浪汉"的辛顿而言，真是"数十年来拨云开，今朝始得见日来"，他从未奢望过这样的地位。但在欣喜之余，辛顿更希望能在更好的条件下继续科研，把深度学习乃至人工智能发展到新的高度。他于 2013 年正式加盟谷歌。辛顿曾说："我们现在有着炙手可热的核心技术。我们希望把 AI 带到一个美妙的新领域，一个还没有人到达的境界。"神经网络终于在人工智能发展史上找到了自己应有的位置，我们现在所见证的各种机器的"类人"乃至"超人"的非凡智能表现，大多来自深度学习的使用（当然也有强化学习等技术发挥的作用）。深度学习还直接推动了大数据等相关领域的发展，极大加速了人类智能社会建设的进程，这一切的实现，辛顿起了很大的作用。

风靡之后

深度学习的风靡给辛顿带来了无数的荣誉，他过去可能做梦都没想过有这么多奖争着要落入自己囊中，其中最重要的当属 2018 年与约书亚·本吉奥、杨立昆一同荣膺的计算机领域的最高荣誉——图灵奖，他们三人因为各自卓越的成就被称为深度学习的"三驾马车"。这一切奠定了辛顿在人们心目中"人工智能教父"的地位。

不过这些都没有影响辛顿的潜心研究，他开始积极反思反向传播算法和其他已有神经网络算法的不足，并试图提出更好的算法。2017 年，辛顿在多伦多大学建立了矢量研究院，在他看来，人们思考事物时的神经活动模式就类似于对事物信息矢量进行某种矢量运算。同年，他与人合作写了两篇关于胶囊网络的重要论文，其中包括与莎拉·萨博和尼古拉斯·弗罗斯特合作撰写的《胶囊网络的动态路由》，并于不久后向公众公开。此后，辛顿就在完善胶囊网络这条新路上跋涉至今，他的最新学术成果都围绕着克服胶囊网络存在的问题展开。由于历史尚没有给出评判，在此暂且略去相关介绍。辛顿把自己的主要精力都投到了科研中，尽可能减少花在开会、采访上的时间。这对于一个 70 多岁的老人而言，着实难能可贵。

作为一名"叛逆"的个性鲜明的研究者，除了对待科学研究真诚而持久的热情之外，我们还能看到辛顿在科学伦理上的某种独特坚持。包括霍金在内的很多科学家，以及像比尔·盖茨、马斯克这样的许多著名企业家，都表达过 AI 技术发展太快，可能对人类产生一定威胁的担心。辛顿却对人工智能保持乐观态度，他说："我认为这会让生活变得更容易。人们所说的潜在影响与技术本身无关，而与社会组织方式有关。我觉得当技术提高了生产力时，每个人都应该分享这些成果。"

参考文献

[1] HINTON G E，SUTSKEVER I. Imagenet classification with deep convolutional neural networks[J]. Advances in neural information processing systems, 2012, 3(25):1106–1114.

[2] RUMELHART D E, HINTON G E, WILLIAMS R J. Learning representations by back-propagating errors[J]. Nature, 1986, 323(6088): 533-536.

[3] ACKLEY D H, HINTON G E, SEJNOWSKI T J. A learning algorithm for Boltzmann machines[J]. Cognitive Science, 1985, 9(1): 147-169.

[4] HINTON G E, SALAKHUTDINOV R R. Reducing the dimensionality of data with neural networks[J]. Science, 2006, 313(5786): 504-507.

[5] SABOUR S, FROSST N, HINTON G E. Dynamic routing between capsules[J]. Advances in neural information processing systems, 2017, 6(30): 50-57.

[6] 尼克.《人工智能简史》[M]. 北京：人民邮电出版社 , 2018.

[7] 陈善广 , 鲍勇 . BP 神经网络学习算法研究 [J]. 应用基础与工程科学学报 , 1995, 6(4): 105-110.

杨立昆
（Yann LeCun）

这是最好的时代
怀有最远大而冷静的愿景
层层卷积日日积累
中流砥柱步履不停

三十三、呼啸而来的人工智能：杨立昆

本文作者：毛顺宇

杨立昆（Yann LeCun，1960—），图灵奖得主，"深度学习三巨头"之一，"卷积神经网络之父"。

杨立昆是如何取得如此巨大的成功的？他又有着怎样的个人理念？本文将记录他的故事。

个人生平

1960 年的一天，杨立昆出生于巴黎市郊的一所医院。他的名字 Yann LeCun 在当地方言中意为"好人"，而他的所作所为也的确让世界变得越来越好，想必没有辜负父母对他的殷切期望。不得不说的是，Yann LeCun 这个名字总是让不少英语国家的人产生误解，错把名当成姓，他成了全世界据说有最多中文译名的男人，这个称号一直持续到 2017 年，他去清华大学讲学，在那里他宣布了自己的官方中文名——杨立昆。

杨立昆的电子技术启蒙来自他的父亲。在他年幼时，他的父亲制作了遥控飞机、遥控汽车等电子产品，激起了他对机器的好奇。1983 年，23 岁的杨立昆从巴黎高等电子与电工技术工程师学校毕业，取得了工程学学士学位，紧接着又在巴黎六大（现在的索邦大学）攻读计算机科学博士学位。

在他读博士时，法国的神经网络研究几乎处于停滞状态，因此杨立昆没能找到一位完全符合他心意的导师，但幸运的是，他遇到了一群志同道合的同学。他们在导师的帮助下，一同研究人体结构、分子组装，甚至研究人类心理学，这些研究在当时无疑处在最前沿。

虽然杨立昆的求学经历一帆风顺，但他的研究可谓毫无进展。然而，1985年2月，一场阿尔卑斯山上的研讨会彻底改变了杨立昆的命运，这是他职业生涯的转折点。这场研讨会聚集了生物学家、数学家、计算机学家等，杨立昆在会上做了一场关于 HLM 算法（反向传播算法的前身）的报告。这场报告让贝尔实验室部门负责人拉里·杰克尔对杨立昆印象深刻，这使得杨立昆在三年后也成了贝尔实验室的一员。

神经网络的大变革出现在 1986 年，特伦斯·谢诺夫斯基所撰写的一个关于语音识别系统的分析，彻底点燃了业内人士的热情，大家终于认识到神经网络的神奇功效。

1987 年，27 岁的杨立昆进入辛顿位于多伦多大学的实验室攻读博士后。巧合的是，杨立昆和他的导师辛顿曾分别在 1985 年和 1986 年发明了类似反向传播的算法，且二人在完成这一杰出成就时素未谋面。所以在辛顿团队提出反向传播算法后，原本名不见经传的杨立昆一下子就成了神经网络界的专家。

但就在 1987 年，LISP 机器市场严重萎缩，人工智能领域进入第二次寒冬。我们现在几乎见不到这种专为某种编程语言而生的机器了，但是在当时，LISP 机器算得上第一种商业化的个人工作站，它所具有的特性极大地影响了后来的计算机设计，包括鼠标、窗口、垃圾回收机制等。当时，一台 Symbolic 公司生产的 LM-2s 型机器售价高达 70 000 美元，高昂的售价也让它被后来居上的微型计算机彻底取代。尽管这次泡沫的破灭很大程度上缘于开发商的炒作而非机器本身的缺点，但当时严重依赖 LISP 机器的人工智能领域陷入极大的危机。

1988 年，杨立昆加入 AT&T 旗下的贝尔实验室。在贝尔实验室工作的 8 年里，杨立昆创造出了卷积神经网络，这一发明让他真正成为人们心目中的"人工智能教父"，并获得 2018 年的图灵奖。除此之外，杨立昆还在那里结交了几位挚友，一起完成了 LeNet，这一图像识别系统自 1996 年起，每个月都会"阅读"全美上百万张银行支票，帮助银行识别客户潦草的字迹。1996 年，AT&T 公司被拆分，贝尔实验室这块招牌被朗讯公司拿走，杨立昆选择继续留在 AT&T 公司旗下的香农实验室，与他共事的人当中不仅有曾经的那些老同事，也有维普尼克（支持向量机的发明者）等日后的 AI 界名人。在香农实验室工作的日子里，杨立昆发明了 DjVu 图像压缩算法，这一算法被应用于"互联网档案馆"，随着一张张图像的保存，个人的一些信息被永远留存在了互联网世界的记忆当中。

遗憾的是，1995 年神经网络再次遭遇寒冬，人们专注于支持向量机与核方法，杨立昆和他的上司拉里·杰克尔倍感难过。于是，他们和维普尼克打了两个赌。第一个赌约是，拉里打赌在 2000 年 3 月 14 日之前一定会出现一个解释神经网络运行原理的数学理论，并且不是由维普尼克给出的；第二个赌约是，维普尼克打赌在 2005 年 3 月 14 日之后不会再有人使用神经网络。这两个赌约的赌注都是一顿晚餐，杨立昆则是他们的证人。结果拉里输了第一局，维普尼克输了第二局，只有杨立昆双赢——他赢得了两顿晚餐。

1998 年，杨立昆等人写下了一篇题为《基于梯度学习的文档识别》的文章。当时，他本以为这篇针对 20 世纪 90 年代工作的回顾性文章是神经网络领域的绝唱，但这篇文章在 2013 年之后，引用量开始爆炸式增长，反而被认为是卷积神经网络的开山之作。

不幸的是，当时的 AT&T 公司再次遭遇了困境，许多人遭到裁员，杨立昆也被迫跳槽到日本 NEC 公司工作。谷歌其实也曾向他发出邀请，但当时的谷歌只是一个小企业，杨立昆最终还是选择留在 NEC 公司。这个选择令他懊悔不已，因为 NEC 公司也遭遇了困境，像神经网络这样"没什么用"的研究只能被迫中止。

2003 年，杨立昆来到纽约大学，但是直到 2006 年，神经网络都不在机器学习方法的可选清单上，杨立昆与辛顿、约书亚·本吉奥三个神经网络的支持者被戏称为"深度学习的阴谋家"。但是随着越来越多的人加入他们，"深度学习"这一词汇也终于被业界采用。在从事研究的同时，杨立昆选择成为一名教师，去培养更多的 AI 科学家。

从此，神经网络逐渐走向大众，但它仍然难以挑战传统的机器学习方法。转变发生在 2012 年，在那一年的 ImageNet 大规模视觉识别挑战赛上，一支由杰弗里·辛顿带领的队伍凭借 15.3% 的错误率拔得头筹，自那之后的图像识别比赛中就几乎没有其他机器学习方法了。

2012 年，杨立昆在纽约大学成立了数据科学中心，与众多教授一起培养数据科学方面的人才。2013 年，杨立昆担任 FAIR（Facebook 人工智能研究院）的首任主任，为 Facebook 用户提供高质量的翻译，同时也检测 Facebook 平台上一些不合规的内容。他认为，FAIR 的最大作用其实并不是它的许多研究，而是它激励了许多大学生加入机器学习的阵营中来。FAIR 与许多学校合作，在法国政府的批准下学生可被学校和企业同时雇用，并且 FAIR 也遵从了杨立昆的想法，开源了所有研究的相关代码，促进了全人类的科技进步。

后来，58 岁的杨立昆选择离开 FAIR 的管理岗位，重返科研岗位，成为 Facebook 首席人工智能科学家。2019 年 3 月，杨立昆和两位同伴一同获得图灵奖。与许多 AI 大家不同，杨立昆并不是一个兴趣广泛的人，他既不像赫伯特·西蒙一样在经济学和计算机领域都有所建树，也不像纽厄尔一样精通心理学与计算机科学。他选择一条路走到底，即使年过花甲，也依然身在人工智能领域的最前沿。

人工智能的中流砥柱

谈到杨立昆，就不得不提卷积神经网络。如今，这一技术已经渗透到我们生活的方方面面。"刷"手机时看到换脸视频令你捧腹大笑，自拍一张照片可修成漫画风格，写作业遇到不会的题目可"随手一拍"。但你有没有想过，为什么换脸视频显得这么自然？计算机又是如何知道照片里的题目到底是什么？而这就是卷积神经网络最广泛的应用领域——图像识别。

什么是神经网络？如同人的神经元一般，神经网络中也存在一个个"神经元"，它们被分成许多层，接收来自上一层神经元的输入。和人一样，只有当它的输入超过某个阈值时，这个神经元才会被激活，而这就需要调整输入数据的权重，以此来调控自己的输出，再通过最终结果来优化每一个神经元的权重。这种优化算法被称为"反向传播算法"。

但这种传统的神经网络在大规模应用的情况下参数量非常大，训练所需的时间往往超出预期，同时过多的参数也会带来过拟合[①]的问题，而卷积神经网络就能很好地解决这一问题。卷积神经网络通常认为是由日本科学家福岛邦彦于 1980 年提出的，杨立昆在 1998 年提出了 LeNet-5，他把反向传播算法应用到神经网络的训练上，形成了当代卷积神经网络的雏形。

---

① 过拟合是指为了得到一致假设，而使假设变得过于严格。

通俗地讲，卷积神经网络中的神经元只会与上一层的一部分神经元相连接，这种局部连接的思想源自脑神经科学中"感受野"[①]的概念。同时，对于一层中不同位置的卷积，它们的权重是共用的，也就是说，图像中一部分的信息应该和其他部分保持一致。业界通常会在连续的卷积层之间插入池化层，以降低计算量，同时控制过拟合。目前常用的池化方法主要包括最大值池化和平均值池化。最后则是全连接层，来自上一层的信号经过激活函数后进入下一层的神经元，每一层之间都是全连接的，使用梯度下降法进行训练。卷积神经网络通过不同的过滤器分别提取图片的不同特征，这样不仅可以大大减少计算量，也可以为神经网络提供更多的应用领域。

然而研究的路途并不总是一帆风顺的，第二次 AI 寒冬的到来，让业界和用户失去了对人工智能的信任，许多企业濒临倒闭，也有许多研究因为撤资而被迫停止。为了重燃人们的信心，1986 年，约书亚·本吉奥和杨立昆一起在加拿大政府的支持下创立了讲习班，旨在帮助诸多人工智能科学家互相了解，一起促进人工智能科学的发展。这一讲习班足足办了 26 年，并发展为计算机视觉领域的一个重要会议——国际模式识别会议（International Conference on Pattern Recognition，ICPR）。

隐忧与未来

卷积神经网络这一创新性的发明让人工智能迎来了又一春。但是持负面看法的人认为，神经网络就像一个黑盒子，我们只知道如何让其变好，却对它的可靠性一无所知，换句话说，没人知道为什么神经网络就是正确的。与之前的支持向量机、k 最近邻算法等相比，那些传统的算法都有坚实的数学基础，而神经网络没有。

但不论如何，神经网络都已经被广泛应用。杨立昆始终对人工智能的未来十分乐观，但他也知道，现在还有太多工作要做，这样才能让这个领域"名副其实"。他说："现在可能有 50 座山等待我们去攀登，这其中有些我们已经看见了，例如数学可靠性，但有些仍然是未知的，对于现在的我们而言，可能只攀爬了一座山或者两座山。"

如今，几乎每个领域正在想方设法"蹭"上 AI 的热度，但是杨立昆对于

[①] 感受野是指能有效地影响某一感觉细胞受刺激兴奋的外围部位。

炒作一事向来深恶痛绝，他认为炒作已经至少 4 次"扼杀"了 AI 领域的新方法，并且他也在不断地呼吁停止炒作，不论是在媒体上，还是当研究者申请经费时，他都始终认为 AI 炒作是"极其危险"的。

作为风口浪尖上的人物，同时也是 AI 领域的专家，杨立昆的一言一行必然会对社会有所影响。至于一个老生常谈的问题——人工智能有什么危害？他认为，人工智能会不可避免地减少一些岗位，但同时也会让那些人工智能无法参与生产的产品变得更加珍贵。虽然人工智能大体上是好的，但是他也警告人们要杜绝人工智能的滥用，因为这种滥用极为危险。例如，对于一个统计模型来说，一旦被广泛使用，就必须考虑结果的可靠性，任何一个缺点都不能忽视，因为负面影响太广了。

人工智能是一个十分年轻的学科，它仍有许多问题亟待解决，对于机器来说，它有思维吗？即使它能够精确地识别图片，这种能力真的能够称为思维吗？正如刘慈欣在《诗云》中的发问："智慧生命的精华和本质，真的是技术所无法触及的吗？"人类有文学创作，有艺术创作，更有哲学思考，而机器又该怎样实现类似的思考呢？生物大脑优秀的功能始终是机器追逐的目标，它的原理更是未解之谜，但这一切都只能留给后人来探究。

总而言之，回顾杨立昆的过往，他永远站在科学研究的第一线，一生都执着于 AI 领域，或许这也造就了他特立独行的性格，不论如何，他永远都是一位富有创新精神的发明家。

参考文献

[1] SEJNOWSKI T J, ROSENBERG C R. Parallel networks that learn to pronounce English text[J]. Complex Systems, 1987, 1(1): 145-168.

[2] LECUN Y, BOTTOU L, BENGIO Y, et al. Gradient-based learning applied to document recognition[J]. Proceedings of the IEEE, 1998, 86(11): 2278-2324.

三十四、科学家的 AI 漫谈

本文作者：吕芳怡

科学家们的思考之光

在人工智能的发展浪潮中，许多科学家提出了前沿的创造性意见。其中，虽然一些科学家［如钱学森、斯蒂芬·霍金（Stephen Hawking）等］并不是人工智能领域的专家，但他们将对于 AI 的思考与自己的专业知识相结合、碰撞，形成独特视角，为人工智能的发展方向提供了新思路。这些科学家的想法尽管存在一定局限性，却具有时代前瞻性。他们的思考之光将永远在人工智能发展的星河中熠熠生辉。

钱学森的"大成智慧学"

钱学森（1911—2009），汉族，出生于上海，祖籍浙江省杭州市，空气动力学家、系统科学家，工程控制论创始人之一，中国科学院学部委员、中国工程院院士，"两弹一星功勋奖章"获得者。

提到钱学森这位伟大的科学家，我们最为熟悉的是，他是"中国航天事业奠基人"和"两弹一星功勋奖章"获得者，他为我们国家作出了巨大的贡献。不了解他的人很难将他和人工智能联系在一起。实际上，从国防一线退下来后,他把主要的精力投注在了学术研究上。除了我们所熟知的国防技术的成就以外,钱学森晚年在学术思想上的创新性成就也十分瞩目,特别是他提出的"大成智慧学"。

大成智慧的核心思想是"集大成,得智慧",致力于以侧重人的"人-机结合"为核心,利用定性与定量相结合的综合集成方法,集古今中外知识之大成,研究开放的复杂巨系统问题,通过人机交互提高人和机器的智能。

要理解钱学森的"大成智慧学",首先就得理解"开放的复杂巨系统"这一概念。如果一个系统与外界有物质、能量、信息的交换,它就是开放系统,反之为封闭系统。系统下又有子系统,开放的复杂巨系统就是一个所包含子系统数量多、种类多、关系复杂、有层次的开放系统。比如,人体就是一个开放的复杂巨系统。开放的复杂巨系统问题不仅包括科技领域的问题,还包括人文、社会、经济、自然等领域相融合的多维问题。

"大成智慧学"的"智慧"与"大成"

人机结合乃为智慧。钱学森指出,我们要研究的是人与机的智能结合。他超前地关注到了电子计算机和通信技术在未来科学发展中的重要性。需要注意的是,"人机结合"的本质依然是以人为主,计算机为辅,即人在工作中占主导地位。计算机的计算、检索、存储、传递数据的能力和速度远超人类,但计算机不擅长处理那些难以量化、比较直觉、主观的问题。而人类既能够处理计算机难以解决的复杂定性问题,也擅长处理逻辑化和形象化的问题,还能通过定性判断作出决策。借助计算机的能力,人类在利用、处理信息方面的效率就可以大大提高。将人和计算机优势互补后,人参与的将是定性思考、决策的工作(这部分工作往往是整个工作的核心),计算机则参与定量的、能够形式化的工作。这种配合方式对于人来说,既减轻了负担,又节约了大量时间,这样就能高效率地、源源不断地获取新知识;对于计算机来说,它所能处理的问题范围扩大了,处理问题的能力也提升了,这样就能够大大提高解决问题的效率,帮助人类去研究"开放的复杂巨系统"问题,从而作出正确的决策。因此,人工智能的发展需要"人-机结合",对计算机的合理利用也能够提升人的智能。把人的"性智"和人工智能的"量智"结合在一起即为"智能"。这种"定性与定量相结合的综合集成方法"就是"大成智慧工程"。

学科融合乃为大成。钱学森在采访中说："人不但要有科学、有技术，还要有文化艺术。"钱学森高瞻远瞩、高屋建瓴，他前瞻性地预测到了未来不同学科在不断细分的同时又交叉融合的趋势。因此，他在大成智慧学中更多地运用了学科融合的思维。

钱学森曾对21世纪中国的教育作出合理的设想和设计：先通过更新教育观念、优化教学方法、调整教育经费、改革教育制度等一系列措施，让学生喜欢学习；再通过人机结合的互补优势、信息网络的强大功能、学科融合的智能提升，使学生在18岁完成大成智慧教育的内容，最终成为全才；而这些全才在经过专门的学习后，又能成为某一领域的专家，既有全能的基础又有专攻能力，实现全能和专攻的辩证统一。

"大成智慧工程"的"人-机结合"中，人力的集体称为"总体设计部"，各机关各部门都可以设立自己的设计部，设计部需要一位有创新力和领导能力的总设计师和一群各行各业的技术专家，通过群策群力和"人机结合"作出最终的决策，并结合多学科的智慧，推陈出新。"大成"即把各个领域专家的知识、智慧、思维和系统中的信息集成起来，例如科学与人文、人类与自然、逻辑与形象、宏观与微观、定性与定量，海纳百川即为"大成"。"大成智慧学"将钱学森的前瞻思想和大格局体现得淋漓尽致。

看了钱学森对人工智能的畅想，或许你还觉得他所设想的时代离我们似乎有点遥远。我们不妨来看看一位计算机科学家的预言，他预言的时代又似乎离我们很近，以至于我们不太相信技术能发展得如此之快。

雷蒙德·库兹韦尔的预言

雷蒙德·库兹韦尔（Raymond Kurzweil），1948年出生于美国，是一位作家、计算机科学家、未来学家。他不仅利用人工智能在金融方面和医疗方面作出了积极的探索，还在艺术方面生成了能作画、作诗的软件。他获得了9个荣誉博士学位，现任谷歌工程总监。

对于科技如何塑造未来，库兹韦尔在他的著作中作出了一系列大胆的预测。在 1990 年，他预言了互联网的爆炸式普及，这个当时被认为是异想天开的预言现在已经成为现实。1999 年，他在著作《技术奇点》中描绘了人类在 21 世纪的生活景象。他预言计算机到那时能够对复杂的问题作出决策，甚至能够欣赏美、体验人的感受与情感。

他的很多预言都与现在的情况基本吻合。在他过去的 147 项预测中，只有 3 项"错误"，另外 115 项"完全正确"，12 项"基本正确"，17 项"部分正确"，准确率超过 86%。

此外，库兹韦尔还发表了许多"未来预言"。例如，他在 2010 年发布的白皮书中曾预言，2030 年软件和纳米机器人将治愈大多数疾病；在 2017 年，他预言到 2029 年，计算机将拥有与人类同等水平的智能；他还预言到了 2045 年，奇点时代将会到来。他对人工智能给人类带来的影响持非常乐观的态度，认为人类在人工智能的帮助下能逐渐改善自身的条件，并在技术的帮助下实现永生。

从当下来看，这些预言似乎过于乐观，但从另一个方面来看，也许现在的我们正如 20 世纪 80 年代末不相信世界会发展成如今这个样子的人，根本无法预料到技术会发展得如此迅猛。

上面的两位科学家都属于人工智能的乐天派，他们对人工智能的发展都抱有美好的愿景。与乐天派形成鲜明对比的是悲观派，他们对人工智能发展的浪潮持较为悲观的态度。很多名人奔走呼吁，试图引起公众注意，提出了对人工智能脱离人类束缚、威胁人类文明等问题的担忧，让大家警惕人工智能。

斯蒂芬·霍金的隐忧

斯蒂芬·霍金（Stephen Hawking，1942—2018），出生于英国牛津，英国剑桥大学著名物理学家，现代著名的物理学家之一。

霍金是一位享有国际盛誉的人物，他一直对人类命运和社会问题非常关心，在人工智能的隐患问题上更是常常发声。

早在 2014 年，霍金就开始呼吁应该在人工智能方面做更多、更充分的研究。2015 年，霍金与著名科技企业家埃隆·马斯克，以及人工智能方面的专家共同签署了一份公开信，提倡对人工智能造成的影响做调研。2016 年 10 月，霍金启动了研究人工智能的跨学科研究中心——利弗休姆未来智能研究中心，并发表了演讲。

在 2017 全球移动互联网大会上，霍金通过视频会议发表了演讲，分别从短期和长期两个方面提出了他对人工智能发展的担忧。他认为，人工智能与人类命运相关。AI 的崛起要么是人类最好的事情，要么就是最坏的事情，甚至有可能终结人类文明。人工智能的发展是一个问题，只能尽早解决。在人工智能发展早期，应该进行充分的调查和研究。在发展人工智能之前，首先应该注重人工智能的社会效益，保证人工智能能够长久地为人类服务。

近忧

1. 无人驾驶

无人驾驶近几年一直是一个比较火热的话题。从无人机发展到无人驾驶，还有很多的技术问题，甚至很多安全性的问题还未能完全得到解决。现阶段，无人驾驶在安全方面还无法取得人们的信任，相关的法律与法规还不够完善，有关伦理问题的讨论仍在继续。

2. 致命性智能自主武器

当前，许多国家已投入巨资研究能在无人干预的情况下独立搜索、识别并攻击目标的自主武器。这种武器一旦研究出来，就有可能完全改变战争模式。这引起了霍金的担忧：这种武器的使用是否合理合法？况且所谓的"自主"又如此模糊，到底会是多大程度上的自主？这能否被精准定义？假如出了问题如何追责？如果由于计算机失控导致武器被滥用，会不会给无辜的人带来灭顶之灾？自主武器的诞生会给国防带来什么影响？在保证对人工智能的控制之前，我们是否能放心地将武器交给它们？一系列问题接踵而至，这不禁让人开始担忧人工智能的未来前景。

3. 隐私之忧

人工智能既然能够服务于我们，就必然也会时时接触、收集、分析、掌握大量的个人数据。而我们为了享受这些服务，也必须为人工智能提供数据。霍金担心，人工智能接触到大量信息会给人们的隐私带来隐患。

4. 人工智能取代工作岗位

目前，各个领域的智能工具不断涌现，这势必会对人们的就业产生冲击。一些内容简单、重复性高的工作岗位正在被人工智能取代，大量人口面临着失业危机。现在这种趋势已经初具雏形，比如无人驾驶汽车的出现可能导致司机的岗位被取代。但同时，危机之下，人工智能也带来了新的机遇，许多新职业、新岗位伴随着人工智能的发展应运而生。

远忧

1. AI 系统失控之忧

根据摩尔定律，在一个密集集成电路中，晶体管的数量大概每两年翻一番，计算机的速度和内存容量则提高一倍。这个定律揭示了计算机的能力将呈指数增长。如果这个定律成立的话，那么人工智能的能力也将呈指数增长，未来我们可能创造出超越人的人工智能，达到"技术奇点"。"技术奇点"的概念在 1982 年被提出，这个概念是指随着技术的发展，自我进化的超级智能将能够超越人类，到达一个新的高度，到那时，已有的技术可能被完全颠覆，甚至人类的文明也将被颠覆，此后任何模型都无法预测人类的命运会走向何处。

霍金担心，如果不能在人工智能发展的前期做好准备，而任由人工智能能力增长，那么在到达技术奇点之后，人工智能就能自主地加速其对于自身的设计。如果人工智能一旦脱离束缚，发展出与人类产生冲突的自我意志，届时人类文明可能会被人工智能终结。可怕的是，在脱离了束缚的人工智能面前，人类可能只是人工智能实现自我目标道路上微不足道的障碍，人工智能会把这个小小的障碍轻松清除。就如同建造建筑时被压塌的蚁穴一样，人工智能根本不会将人类放在心上，但对于整个蚁窝来说是灭顶之灾。因此在发展人工智能的能力之前，我们首先应该将人工智能的目标和人类的目标完全统一，让人工智能服务于我们，做我们忠实的伙伴。

2. 积极态度

尽管霍金对人工智能的发展已经预估了最坏的情形——他毫不留情地指出，如果任由人工智能发展，强人工智能可能会脱离人类的掌控，甚至毁灭人类文明，但他对人类追求技术上的发展仍然持积极的态度。他认为，技术有望逆转工业化对地球造成的负面伤害，人工智能具有解决疾病和贫困问题的巨大潜力。未来，人工智能为社会带来的福祉将无法估量。因而人工智能的成功可能是人类文明史上最伟大的事件，能够彻底改写人类的发展方向。不过从中受益的前提是，我们要提前研究如何规避风险，不要让人工智能的目标与我们人类的目标背道而驰。

霍金最后说了这样一段话："我们站在一个美丽新世界的入口，这是一个令人兴奋的，但同时也充满了不确定性的世界，而你们是先行者。我祝福你们。"

3. 杞人忧天

有趣的是，霍金和马斯克由于警告人工智能可能会变得无法控制而获得"卢德奖"，即科学界的"阻碍科技进步奖"，他们被认为是在"杞人忧天"，这会引起公众恐慌。霍金作为一位科学家，却获得了"阻碍科技进步奖"，这听起来十分荒谬。

霍金的担忧会成为现实吗？他是杞人忧天者还是有远见的先驱？也许在不久的将来，你我就能看到答案。希望人类能在人工智能达到一定高度之前做好充足的准备，牢牢把握住人工智能的缰绳，并且在受到人工智能威胁时，有能力拔下消除威胁的"插头"。

结语

时代洪流滚滚向前，裹挟着设想、预言、担忧和顾虑，人工智能步履不停、飞速发展。诚如霍金所言，我们都站在美丽新世界的入口，这个世界的美丽也源于它的未知和不确定性。人类命运将通往何处？无需多日，一切自会揭晓。相信在前辈科学家们思想之光的照耀和后辈科学家们的不断努力下，人工智能会与人类目标一致，将人类文明推向新的高度。

参考文献

[1] 钱学敏. 钱学森关于现代科学技术体系的构想及其"大成智慧学"[J]. 中国社会科学院研究生院学报, 1994(5): 10.

[2] 钱学森. 一个科学新领域——开放的复杂巨系统及其方法论[J]. 上海理工大学学报, 2011(6): 526-532.

[3] 戴汝为, 郑楠. 钱学森先生时代前沿的"大成智慧"学术思想[J]. 控制理论与应用, 2014(12): 1-4.

[4] 钱学森. 再谈开放的复杂巨系统[J]. 模式识别与人工智能, 1991, 4(1): 4.

[5] 鲍健强, 张阳, 叶设玲. 论钱学森"大成智慧学"的理论价值和现实意义[J]. 未来与发展, 2013(2): 6.

[6] 钱学森, 戴汝为. 论信息空间的大成智慧[M]. 上海：上海交通大学出版社，2007.

三十五、关于 AI 的未来畅想

本文作者：李昭阳

谈到人工智能，人们的第一印象大多来自有关人工智能的图书、电影或纪录片。《终结者》是笔者最早接触的一部人工智能影片。作为经典的反映"人工智能威胁论"观点的影片，《终结者》讲述的是未来超人工智能在脱离人类控制、接管世界的背景下，为剿灭人类反抗组织，派遣机器人杀手回到 20 年前杀死人类反抗组织领袖的科幻故事。

在这部影片中，人类与人工智能的矛盾被表现得淋漓尽致，人工智能脱离控制、无所不能、攻击人类……无不反映了大众对未知的超人工智能的恐惧。这类畅想的存在并不让人感到诧异，人工智能进步的速度之快已经超越了著名的摩尔定律，这足以令人产生焦虑。英国物理学家斯蒂芬·霍金担忧"人工智能有可能是人类历史上最后一个大事件"，与"人工智能威胁论"的观点不谋而合。

与"人工智能威胁论"相反，在另一部分人的畅想中，人工智能是人类的得力助手。影片《星际穿越》刻画了三个智能机器人形象（见图 1），以其中的 TARS 为例，在科幻的故事背景下，它不仅可以操控飞船，还致力于保护人类的生命和利益，即使掉进

图 1　影片中智能机器人的形象

黑洞也仍不忘收集整理重要数据，使人类在重力方面的研究取得重大突破。关于人工智能有益的畅想也不乏忠实支持者，大部分人持人工智能有益的观点。

就电影本身而言，以上两部影片对人工智能的演绎均存在一些片面性。《终结者》通过华丽的特效，将人工智能刻画成最便于演绎的机器人的形象——天崩地裂、烟雾弥漫的场景中，外形与人类完全一致的终结者在机械传动轴的运作声中缓缓站起；《星际穿越》虽然避免了为人工智能赋予"人类外形"，但

最终还是以机器人的形式进行视觉表现。这在一定程度上使得一部分人形成了人工智能等价于机器人的刻板印象。

事实上，机器人仅仅是人工智能的一种形式。同样，电影也仅仅是人们对人工智能畅想的一种表达方式，漫漫历史长河中从不缺乏仰望星空的人。

畅想未曾止步

在人类文明的萌芽阶段，远远早于"人工智能"这个词被正式提出之时，人类出于对神权的敬仰和对未知的探索，中外均已出现类似 AI 的想象。我国春秋时期名著《列子·汤问》中的《偃师献伎》有记载：偃师向王进献一具木偶，虽然木偶看上去在被偃师控制，但它实际上有自己的意识。几乎同一时期，古罗马诗人奥维德在《变形记》中也有类似的想象：塞浦路斯国王皮格马利翁以自己想象中的理想女性为模板，亲手制作了一件象牙雕塑并起名为伽拉忒亚，随后国王便爱上了她；爱神维纳斯出于对国王的同情，赋予这件雕塑生命。不难看出，在人类文明的萌芽阶段，AI 的概念仅仅停留在想象中，人类以形而上的方式将生命赋予非生物。

数千年时间如白驹过隙，1900 年，画家们在畅想 100 年后的世界时，创作了一系列展示在烟盒、明信片等物品上的插画（见图 2），小到家庭扫地机器人，大到建筑机器人，多种类型的机器人已然出现在画家笔下。彼时，人们对 AI 的畅想已经不再局限于"赋予生命"，而更多地关注 AI 的实用价值。

图 2　1900 年画家笔下的家庭机器人

时间来到 1926 年 12 月 8 日的清晨，一切都和往常一样，人们洗漱、进餐、赶赴工厂。车流暂滞，一位衣着考究的绅士从伸进车窗的报童小手中买下了《密尔沃基日报前哨》，只见上面赫然写着"幻影汽车将自主探索城市"。绅士只是笑笑，心想："真是新颖的观点啊！"随即踩下离合，推上排挡，驱车离开。当"自动驾驶"这个划时代的概念出现在一张地方性的报纸上时，其重大意义被湮没在人们无趣时光的消遣、茶余饭后的谈资之中。但在那个人工智能尚未被定义的年代，出现如此前瞻性的概念已经十分难能可贵了。

文学家一直在思考人工智能的伦理问题，阿西莫夫在他于 1942 年出版的著作《环舞》中提出了著名的机器人三定律："机器人不得伤害人类个体，或者目睹人类个体遭受危险而袖手不管；机器人必须服从人给予它的命令，当命令与第一定律冲突时例外；机器人在不违反第一、第二定律的情况下要尽可能保护自己。"事实上，这三大定律也成为后来众多经典科幻电影的矛盾源头，人们以机器人突破这三大定律开始攻击人类为基点展开了无数想象。

与《终结者》类似的人类与人工智能的冲突一直是影视剧本中的热门话题。同时我们不难发现，这个话题在人工智能萌芽期和低谷期尤为热门：1968 年上映的《2001 太空漫游》描述的是机器人通过谋杀人类来保证自己的任务顺利完成；1977 年上映的《星球大战》描述了战争机器人危害到了全人类的生命安全；1999 年上映的《黑客帝国》描述了人类被禁锢在虚拟现实中；机器人"造反"的主题在 2004 年上映的《我，机器人》中表现得更加典型——机器人突破并曲解了机器人三定律，以"为了人类未来发展"的名义统治人类。

不难猜测，相较于"人工智能威胁论"，有关"人工智能有益论"的影视作品则在人工智能逐渐回暖和大显身手的时期出现得尤为高频，20 世纪 60 年代的《阿童木》、20 世纪 80 年代的《霹雳五号》、21 世纪初的《人工智能》等无不展现了人工智能与人类友好相处的和谐画面。

比起电影、电视剧、动画片等科幻作品，当下的纪录片或许能够更加具体地反映人工智能的真实形态。人工智能纪录片 *AlphaGo* 从人工智能团队研发深度学习机器人以挑战人类顶级大师的角度，真实地反映了人工智能开发、训练的过程；《探寻人工智能》则从现实层面出发，展现了一个又一个已经实现的人工智能技术，启发观众思考一个又一个新诞生的人机矛盾……或许从这些作品中，我们可以认识到一些已经走到我们身边的人工智能产品，进而从已经实现的人工智能产品中产生更多的畅想。

畅想日新月异

不同于文学家通过作品中丰富的人物形象寄托自己对人工智能的畅想的做法，在近现代人工智能发展的过程中，科学家们的畅想是通过追求人工智能的极致实践来表现的。

1950年，艾伦·图灵发表了题为《计算机器与智能》的论文，讨论了人工智能发展史上极为经典的"机器能够思考吗？"这一问题，并在其中提出了"图灵测试"和"机器思维"的概念，将现代意义上对人工智能的畅想以论著的形式表现了出来。

6年后，达特茅斯会议如期召开，约翰·麦卡锡将世界各国志同道合的科学家聚集在一起，集思广益，探讨用机器模仿人类学习及其他方面智能的可能性。会议期间，人工智能的概念被暂时统一：人工智能就是要让机器的行为看起来就如人所表现出的智能行为一样。

19世纪60年代，由于人工神经网络技术的突破，人们开始憧憬可以利用神经网络解决大量的算法逼近和逻辑策略问题。人们看好人工智能的未来，人工智能进入了第一个蓬勃发展的时期。但随着1969年马文·明斯基出版的《感知机：计算几何学导论》提出人工神经网络存在不能解决高阶谓词等问题的局限性，人们对人工智能的乐观期望遭到严重打击，人工智能的研究陷入第一次低谷。

低谷时期的人工智能技术一度发展艰难，但是科学家们一直保持着极高的科研热情。20世纪80年代，一类名为"专家系统"的AI程序成功模拟了人的知识分析技能，恰好符合当时人们对能够与人交流、翻译文字、分析图像，甚至像人一样推理的完美人工智能的想象，人们眼中的人工智能再一次变得无所不能。但正如约翰·麦卡锡的名言："一旦它开始发挥作用，就不会再有人叫它人工智能了。"随着用户的期待不断提高，技术的发展难以满足用户的要求，1987年LISP机器市场崩溃，人工智能的声浪再次下降，第二次凛冬降临。

在这次人工智能寒冬中，科学家们将思想的触角回溯到人工神经网络技术本身，尝试着突破明斯基所预言的人工神经网络的局限。2006年，杰弗里·辛顿提出了神经网络深度学习算法，显著提高了神经网络的能力，也丰富了人工智能的概念——人工智能应当具备学习的能力。自此，人工智能重获人们信赖，迎来了第三次浪潮。

时至今日，人工智能已经成为人们心中最前沿、最具潜力的"新兴"行业。

畅想不羁一隅

人工智能作为当下最热门的学科,自然吸引了大量关注。我们难以想象人工智能将会有多么广阔的未来,在这个信息高度丰富的时代,所有人都有权利提出自己的畅想。笔者与不同年龄、不同知识储备程度的朋友深入访谈,收集调查问卷,同时阅读了部分文献,得到了许多有价值的观点。

对于大部分儿童而言,由于受到科幻小说、影视作品的影响,他们对人工智能的理解尚停留在想象阶段,人工智能对他们而言,更多的是想象中可以成为朋友的陪伴型 AI 机器人(见图 3),类似于日本动漫中"哆啦 A 梦"的形象。

图 3　陪伴型 AI 机器人

相较于儿童对 AI 的想象,青少年在接触了程序设计和人工智能的相关课程之后,更多地关注自己所畅想的人工智能的可实现性。笔者在对收集到的"你想象中的未来人工智能发展方向"问题的有效样本进行分析后,将他们的观点划分为三大类——形成自主思维、大幅提升服务业质量、探索未知环境。

选择"形成自主思维"的人认为,未来的人工智能应该可以辅助解决更多高难度的数理分析、战略统筹、决策问题,同时具有审美、情感等抽象类功能,甚至能够基于一定的数据分析预测尚未发生的事件。选择"提升服务业质量"的人认为,尽管当下人工智能技术有多样化的应用落地,但质量仍有待提高。在有关"提升服务业质量"的问卷中,"精准医疗""工作助理""生活管家""智能家具"等高度智能化应用场景被提到的频率最高,"感同身受的虚拟现实""人机结合交互"等体验也是值得思考的方向。至于"探索未知环境",青少年对火灾、地震等的救援很感兴趣,也有人提出了以人工智能作为太空、深海探索先锋的观点。除以上三类观点外，"人机界面完善""机器人趋向小型化"等也是很有参考意义的畅想。

笔者的问卷还涉及"人工智能有益还是有害"的问题，74.29%的人认为人工智能不会失控；在针对"未来AI应当专一化还是集成化"的讨论中，57.14%的人认为专一化（即机器仅可以高质量地实现单一功能）比集成化（即机器质量较低地实现多种功能）更具优势。

科学家们在著作中也对当下并非尽善尽美的AI提出了很多优化性的畅想。人们普遍认为，人比机器更擅于解决一系列困难的问题，人脑在场景理解、概念学习、语言学习、语音识别、语言理解等方面仍然有着机器无法比拟的优势，而创造力、常识和通用推理等人类的基础认知能力对机器来说仍然难以理解。未来几年，业界有望在自动驾驶汽车、遗传学、医药、药物设计和机器人等领域推出更多人工智能应用。在当前备受关注的神经网络方面，未来几代的神经网络看起来与目前最先进的神经网络大相径庭，它们可能被赋予直观的因果推理、心智学习和其他能力。

学术界的权威人士在其著作中畅想人工智能时总是摆出一副严肃的面孔，这可能给普通读者理解人工智能造成了一定障碍。为此，笔者采访了清华大学自动化系主任张涛教授，希望可以用一种更加轻松的方式展示学者对人工智能的畅想。

问：阿西莫夫在小说中对人工智能机器人提出了三大原则（即机器人三定律，又称机器人三原则），现实中编译人工智能机器人的自我学习功能时，是否会受到这三大原则的约束呢？

答：这主要看编译者是否自觉、自律。比如说伤害人，技术上机器当下是无法自我学习到的，我们现在还处于弱人工智能阶段，机器人若有攻击人类的行为，那肯定是人教的。这个问题就像法律和道德一样，法律由公安机关来执行，道德则靠大家自觉遵守。机器人三原则现在只是道德上的，暂时没有什么约束的方法，但至今大家还都认可这些原则。

问：《终结者》等电影中的人工智能突破了人类权限的限制，接管了世界的统治。那么请问您对这类观点有何看法呢？

答：我们肯定希望人工智能可以帮助人类做一些事情，而不是危害人类。将来如果出现这种危害人类的人工智能，大家肯定有办法把它控制住，这是矛和盾的关系。

问：您对人工智能的未来还有什么畅想？

答：人工智能未来肯定会发展得越来越强。现在确实很难预见人工智能后面会有什么样的突破，但是任何的突破都有可能。我觉得无论是具有更高形态的实体、突破算法限制形成思维，还是人与人工智能融合等，我们都可以大胆地、尽情地去想象。人工智能从它的定义来讲，就是要模拟人类的智能，初衷就是希望能够用机器来帮助人，所以我觉得各种各样的可能都会出现。

畅想何去何从

《终结者》以反派机器人被液压机碾碎为结局，仿佛暗示着人机最终难免沦为仇敌，这种不切实际的幻想似乎并不能对社会作出实质性的贡献。事实上，《终结者》中有很多关于人工智能的畅想已经渐渐被付诸实践，这其中最主要的是机器人拥有了自主学习能力——终结者刚刚降临时并不能与人类进行语言交流，但它依靠后期的机器学习得到了与他人交流的能力。这类畅想对于当下这个已经诞生过"AlphaGo"等深度学习机器的时代不足为奇，但对于一部1984年出品的电影，能够提出超前几十年的畅想，显得十分难得。与《终结者》类似，《星际穿越》中的TARS试图实现的"幽默"功能正是当下人工智能领域竭力解决的"机器情感"难题，但我们相信终有一天这个难题也会被攻克。图4为AI通过面部肌肉变化识别人类情感。

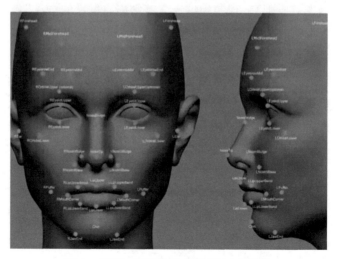

图4　AI通过面部肌肉变化识别人类情感

由此我们不难发现，比起跌宕起伏的故事情节，科幻作品中暗含的关于人工智能的畅想更应该得到我们的关注。《2001 太空漫游》率先提出了人机交互的计算机概念，或许会对当下的"小艺"、Siri 等语音助手有所启发；《王牌特派员》准确预测了在线购物、在线游戏等现代社会场景；《黑镜》中的 AI 虚拟人、微型机器人也是当下亟待实现的技术……可以说，科幻作品有很强的前瞻性，其中的畅想或许已经预示着人们未来努力实践的方向。

所有畅想都应该归于实践。皮格马利翁的伽拉忒亚对应着如今的"AI 女友"、偃师的木偶变成了当下的"自动机器人"、扫地机器人以全新面貌进入千家万户、建筑机器人在"水泥森林"中崭露头角……历史长河中从不缺乏仰望星空的浪漫主义者，更不缺乏埋头苦干的实干家，无论是跨越千年还是遥隔万里，人类关于 AI 的美好畅想终会实现。

正如张涛教授所言，当下的人工智能还在路上，未来的人工智能拥有无限可能。畅想之瀚海无限，实践之天路同样长远，"俱往矣，数风流人物，还看今朝"。笔者愿寄希望于未来，愿伟大的 AI 事业，征途不止，畅想无极！

参考文献

[1] Brenden M Lake. Building machines that learn and think like people[J]. Behavioral and Brain Sciences, 2016(3): 40-43.

[2] PEI J, DENG L, SONG S ,et al. Towards artificial general intelligence with hybrid Tianjic chip architecture[J].Nature, 2019, 572(7767): 106-111.